Herzlich willkommen in Deutschlands Käseküche Nr. 1 und im Baldauf Käseland!

Wer ins Allgäu kommt, ist von der Schönheit und dem kulturellen Reichtum dieser Gegend beeindruckt mit saftigen Wiesen, dichten Wälder und zahlreichen Seen, dazwischen kleine Dörfer mit schmucken Bauernhöfen. Gerade die hart arbeitenden Bauern haben das Allgäu zu dem gemacht, was es heute ist – eine liebenswerte und kostbare Kulturlandschaft und zugleich der Ursprung des Baldauf Käse, der fein würzig und gut ausgereift die Allgäuer Natur in sich konzentriert.

Wir freuen uns auf Ihren Besuch in einer unserer Sennereien. Schauen Sie unserem Käsermeister über die Schulter und probieren Sie ein himmlisches Stück Allgäu. Und genießen Sie auf dem Weg dahin eine kulinarische Entdeckungsreise, die Sie an die ganz besonderen Plätze des Allgäus führt.

Viel Spaß beim Blättern, Entdecken und Genießen wünschen Ihnen

Die Käsespezialisten aus dem Allgäu

Das Team von Baldauf Käse

Eine kulinarische Entdeckungsreise

Carmen und Thomas Nehm • Yves Hebinger • Christian Schneider

Eine kulinarische Entdeckungsreise

DURCH DAS ALLGÄU, DEN BREGENZERWALD UND DAS KLEINWALSERTAL

UMSCHAU

INHALT

KARTE 8

VORWORT 13

DAS ALLGÄU 14

DAS WESTALLGÄU:
VOM BODENSEE BIS IN DIE
HÖHEN DES BREGENZERWALDES 16

Fidelisbäck 20
Wangen
Arme Seelen, für die schnelle Brotzeit

Landgasthaus Adler 22
Wangen-Deuchelried
Rehrücken im Polentamantel mit
Pfifferlingen und Melone

Käserei Zurwies 24
Wangen-Deuchelried
Fondue de Valleray

Landgasthaus Zur Sonne 28
Wangen-Leupolz
Bodensee-Felchenfilet aus dem Wok
im Polentacrêpe mit Safranschaum

Martin Meier Allgäuer Edelbrände 30
Neuravensburg

Gasthof zum Hirsch 32
Neukirch
Zander-Lachsröllchen mit
Weizenbiersoße

Paradies 34
Vogt
Gans im Glück mit Maroni-Apfelfüllung
und Quitten-Rotweinsoße

Hofkäserei Boschenhof 36
Leutkirch-Friesenhofen

Landgasthaus Ochsen 38
Isny-Beuren
Schlachtplatte nach Hardy's Art

Hotel Hohe Linde 40
Restaurant Allgäuer Stuben
Isny
Lammrücken in der Kräuterkruste

Isnyland Terrassen Hotel 42
Isny-Neutrauchburg
Lobster auf Quitten-Mangosugo
mit Zitronengrasshot

Meckatzer Löwenbräu 44
Heimenkirch

Gebrüder Baldauf 48
Lindenberg

Gasthof Goldener Adler 52
Lindenberg
Sorbet aus Rosenblättern auf
marinierten Beeren

Metzgerei Vogler 54
Lindenberg
Schulter vom Allgäuer Jungrind
auf Rahmkohlrabi und Zucchini

Gasthaus zum Hirschen 56
Scheidegg
Bodensee-Felchenfilet in Riesling

Speiserestaurant Lanz 58
Hergensweiler
Allgäuer Flusskrebse in Noilly Prat-Gelee

Landgasthaus Schanz 62
Weißensberg
Jungschweinkarree im Ganzen mit
der Schwarte gebraten

Schachener Hof 64
Lindau
Parfait von hellen Lebern mit
Tamarillosoße und Savarin

KÄSESTRASSE BREGENZERWALD 66

Bergkäserei Schoppernau 70
Schoppernau

Naze´s Hus-Bregenzerwälderhaus 72
Mellau
Bregenzerwälder Raclette

Feurstein Wälder-Stube 74
Andelsbuch

Amann Kaffee 78
Dornbirn

Pilz-Lenz 80
Lauterach

Landhotel Hirschen 82
Hittisau
Kartoffel-Käserouladen

Küferei Lässer 85
Hittisau

Restaurant-Café Alpenblick 86
Sulzberg
Milchrahmstrudel

DAS OBERALLGÄU UND KLEINWALSERTAL: DIE WELT DER BERGE 88

Horvath's 92
Kempten
Gefülltes Rinderfilet mit Rotweinschalotten

Landhaus Henze 94
Probstried
Henzes Mediterraner Glücks-Schweinebraten

Haase's Gasthof Adler 96
Buchenberg
Rehrückenfilet im Pilzmantel mit Gewürzrotkohl und Madeirasoße

Brauereigasthof Schäffler 98
Missen im Allgäu
Wildlachsfilet mit Blattspinatfüllung und Steinpilzen

Landgasthof Rössle 100
Stiefenhofen
Brennnesselrahmsüppchen mit Lachsforellennockerln

OBERSTAUFEN: VITAL-ORT AM FUSSE DES HOCHGRAT 102

Restaurant Ambiente 104
Oberstaufen
Roulade von der Seezunge mit Jakobsmuscheln und Gemüsenüdelchen an Hummerschaum

Inhalt

Café Blaues Haus 106
Oberstaufen
Rote Paprikasuppe mit Zitronengras

Wirtshaus zum lustigen Hirsch 110
Immenstadt
Scharfer Hirsch

Adlerbrauerei Rettenberg 112
Rettenberg

Restaurant Marend 114
Sonthofen
Walnusskrokantparfait mit Dörrzwetschgenschaum

Hotel Lanig 116
Oberjoch
Lammrücken mit Kräutern im Heubett

Königliches Jagdhaus 120
Oberstdorf
Bresse-Taube in Brickcrepinette mit eingelegten Nüssen und Topinambur-Mousseline

KLEINWALSERTAL 124

Alpahotel Walser Stuba 126
Riezlern
Hirschsteak mit Kürbiskernkruste und Pfeffermarillen

Naturhotel Chesa Valisa 130
Hirschegg
Hirschmedaillons mit gefülltem Preiselbeer-Rotkraut-Apfel und Pilz-Gnocchi

DAS UNTERALLGÄU: LIEBLICHES KNEIPPLAND 132

Schlosshotel Erolzheim 136
Erolzheim
Erolzheimer Saiblingsröllchen mit Basilikum-Ricottafüllung und Zucchini-Tomatenragout

Landgasthof Weiherhaus 138
Buxheim
Forellenfilet mit Hummersößle auf grünen Tagliatelle

Gasthof Zur Post 140
Babenhausen
Fein gefüllter Bachsaibling mit Grünkern auf Peperonisoße

Erkheimer Landhaus 142
Erkheim
Beerensülze mit Vanillesoufflee und Zitronenjoghurteis

Hotel Alte Post 144
Mindelheim
Filets von der Dorade im Kartoffelmantel an Rieslingschaum, dazu Gemüsebouquet

DIE KNEIPPSTADT BAD WÖRISHOFEN 146

Kneipp-Werke 148
Bad Wörishofen

Fischzucht Eberle 150
Dorschhausen
Dreierlei Matjes mit Buttermilchsoße und Pellkartoffeln

DAS OSTALLGÄU: LAND DER SCHLÖSSER UND SEEN 154

FÜSSEN 156

Festspielhaus Neuschwanstein 158
Füssen
Lammkarree an Rotweinglace

Treff Hotel Luitpoldpark 162
Füssen
Schweinemedaillon auf Morchelrahm-soße an tourniertem Gemüse

Hotel Restaurant Frühlingsgarten 164
Füssen-Bad Faulenbach
Bauernente

Hotel Sommer 166
Füssen
Kleines Ragout von Reh und Waldpilzen auf Rotkraut-Jelly

Hotel Müller 168
Hohenschwangau
Bayerische Creme

Burkard Bovensiepen 170
Buchloe

Landgasthof Hubertus 174
Apfeltrang
Hirschrückenmedaillons in süßer Nusskruste überbacken, mit in Honig glasierten Karotten, Maiswaffeln und Rahmwirsing

Rösle 178
Marktoberdorf

Schlossanger Alp 182
Pfronten
Kalbsleber auf Apfelmousseline mit Pinienkernsoße und Kartoffelpüree

Hotel Bavaria 184
Pfronten
Pfrontener Milchlamm unter Kräuterkruste auf Madeirajus

Sennerei Lehern 186
Hopferau
Leherner Käsefondue

Seegasthof Weissensee 190
Füssen-Weissensee
Renkenfilets in Dillsauce

KULINARISCHE EMPFEHLUNGEN 192

VERZEICHNIS DER REZEPTE 198

IMPRESSUM 200

Allgäu
Bregenzerwald
Kleinwalsertal

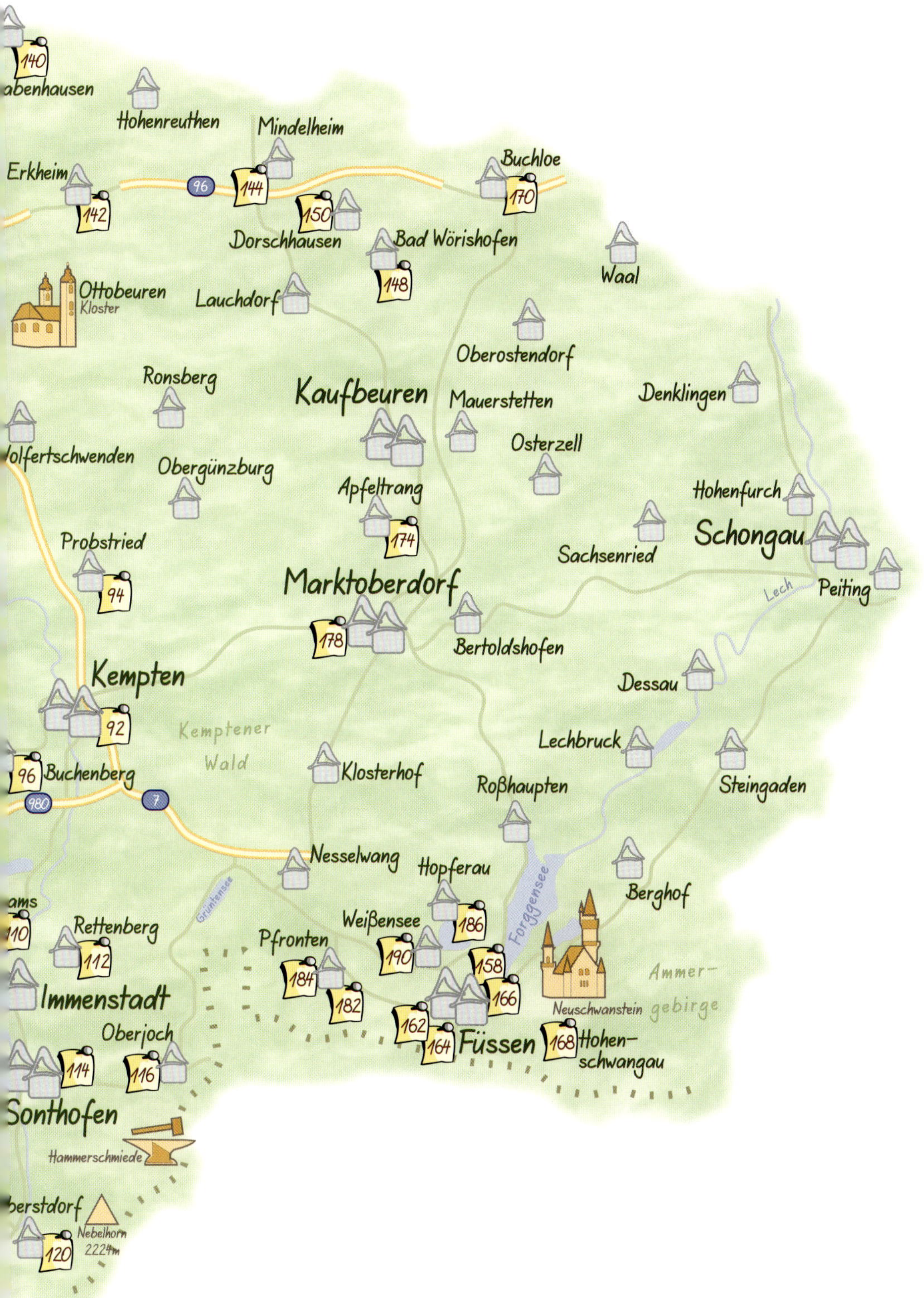

Die Zahlen 128 sind identisch mit den Seitenzahlen der einzelnen Betriebe in diesem Buch und bezeichnen ihre Lage im Allgäu.

Bregenzerwald

Isny

Die ersten Gedanken beim Wort Allgäu verharren bei Kässpatzen, Maultaschen, Milch und braunen Kühen. Aber was gibt es sonst noch? Zwischen all den Bergen und grünen Wiesen kann man leicht den Überblick verlieren, zumal das Allgäu sich nicht durch Grenzen, sondern gerade durch deren Abwesenheit definiert.

Was ist es denn nun, das Allgäu? Bayerisch, württembergisch oder doch eher schwäbisch? Österreichisch oder deutsch? Oder gar schweizerisch? Am Ende ist es alles zusammen, denn das Allgäu bringt das Kunststück der doppelten Staatsbürgerschaft zustande: Allgäuer sein und gleichzeitig Bayer oder Schweizer oder Schwabe, das geht hier. So darf ein jeder sein, was er gerade ist, ein wenig in sich gekehrt, bisweilen eigensinnig, etwas eigenbrötlerisch gar – und doch verbunden miteinander.

Wir, die Autoren und die Fotografen, sind in Kilometern gemessen einmal um den Erdball gefahren, um das Allgäu zu erfahren! Unser Weg führte um viele Kurven, durch Hügelmeere und Berge von Schnee, durch Talsohlen und in Hochtäler, die nur noch zu Fuß erreichbar waren. Unsere Aufgabe hat die Sohlen unserer Wanderstiefel deutlich dünner gemacht, denn manchmal hatten wir weit zu laufen, um die Schätze dieser Region zu erschließen.

Vielfach bereichert hat uns der Blick in die Allgäuer Küchen und Betriebe, über das ganze Land verstreut leuchten die Insignien kulinarischer Präsenz! Die Allgäuer sind gute Gastgeber im ursprünglichen Sinne des Wortes, ihrer Scholle und ihrem Haus leidenschaftlich verbunden, voller Geschichten und mit einer Historie, die oft weit ins Mittelalter zurückreicht. Zu entdecken gibt es versteckte Gasthäuser mit individuellem Charme, noble Restaurants in schönen Kurorten und eine ganze Reihe Spitzenerzeuger mit starkem regionalem Sendungsbewusstsein, deren Produkte deutschlandweit oder gar international begehrt sind.

Das Allgäu, das wir gefunden haben, möchten wir gerne mit Ihnen teilen, die Landschaft, die Menschen und mehr noch die Lebensphilosophie, die sich im entspannten und sattlukullischen Miteinander am schönsten zeigt.

Carmen und Thomas Nehm, Yves Hebinger und Christian Schneider

DAS ALLGÄU

Beim Allgäu handelt es sich um ein Land jenseits menschgemachter Grenzen. Eingefasst von den grünen Wassern des Lechs im Osten und dem tiefblauen Leuchten des Bodensees im Westen, zwischen Memmingen im Norden und den Alpen im Süden breitet sich eine der schönsten Landschaften Deutschlands aus und verbindet die vielfältigen Bräuche und Sitten der Menschen aus deutschen und österreichischen Regionen zu einer einzigen großen Kulturlandschaft. Genau genommen haben sogar die Schweizer ihr Scherflein zum Allgäu beigetragen, stammen doch die Walser im Kleinwalsertal und im Bregenzerwald von Schweizer Oberwallisern ab, die vor langer Zeit ein neues Leben suchten, jenseits der hohen Bergpässe.
Unabhängig von Staatsangehörigkeiten oder anderen Zuordnungen sind Bayern, Schwaben, Baden-Württemberger, Tiroler und Vorarlberger inmitten von grünen Auen und typischem Braunvieh auf einmal nur noch eines: Allgäuer. Friedfertig, nachdenklich und versunken gehen sie ihrer Arbeit nach und haben doch die gleiche Lust am Feiern ihrer Brauchtumsfeste wie die anderen Völker im Alpenraum.

Die älteste Eibe Deutschlands steht in Balderschwang im Allgäu und wacht seit geschätzten 2000 bis 4000 Jahren über die geschichsträchtigen Besuche der Illyrer, Kelten, Römer und später Alemannen und Schwaben. Die Spuren dieser Völker führen noch heute durch das Allgäu, historisch als Salzstraße und Jakobsweg, neuzeitlich als feinmaschiges Netz von Wanderwegen und so mancher Käsestraße. Urkundlich erwähnt wurde das Allgäu erstmals 817; die Herkunft des Namen ist nicht ganz gewiss, doch steht er vermutlich in Zusammenhang mit den Alpen, wie die Almen im Allgäu bezeichnet werden, und mit dem Geäu, also der Vielzahl von Auen. Unübersehbare 20 Prozent des Allgäus bestehen aus Bergen; mehr als die Hälfte davon streben über 2000 Meter in den Himmel, eine beständige Herausforderung für Bergsteiger, die seit dem 19. Jahrhundert mit Sportsgeist angenommen wird und das Allgäu zur Ferienregion Nummer 1 für Wanderer und Hochalpinisten gemacht hat.
10 Millionen Jahre Erdgeschichte sind mit den Allgäuer Alpen in den Stein geschrieben, geformt von den Gletschern der Eiszeiten, deren mächtige kalte Panzer sich bis zu ein-

einhalb Kilometer hoch türmten. Selbst über der heimlichen Hauptstadt des Allgäus, Kempten, soll das Eis noch an die 300 Meter dick gewesen sein. Beim Zurückweichen haben die kalten Ungetüme ihre Moränen zurückgelassen, heute die grünen Hügel des Alpenvorlandes, Heimat des typischen Allgäuer Braunviehs.

Noch bis zur Mitte des 19. Jahrhunderts war das Allgäu ein weithin blaues Land, überzogen von der blauen Blüte des Flachs. Die Leinenweberei war der neben der Viehzucht wichtigster Erwerbszweig. Die Entdeckung der billigeren Baumwolle war eine Katastrophe – mit letztlich gutem Ausgang, denn der Schweizer Senn Johann Althaus brachte das ausgefeilte Wissen um die Herstellung des Emmentaler Käses ins Allgäu und leitete damit den großen Wandel zur Milchwirtschaft ein. Über 150 Jahre Sennhandwerk haben das Allgäu inzwischen zur Käseküche Deutschlands gemacht, mit allem, was das Herz des Käseliebhabers nur begehren kann und weit über die Allgäuer Grenzen als Delikatesse begehrt.

Die Gastfreundschaft der Allgäuer hat eine lange Tradition; schon seit die Römer die heilenden Schwefelquellen entdeckten, strömen Menschen ins Land, um Linderung und Inspiration gleichermaßen zu erfahren. Gesundheit und Sport werden allerorten groß geschrieben; die historischen und modernen Kurbäder sind seit Jahrhunderten ein Anziehungspunkt für Menschen aus aller Welt. Weit bis ins Mittelalter zurück reicht denn auch die Geschichte vieler Gasthäuser, mit traditionsbewussten Wirtsfamilien, die die bodenständige Allgäuer Küche pflegen und verfeinern und ihr ebenso viele Gesichter geben wie Dialekte im Allgäu gesprochen werden – von der schwäbischen über die bayerische zur alemannischen und vorarlbergischen Mundart.

Der große Reichtum der Region liegt in den Gegensätzlichkeiten: Das Allgäu liegt überall zwischen Schloss Neuschwanstein und Zwiebelturmkirchen, inmitten von Sonnenschein und Schneebergen, unter Strömen von Milch und Bier, es treibt durch beschauliche Dörfer und betriebsame Städte, es tobt sich aus bei zünftigen Brauchtumsfesten und internationalen Jazztagen, es schwimmt im Bergsee und im Kneippguss, es jauchzt über die Alpen und die Täler.

DAS WESTALLGÄU: VOM BODENSEE BIS AUF DIE HÖHEN DES BREGENZERWALDES

bei Weitnau

Mit überdurchschnittlich vielen Sonnenstunden gesegnet, ist das Westallgäu ein Natur- und Wanderparadies. Apfelblüte und Eiseskälte liegen oft nur wenige hundert Höhenmeter auseinander, vor allem dort, wo das Alpenvorland gegen die Ausläufer der Allgäuer Alpen und gegen den Bregenzerwald anbrandet. Die Gipfel der Schneeberge wachen über alemannische Schindelhäuser und herrschaftliche Patriziervillen, rauschende Wasserfälle und verwunschene Moortümpel. Unberührte Naturschutzgebiete prägen das Landschaftsbild genauso wie die Milchwirtschaft – durch sie entstand im Laufe der Jahrhunderte eine harmonische Kulturlandschaft aus Wiesen, Wäldern, Einsiedlerhöfen und kleinen Siedlungen. Grün ist die Farbe des Westallgäus und nur der Frühling vermag es für kurze Zeit in ein Blütenmeer aus gelbem Löwenzahn zu verzaubern.
Das Westallgäu gehört maßgeblich zu Baden-Württemberg und reicht vom östlichen Bodensee bis nach Leutkirch im Norden. Quer hindurch zieht sich die oberschwäbische Barockstraße; wie Perlen reihen sich zahllose Ba-

bei Lindenberg

rockschlösser und Kirchen an ihr auf. Für besonders authentischen Genuss und ländliche Kultur steht das Qualitätssiegel der Region, die LandZunge. Unter dieser Dachmarke hat sich eine beachtliche Zahl hochwertiger Gasthäuser und Erzeuger zusammengeschlossen und pflegt mit großem Engagement das gute Essen, die angenehme Gastlichkeit und die kulturellen Werte des Westallgäus.
Die Stadt Wangen mit ihrer mittelalterlichen Altstadt und der stellenweise erhaltenen Wehrmauer steht vollständig unter Denkmalschutz. Das Rathaus aus dem 14. Jahrhundert bietet dem Betrachter zwei Seiten, sei es aus Bescheidenheit oder historischer Sparsamkeit, jedenfalls ist die Vorderseite barock, während die Rückseite das Formenrepertoire der Spätgotik zeigt. Romantische Gässchen, Kopfsteinpflaster, Tortürme und schmiedeeiserne Wirtshausschilder bieten immer wieder reizvollen Augenschmaus. Ein Bummel entlang des Paradiesgässchens bringt den Besucher zum Wunder von Wangen, einem barfüssigen Jonas, der nach seinem Aufenthalt im Wal überraschenderweise mit Stiefeln wieder ausgespuckt wird. Gleich im Nebenhaus verrichtet der Bäcker Fidelisbäck seit 1505 sein köstliches Handwerk. In der Eselsmühle am oberen Argen steht ein Badstubenmuseum in einer alten Kreuzgewölbehalle zur Besichtigung, mit allem, was das Mittelalter für die Körperhygiene so zu bieten hatte.
Ausflüge nach Süden führen nach Lindenberg, einst gerühmt für seine Strohhutfabrikation, und hoch in den heilklimatischen Kurort Scheidegg auf dem Rücken des Pfänders. Das Wintersportparadies wartet im Sommer mit dem Naturspektakel der Scheidegger Wasserfälle auf.
Eingebettet in die voralpine Landschaft aus sanften Hügeln und kleinen Seen mit ausgedehnten Wander- und Radwegen, weich geschwungenen Skipisten und Loipen liegt der Luftkurort Isny. Er wurde schon im 3. Jahrhundert ob seiner idealen Lage zwischen dem Bodensee und dem alten Cambodunum, dem heutigen Kempten, von den Römern befestigt. Eine Stadtmauer mit Türmen und Toren umschließt schützend die Altstadt; hier warten Sehenswürdigkeiten wie die Nikolaikirche,

Isny

eine 1284 errichtete Pfeilerbasilika. Die Kirche spannt mit ihren unterschiedlichen Ausbaustufen einen künstlerischen Bogen durch die Zeiten bis in die Gegenwart. Ihr größter Schatz liegt im Kirchturm verborgen, die Prädikantenbibliothek mit kostbaren Schriften, die bis ins 15. Jahrhundert zurückreichen.
Praktisch vor der Haustür und für Streifzüge wie geschaffen liegt im Osten der Stadt ein voralpiner Höhenzug, die Adelegg, als naturgeschaffene Aussichtsplattform zum Bodensee und auf die Berge, mit dem Schwarzen Grat als höchste Erhebung. Ein Spiegelbild der Erdgeschichte findet sich im Eistobel, einem Naturschutzgebiet zwischen Grünenbach und Maierhöfen. Die Argen, einer der ursprünglichen Flüsse Baden-Württembergs, hat mit seiner wilden Kraft auf 500 Metern Höhengefälle tiefe Gumpen, rauschende Wasserfälle und gewaltige Nagelfluhblöcke geschaffen, ein geologisches Abenteuerland mit sicheren Wanderwegen.
Ebenfalls nur einen Katzensprung vom umweltbewussten Isny entfernt liegt das Naturschutzgebiet Bodenmöser, eine der reizvollsten Niedermoorlandschaften im Württembergischen Allgäu mit einem raren Artenreichtum in Flora und Fauna. Braunkehlchen, Feldlerche und Wachtel brüten in den Niedermoorwiesen; Kreuzotter und Ringelnatter gehen auf die Jagd und seltene Orchideen leuchten wie Edelsteine. Und wenn im Herbst das Heidekraut die Hochmoore in einen violetten Teppich verwandelt und die Abendnebel zwischen den Bergkiefern aufsteigen, vermag man allerlei märchenhaftes Volk darin zu erkennen.
Zurück in der Wirklichkeit führen die Wege in den Norden. Ländlich verträumt zieht das lauschige Kißlegg die Besucher an. In der Kißlegger Pfarrkirche St. Gallus und Ulrich wird der berühmte Augsburger Silberschatz aufbewahrt, Figuren der Kirchenväter, der zwölf Apostel und von Jesus und Maria, kostbare Stücke, die im 18. Jahrhundert in Augsburg angefertigt wurden. Rokoko and Barock auf das Schönste vereint finden sich im Neuen Schloss aus dem 18. Jahrhundert.
Der Luftkurort Wolfegg trumpft mit einem dichten Netz von Wander- und Radwegen sowie Langlaufloipen auf; einen Besuch lohnt auch die prachtvolle barocke Pfarrkirche St. Katharina und Franz von Assisi. Die mächtigen Mauern von Schloss Wolfegg aus dem 16. Jahrhundert sind heute noch bewohnt, die Schlosspforte öffnet sich jedoch bei besonderen konzertanten Ereignissen für die Öffentlichkeit. Ein Wirtschaftsgebäude auf dem Areal ist moderneren Ausstellungsstücken geweiht: Das legendäre Automobilmuseum von Fritz B. Busch zeigt manch seltenes oder kultiges Stück vorwiegend aus der zweiten Hälfte des letzten Jahrhunderts. Das Tor zu einer Zeitreise ins Mittelalter ist das Bauernhaus-Museum, wo auf Streuobstwiesen und zwischen naturbelassenen Weihern originalgetreu ganze Westallgäuer Bauernhäuser mitsamt Stallungen wiederaufgebaut wurden.
Etwas östlich von Wolfegg ist die Schwarze Madonna in der Loretokapelle von 1668 einen Abstecher wert, auch wegen ihrer Aussichtslage mit weitem Blick über das Westallgäu bis zum Bregenzerwald, der östlich vom Bodensee immer weiter hinaufstrebt und sich in die abwechselnd grünen und steingrauen Wellen des horizontfüllenden Meeres aus Bergen einreiht.

bei Weitnau

FIDELISBÄCK

Bäckerei und Gastwirtschaft Fidelisbäck

Inhaber: Anton Heine GmbH Fidelisbäck

Paradiesstraße 3
D-88239 Wangen

Telefon 00 49 (0) 75 22 / 79 59-31
Telefax 00 49 (0) 75 22 / 79 59-32
www.fidelisbaeck.de

Ruhetage: Samstagnachmittag, Sonn- und Feiertage

Im ältesten Stadtteil von Wangen liegt eine Institution des traditionellen Handwerks, die Bäckerei und Gastwirtschaft Fidelisbäck. Vor über 500 Jahren in den Büchern der Stadt erstmalig erwähnt, erhielt sie ihren Namen gegen Ende des 18. Jahrhunderts durch den damaligen Eigentümer Fidel Hasel und seinen gleichnamigen Sohn. Als sich zum Angebot im Ladenlokal Bier und deftiges Essen hinzugesellten, war der heutige Fidelisbäck aus der Taufe gehoben.

Um 1900 wurde der Betrieb an die Familie Heine weitergereicht, die ihn inzwischen in vierter Generation führt. Die heutigen Geschäftsführer Ursula und Volker Mönch haben die Nachfolge ihrer Eltern Rosemarie und Anton Heine angetreten, die sie beide nach wie vor tatkräftig unterstützen.

Wenn die Vögel in den Bäumen noch ihren Morgengruß trällern, stehen die Türen zur Gastwirtschaft schon offen und werden sich erst spät am Abend wieder schließen. Dazwischen herrscht ein reges Kommen und Gehen, wobei seitens der Kundschaft vor allem der gerühmte Leberkäse, heiß aus dem Backofen, gefragt ist, begleitet von einem frisch gezapften Meckatzer Bier oder einem dunklen Zötler-Bier vom Fass und einem Brotkorb voller Laugenhörnle, Wecken und Seelen.

Diese Seelen sind eine oberschwäbische Spezialität, die schon vor mehr als 1000 Jahren am kirchlichen Feiertag Allerseelen solch armen Seelen wie Dienstboten, in Armut lebenden Menschen und auch Kindern als Allerseelenbrot geschenkt wurde. Längst gehören die Seelen zum täglichen Angebot der regionalen Bäcker und die knusprige Rezeptur von Fidelisbäck erfreut sich einer großen Anhängerschaft.

An den zehn großen Holztischen der Wirtschaft lässt sich nicht nur richtig gut Brotzeit machen. Weil jeder neben jedem sitzt, lässt es sich obendrein noch trefflich diskutieren, fachsimpeln oder einfach miteinander reden.

Trotz einer Pilgerschaft, die auch von weit jenseits der württembergischen Landesgrenze kommt, findet sich für jeden Neuankömmling ein Plätzchen, bei schönem Wetter auch draußen. Im Biergarten spenden Lindenbäume Schatten, die noch vom Urgroßvater Anton gepflanzt wurden, über Tischen, die gerne auch von kernigem Wurstsalat oder Saurem Käs aus Zurwieser Backsteinkäse mit Zwiebeln in Essig und Öl gekrönt sind.

Überhaupt der Leberkäs! Das Fleisch dafür kommt seit über 60 Jahren ausschließlich von der Traditionsmetzgerei Joos direkt um die Ecke; zum legendären Erfolg trägt die hauseigene Rezeptur bei.
In der Bäckerei glühen derweil die Backöfen fast rund um die Uhr, Laugenhörnle und Semmeln schmecken eben am besten frisch. Noch vor drei Uhr morgens beginnen die Teigmacher ihr Handwerk auszuüben und erst gegen fünf Uhr nachmittags verlässt die Spätschicht die Backstube gegenüber der Gaststätte. Gebacken wird nach uralten überlieferten Rezepten und nur mit natürlichen Zutaten; über 500 verschiedene Gebäcksorten entstehen so in reiner Handarbeit.
Bei all der Nachfrage ist die Familie Heine bodenständig geblieben, freut sich über die Zuverlässigkeit und Treue ihrer rund 150 Mitarbeiter und macht sich dann wieder über Praktikanten, Ferienjobs und familienfreundliche Teilzeitmodelle Gedanken.

Arme Seelen, für die schnelle Brotzeit

(für 10 Personen)

Zutaten

5 ganze Seelen (schwäbische Brotspezialität, mit Salz und Kümmel bestreut)
50 g Butter
200 g Naturjoghurt
75 g Zwiebeln, gewürfelt
160 g Emmentaler, gerieben
80 g gekochter Schinken, klein geschnitten

Zubereitung

Die Butter schaumig rührigen, alle anderen Zutaten dazugeben und verrühren. Mit Salz und Pfeffer würzen, nach Geschmack passt auch Knoblauch dazu.
Die Seelen aufschneiden, jede Hälfte mit 2 EL der Masse bestreichen. Im vorgeheizten Ofen bei 200 °C 10 bis 12 Minuten backen und mit Schnittlauch bestreut heiß servieren.

LANDGASTHAUS ADLER

Landgasthaus Adler
Inhaber: Anne-Kathrin und Uwe Zöller

Obere Dorfstraße 4
D-88239 Wangen-Deuchelried

Telefon 00 49 (0) 75 22 / 70 74-77
Telefax 00 49 (0) 75 22 / 70 74-78

Ruhetage: Montag und Dienstag

Gegenüber der Kirche, so wie sich's gehört, steht in Wangen-Deuchelried das Landgasthaus Adler, ein typisches Allgäuer Schindelhaus, seit über 150 Jahren dem Dienst an hungrigen Seelen verschrieben. Traditionelle Elemente wie die Kassettendecke und restaurierte Schätze wie die ursprünglichen Türen und Fenster zeugen von der bäuerlichen Vergangenheit; ansonsten prägt ein schlicht-eleganter Landhausstil das Ambiente und bietet Feinschmeckern ein Refugium besonderer Art.

Schon früh, seit der achten Klasse, hat der Metzgersohn und heutige Inhaber Uwe Zöller gewusst, dass er kochen will. In die Lehre gegangen ist er noch daheim im Odenwald bei Karl Gassen im Restaurant Drei Birken, danach zog es ihn in die Ferne. Seinen ersten Stern erkochte er sich im Alten Badhaus in Eberbach; die Neue Welt in Wangen-Primisweiler wurde unter seiner Küchenherrschaft zu einem der besten 200 Restaurants in Deutschland. Seit 2003 bekommt nun der Landgasthaus Adler Flügel, unter der gemeinsamen Führung von Zöller und seiner Frau Anne-Kathrin.

Mit unbestechlichem Auge für Spitzenqualität und Sinn für regionale Stärken füllt der Küchenchef seine Vorratsräume. Die Kinder im Ort bessern ihr Taschengeld mit Eier sammeln auf – klar, dass er das unterstützt. Auch klar, dass die Eier beste Qualität haben. Und wer so hervorragende Käse wie die Allgäuer direkt vor der Haustüre hat, der braucht keinen französischen Käse. Ansonsten gilt: Für unverfälschte, richtig gute Zutaten ist ihm – fast – kein Weg zu weit.

Was vor seinem Auge und seiner Nase besteht, verwandelt er täglich mit Zöller-typischer Bodenständigkeit in schlichtweg köstliches Essen, das längst allen Gourmet-Führern eine Empfehlung wert ist. Themenwochen, ausschließlich regional, modern – das alles ist seine Sache nicht. Umso mehr schätzt er zur Abrundung seiner klaren Linie einen leicht mediterranen Touch, saisonal und abwechslungsreich aufbereitet. Seine Gäste lieben es.

Die Weine im Keller suchen die Zöllers selbst genussvoll mit fein geschultem Gaumen aus, am liebsten direkt beim Winzer. Die Auswahl gönnt den Gästen Genuss ohne Reue, auch was die Preise betrifft. Das gilt für die deutschen und österreichischen Weißweine direkt vom Weingut genauso wie für die hochwertigen italienischen Rotweine.

Im Gegensatz zu den meisten anderen Restaurants erfreut sich der Adler einer engagierten Spüler-Crew. Sechs helle Köpfe mit Abitur in der Tasche sorgen sich neben dem Studium seit Jahren täglich wechselnd und selbst organisiert um die Sauberkeit der Küchengerätschaften und Teller. Und lesen Uwe Zöller mit viel Lust am Mitdenken praktisch jeden Wunsch von den Augen ab. Längst haben sie dabei selbst Freude am guten Essen bekommen, wie die häufige Anwesenheit der Freundinnen im Adler bezeugt.

Das eigene Wohlleben beginnt für die Zöllers an den Ruhetagen des Adlers. Ohne Nachdenken, ohne Geld zu Fuß nach Wangen laufen, irgendwo einkehren und sich dann von seiner Frau freikaufen lassen oder gemeinsam nach einem Bummel einen Kaffee trinken gehen, so sieht die rechte Entspannung für die beiden aus.

Rehrücken im Polentamantel mit Pfifferlingen und Melone

Zutaten

4 Stück Rehrücken à 120 g
1 Schalotte, fein geschnitten
1 Knoblauchzehe, fein geschnitten
20 g Butter
250 ml kräftiger Geflügelfond
125 ml Milch
70 g Polentagrieß
1 EL Parmesan, frisch gerieben
1 EL Rosmarin, gehackt
Olivenöl
Salz, Pfeffer, Muskat
200 g Pfifferlinge
Melonenkugeln

Zubereitung

Rehrücken salzen und pfeffern, von allen Seiten kurz anbraten, dann erkalten lassen.

Für die Polenta die Schalotten und den Knoblauch in Butter andünsten, mit dem Geflügelfond ablöschen und mit der Milch aufgießen. Aufkochen, den Polentagrieß einrühren und 10 Minuten leicht kochen lassen. Parmesan und Rosmarin zugeben, mit Salz, Muskat und Pfeffer abschmecken. Polenta auf eine Klarsichtfolie etwa 1 Zentimeter dick aufstreichen und den Rehrücken darin einwickeln. Nach dem Erkalten die Teile von allen Seiten in Olivenöl anbraten und 30 Minuten bei 90 °C im Ofen garen.

Pfifferlinge und Melonenkugeln in Olivenöl warm schwenken.

KÄSEREI ZURWIES

Käserei Zurwies GmbH

Zurwies 11
D-88239 Wangen-Deuchelried

Telefon 00 49 (0) 75 22 / 55 81
Telefax 00 49 (0) 75 22 / 8 09 39
www.zurwies.com

Käseproben für Gruppen nach Anmeldung

Wenn in Wangen der Wind aus östlicher Richtung weht, sollten Käseliebhaber sich von ihrer Nase leiten lassen und den Straßen hinaus Richtung Deuchelried folgen. Etwas oberhalb des Ortes liegt mit Allgäuer Prachtblick auf die Berge die Biokäserei Zurwies. Allzu leicht könnte man die üppigen Wiesen um die Käserei mit dem Namen verknüpfen, doch weit gefehlt: Der Ursprung liegt im alten Wort „wise" und steht für Strafe und Pein. Dabei hat sich die älteste Käserei Baden-Württembergs schon seit 1899 dem leiblichen Wohlbefinden verschrieben, erst recht, seit sie genau 90 Jahre später von Anton Holzinger entdeckt und aus dem Dornröschenschlaf wieder zu kulinarischem Leben erweckt wurde.
Um seinem Werdegang die entscheidende Wendung zu geben, brauchte Anton Holzinger Milch, genauer gesagt Unmengen von Milch, denn erst nach seiner Ausbildung zum Molkereifachmann wollte ihm das Lernen so richtig schmecken. Dann kamen kaufmännische Lehre, Fachhochschulreife, Studentenleben, die Heirat mit seiner Frau Christiane und das erste Kind. Nun, so befand er, war die Zeit zum ernsthaften Arbeiten gekommen. Technisches Studium hin oder her, das Interesse an der Milch war stärker und er fing in einer Käserei an, machte seinen Molkereimeister und stieg in der Hierarchie auf. Bis der Tag kam, an dem er die traditionsreiche Käserei Zurwies entdeckte und der Wunsch in ihm wuchs, selbst Käse herzustellen und zwar nach allen Regeln der Kunst des alten Handwerks.
In Mitbegründer Richard Kurzweil fand er einen Partner für das Unternehmen. Die beiden Käser wollten einzig Weichkäse produzieren, in bester traditioneller Handarbeit wie vor 100 Jahren. Und mit jener hohen Qualität, die nur ein kleiner Betrieb wie die Biokäserei Zurwies jenseits aller Massenverarbeitung leisten kann. Ein absolutes Muss für besten Käse ist Biomilch. Nur der Bauer genügt dem hohen Anspruch, der seine Kühe artgerecht hält und ihnen das Futter angedeihen lässt, das sie freiwillig fressen und lieben: frisches Gras! Die einzige Ausnahme besteht in frisch getrocknetem Gras, dem Heu. Alles andere gehört ins Futter nicht hinein, sonst kommt es nämlich mit der Milch wieder heraus und breitet sich mit unerwünschten Geschmacksnoten im Käse aus. Ihre Milch ist den Zurwies-Käsern eine Menge wert; die 13 Lieferanten erzielen überdurchschnittliche Preise für ihr Spitzenprodukt.
Morgenfrisch werden jeden Tag 5000 Liter Rohmilch verarbeitet. Der Weg von der Milch

zum Käse ist anspruchsvoll und hart; handwerkliches Wissen und voller Körpereinsatz aller 15 Mitarbeiter sind gefragt. Jeder Arbeitsgang, das Befüllen der Formen, das Wenden für den Abfluss der Molke, alles wird mit Hand gemacht. Auch der Käse in den Lagern bedarf ständiger Aufmerksamkeit; je nach Sorte wird täglich gewendet oder geschmiert – so wird das Einreiben des Käses mit einer speziellen Lake genannt. Gute zehn Tage Zeit und 14 °C braucht ein Camembert dann, zwei bis drei Wochen der Rotschmierkäse, bis er packreif ist und auf seine Reise in den Bioladen gehen kann.

Auch wenn der strengen Hygienevorschriften wegen keiner den Käsern direkt über die Schulter schauen kann – Fensterln darf in der Biokäserei Zurwies jeder. Die eigens vergrößerten Hausfenster geben den Blick auf alle Produktionsabläufe frei, und so findet sich morgens regelmäßig eine Schar von Käsepilgern ein. Wer sich mit einer Gruppe voranmeldet, hat vielleicht Glück und bekommt eine Einführung in die Welt des Käsemachens von Anton Holzinger persönlich.

Schon die Holzschachteln mit den eingebrannten Etiketten machen Lust auf mehr. Wer den Deckel hebt und die um den Käselaib geschmiegte Innenhülle etwas öffnet, den umfängt sogleich ein paradiesisches Feuerwerk von Gerüchen.

„Antons Liebe rot“, der erklärte Liebling der Kunden, hat einen kräftigen Geschmack und eine unvergleichlich sahnige Konsistenz. Und weil ein echter Alm-Öhi wie der bärtige Anton immer mindestens zwei Lieben hat, gibt es den Käse auch als „Antons Liebe blond“ in milder Ausführung. Selbst das käseverwöhnte Frankreich hat sich verliebt und importiert ihn unter dem Namen „L'Amour d'Antoine“ als einen der wenigen deutschen Käse überhaupt.

Le Vacherin, ein milder, aromatischer Käse, wird entweder gerade noch schnittfest oder am besten fast flüssig genossen, eine Inspiration aus dem französischem Jura, so wie das Fondue-Rezept für den Camembert Valleray, der mit seinem cremigen Geschmack einen idealen Ofenkäse abgibt. Madagaskarpfeffer

sei Dank echt scharf, aber himmlisch samtig eingepackt ist das „Gepfefferte Ärschle" – kalt oder heiß genossen!

Wer für die Allgäuer Käse macht, der kommt am Backsteinkäse nicht vorbei. Er gehört hierher wie die Berge und die Kühe. Bei der Biokäserei Zurwies dürfen die gute, alte Zeit und ihr Geschmack in diesem ziegelsteingeformten Käse wieder auferstehen.

Trinkmilch, Quark, Joghurt mit und ohne Früchte, sogar einen Ricotta stellen die Zurwieser her, einen, wie er besser auch in Italien nicht zu finden ist. Die Ideen werden den Käsemachern sicher nicht ausgehen; das Steckenpferd von Anton Holzinger ist schließlich die Entwicklung. Derzeit tüftelt er an einem viel versprechenden cremigen Blauschimmelkäse, der nahezu Marktreife hat.

Um für Transparenz beim Verbraucher zu sorgen, ist Anton Holzinger mit seinem Käse im Gepäck oft auf Reisen. Echte Belagerungszustände hat er mit seinen Spezialitäten schon ausgelöst, ob auf Märkten, bei der großen Foodmesse Intergast oder beim Salon del Gusto in Turin. Viele Menschen hat er dort kennen gelernt, die zu seinen Wegbegleitern wurden und die seine Vorliebe für hochwer-

tige Lebensmittel und die Leidenschaft für seinen Käse teilen. Zu seinen Kunden darf er inzwischen renommierte Hoteliers, Gastronomen und Genießer zählen. Als Mitglied der Ökologischen Molkereien Allgäu (ÖMA) wird sein Käse nach ganz Europa geliefert, am schnellsten wird jedwede Grenze per Internetbestellung überschritten.
Anton Holzingers Engagement hat ein übergeordnetes Ziel: Es geht nicht nur darum, Käse zu verkaufen – das wäre viel zu kurz gedacht. Holzinger möchte zeigen, wie die Produkte entstehen und welche Geisteshaltung den Herstellungsprozess bedingt. Die ökologische Produktion und der fürsorgliche Umgang mit den Tieren sind in seinen Augen ein aktiver Beitrag zum Naturschutz und erhalten unsere Welt für die Nachkommen. Ein Bioladen, das ist für Anton Holzinger ein Schritt in die Zukunft, eine Plattform für lustvolles Entdecken und ein Raum für echte Gemeinschaft. Seine Haltung vertritt er auch als Gastdozent an der Berufsakademie in Ravensburg für Hotellerie und Tourismus.
Antons Träume, das sind zweierlei. Zum einen möchte er einfach guten Käse machen, zum anderen irgendwann alles ordentlich übergeben, nicht nur die Biokäserei Zurwies, sondern auch das Land rundherum. Die zukünftige Nachfolgerin, seine Tochter Luise, steht ihm als Molkereimeisterin heute schon zur Seite, als Partnerin im Betrieb, seit sein Mitbegründer sich neuen Zielen zuwandte. Und gemeinsam stellen Vater und Tochter schon heute die Weichen für die Zukunft.

Fondue de Valleray

Zutaten

1 Camembert Valleray
1 Schuss trockener Weißwein
1 kleine Knoblauchzehe
Pfeffer aus der Mühle
in Würfel geschnittene Brotstücke

Zubereitung

Den Backofen auf 220 °C vorheizen, Käse auspacken und „pudelnackig" im unteren Teil der Holzschachtel in den Ofen schieben. Nach 10 Minuten herausnehmen, mit einem Messer kreuzförmig fast bis zum Rand einschneiden. Die Außenhaut des Käses an den Schnittstellen auffalten, die entstandene Vertiefung in der Mitte mit Weißwein füllen. Nach Geschmack die Knoblauchzehe in den Käse stecken.
Danach den Käse noch einmal 10 Minuten backen, bis er oben gebräunt ist. Brotstücke und Pfeffer getrennt reichen. Brotstücke auf Fonduegabeln stecken, in den Käse tauchen, dann genießen. Am besten schmeckt dazu Weißwein.

LANDGASTHAUS ZUR SONNE

Landgasthaus Zur Sonne
Inhaber: Armin und Anja Hansmann

Kißlegger Straße 25
D-88239 Wangen-Leupolz

Telefon 00 49 (0) 75 06 / 13 99
Telefax 00 49 (0) 75 06 / 95 10 50
www.sonne-leupolz.de

Ruhetage: Montag und Dienstag (außer an Feiertagen)

Im Schutze der Leupolzer Kirche steht seit über drei Jahrhunderten das Landgasthaus Zur Sonne. Längst ist das Klappern der Pferdehufe, das Knarren der Postkutschen, das Horn des Postillions verhallt, doch das Feuer in der Küche der alten Tafernwirtschaft brennt nach wie vor.

An den Töpfen steht seit über zehn Jahren der Inhaber und Küchenchef Armin-Michael Hansmann. Schlossermeister wie sein Vater oder Großvater wollte er nicht werden, aber das Küchenhandwerk lag ihm wie schon seiner Mutter. An den schönsten Orten des Allgäus, rund um den Bodensee und in der Schweiz hat er gekocht, bis er sich mit seiner Frau Anja für die Selbstständigkeit entschied. Das Konzept, mit seiner feinbürgerlichen Küche einfach jeden zu bekochen, kommt an. Nur frische und naturbelassene Lebensmittel bestehen vor seinen Augen; mit radikaler Ehrlichkeit geht er da vor: Nur was er selbst gerne essen würde, setzt er auch seinem Gast vor. Die Qualität zählt um jeden Preis. Die Speisekammern sind gefüllt mit Allgäuer Produkten; Wild stammt aus den umliegenden Wäldern, Bodenseefische vom eigenen Fischer in Langenargen, das Rind aus Land-Zunge-Betrieben. Und die Zubereitung dieser Schätze übernimmt der Hausherr persönlich. Eine sonnige Speisekarte lacht dem hungrigen Gast entgegen: Je nach Saison gibt es Pfifferlingschaumsüppchen mit Kalbsnockerln, Schwarze Spaghetti mit rosa Meerbarbenfilet in Safranschaum, Wildmaultäschle in Steinpilz-Kräutersößle oder Lammrücken rosa an Rosmarinjus nach provenzalischer Art. Ein Klassiker ist der Schwäbische Allgäu-Wok mit Lendchen, Maultäschle und Putenmedaillons auf knackigen Gemüsespätzle in Champignonsahne

mit Röstzwiebeln. Bei einem Garten mit Kastanien und Holztischen vor dem Haus darf natürlich eine genussreiche Brotzeitkarte nicht fehlen. Die angenehmen Begleiter zum Essen sind in der Hauptsache biologische Weine aus Kellereien am Bodensee und das Bier der lokalen Edelweissbrauerei Farny. Die vornehme Aufgabe des Magenschließens dürfen die feinen Allgäuer Brände des Martin Meier übernehmen.

Die hellen Stuben der Sonne mit alten Holzbalken und behaglichen Kachelöfen sind für Gäste jeglicher Couleur ein stilvolles Ambiente. Prächtig feiern lässt es sich im Gewölbekeller mit offenem Kamin. Einige gemütliche Zimmer im nostalgischen Landhausstil nehmen eine exklusiv kleine Gästeschar auf. Für externe Gruppen richtet das Sonnen-Team auch komplette Events mit Künstlern und leckeren Buffets aus.

Und wenn Armin-Michael Hansmann gerade keine Gäste begrüßt oder bekocht, wenn er nicht gerade Kinderkochkurse durchführt oder die Sonne renoviert und aufpoliert, dann ist es sein Liebstes, mit seiner Tochter zu spielen oder an seinem Käfer-Cabrio zu schrauben.

Bodensee-Felchenfilet aus dem Wok im Polentacrêpe mit Safranschaum

Zutaten

Crêpes

150 g Maisgrieß (Polenta)
150 g Milch
1 Prise Salz, Pfeffer
3 Eier

Wok

4 Felchenfilets à 80–90 g, in Streifen geschnitten
1 Schalotte, fein gewürfelt
1–2 EL Butter
4 cl trockener Elbling
1 Msp Safranfäden
Petersilie, Schnittlauch, Estragon
1 kleine Knoblauchzehe
250 ml Sahne
250 g Wokgemüse aus Champignons, Zucchini, Auberginen, Wasserkastanien, Kaiserschoten, Paprikastreifen, geschnittenem Porree sowie einer Mischung aus blanchiertem Broccoli, Weißkohl, Blumenkohl

Zubereitung

Crêpezutaten miteinander verrühren, etwa 30 Minuten quellen lassen, anschließend in einer heißen Pfanne mit Rapsöl 4 Crêpes von beiden Seiten backen. Danach zur Formgebung in eine Schale oder Suppentasse legen und auskühlen lassen.

Die Felchenstreifen mit Schalotten und dem Gemüseallerlei in einer heißen Wokpfanne etwa 3 Minuten durchschwenken, mit Elbling begießen, Sahne und Safran zufügen und noch etwa 2 Minuten köcheln lassen. Mit Kräutern, Salz und Knoblauch abschmecken.

Wokgemüse auf die Crêpes in der Schale geben und nach Wunsch die Safransahne vor dem Nappieren mit einem Zauberstab aufschäumen.

MARTIN MEIER ALLGÄUER EDELBRÄNDE

Martin Meier
Allgäuer Edelbrände

Grub 4
D-88239 Neuravensburg

Telefon 00 49 (0) 75 28 / 73 55
Telefax 00 49 (0) 75 28 / 92 71 54
www.allgaeuer-edelbraende.de

Martin Meiers Weg zur Brennerei war lang und führte einmal um die Welt: Als gelernter Metzger mit Meisterprüfung hatte er sich in Australien niedergelassen und belieferte einen ansehnlichen Teil des pazifischen Raumes mit deutschen Würsten, als er aus familiären Gründen nach Deutschland zurückgerufen wurde. Bei Null fing er wieder an auf dem elterlichen Hof, baute eine Schlachterei auf – und nahm die alte Brennerei des Vaters wieder in Betrieb. Anfangs stellte er nur einen Haustrunk als Willkommensgruß für Besucher her. Die Qualität seiner Brände sprach sich jedoch bald herum, und als er für Freunde aus der Gastronomie, darunter Spitzenkoch Anton Lanz in Stockenweiler, auch noch einen edlen Restaurant-Hausbrand entwickelte, war der Grundstein für die Brennerei als Profession gelegt.
Ein guter Brand setzt gute Rohstoffe voraus. Ein Brenner braucht reifes Obst; jeder Sonnenstrahl zählt, damit die Öchslegrade stimmen und die Früchte Geschmacksreichtum und den erforderlichen Süßegrad zum Brennen entwickeln. Nur dann kann der enorme Verdichtungsprozess von der Frucht zum Brand den Reichtum an Aromen und Nuancen herausarbeiten, der im Mund zu einer unvergleichlichen Fülle explodiert. Man bedenke: In 4 Litern Waldhimbeerbrand stecken 100 Kilogramm beste reife und handgepflückte Beeren! Im mit Früchten reich gesegneten Allgäu sind die Schwerpunkte des Brenners regionale Obst- und Beerenbrände aus Johannisbeere, Waldhimbeere, Vogelbeere und Heidelbeere – auch Apfel und Birne nicht zu vergessen.
Martin Meiers große Leidenschaft ist der Ausbau der Brände im Barrique. Ein gutes Fass ist wie gutes Gewürz auf den Brand; es vervollständigt und ergänzt das Aroma. Seine ersten Fässer hatte er sich noch aus Frankreich direkt vom Winzer geholt, inzwischen kauft er oft selbst neue Fässer, gibt sie dem Winzer zum Weinausbau und holt sie nach zwei Jahren wieder zurück; so frisch entleert haben die Fässer den Idealzustand. Der Prozess im Holz ist ein Geben und Nehmen; nur aromareiche Brände wie Trester und Steinobst profitieren vom Fass; der Brand gibt einen Teil seiner Nase – des Fruchtaromas also – ab und bekommt dafür mehr Körper.
Eine Rarität, nicht nur für das Allgäu, sondern für das europäische Festland, ist Martin Meiers Whisky. Fast zehn Jahre experimentierte er, bevor er mit seinem ersten Allgäuer Whisky auf den Markt ging. Er steht den schottischen Lowland Whiskys in nichts nach. Samtig weich umspielt er den Gaumen und

lässt sich besonders schön nach dem Essen genießen, am besten mit Zigarre im Lederstuhl.

Längst hat sich der Brenner-Blick auch begehrlich nach Süden gewandt. Grappa wird aus Trester von gepressten Trauben gewonnen, ein empfindliches Ausgangsprodukt, das präziser Verarbeitung bedarf. Martin Meiers Tresterbrand entsteht aus den sonnenverwöhnten Trauben des Lindauer Weinguts Deufel. Jedes Jahr steht er mit seinen Fässern direkt neben der Kelter, um die aromareiche Kostbarkeit ohne Umwege einzulagern. Das Ergebnis seiner Brennerkunst läuft hochwertigen italienischen Konkurrenten mühelos den Rang ab.

Dass man durch richtige Verarbeitung jeden Brand zu einer eigenen Perfektion bringen kann, ist ihm Faszination und Herausforderung gleichermaßen. Dabei kommt die Experimentierfreude nicht zu kurz; sogar einen Spargelgeist als Digestif nach dem zarten Edelgemüse hat er entwickelt. Mit jedem Jahr wächst sein beträchtlicher Erfahrungsschatz; dabei bleibt Qualität stets die oberste Maxime – da kommt Martin Meier nach seinem Vater. Nichts ist vollkommen, das weiß er wohl, aber ständig daran arbeiten, das will er unbedingt. Da überrascht es kaum, dass seine Edelbrände nicht im normalen Handel zu bekommen sind. Wer will, bemüht moderne Kommunikationsmittel; schöner ist ein Besuch auf dem Hof inmitten der Natur, Pferde, Kutschen und Kinder inbegriffen – auch zur Verkostung, die nach Voranmeldung zu ausgewählten Terminen stattfindet.

GASTHOF ZUM HIRSCH

Gasthof zum Hirsch
Inhaber: Artur Frick-Renz

Argenstraße 29
D-88099 Neukirch

Telefon 00 49 (0) 75 28 / 17 65
Telefax 00 49 (0) 75 28 / 17 06
www.gasthof-zum-hirsch.com

Ruhetage: Dienstag, Mittwoch Mittag

Im lieblichen Argental, einem der schönsten Naturschutzgebiete des Bodenseeraums, liegt seit mehr als 150 Jahren der Gasthof zum Hirsch inmitten grüner Auen und Wälder. Hier haben sich Artur und Ulrike Frick-Renz kulinarisch eingerichtet und in über zehn Jahren aus einem ehemaligen Vereinslokal einen Feinschmecker-Treff gemacht.
Artur Frick-Renz wuchs auf einem Bauernhof auf, aber Landwirtschaft oder Metzgerei war seine Sache nicht, er lernte lieber Konditor und Koch. Der Schritt in die gehobene Gastronomie lohnte sich für ihn zweifach: Als Küchenchef im Golfhotel Weißensberg lernte er seine Frau Ulrike kennen, die dort als Oberkellnerin tätig war.
Die ländliche Lage seines eigenen Gasthofes erfordert einen Spagat, den Artur Frick-Renz meisterlich beherrscht: Die Leute aus dem Ort kommen genauso wie Genießer aus der weiteren Umgebung. Letztere bleiben oft für einen entspannenden Kurzurlaub in den hauseigenen Zimmern.
Mediterran, leicht und frisch ist sein Kochstil, überraschend und gelegentlich mit asiatischem Einschlag. Bami Goreng mit gebratenen Blutwürsten oder die Lagerfeuer-Forelle mit Speck und Röstzwiebeln sind ungewöhnliche Dauerbrenner. Ein Gedicht ist der asiatisch angehauchte Spargelsalat, angeschwenkt in Ingwer, Zwiebel und Knoblauch mit marinierter Sushi-Lachsrolle und einem Hauch von Zimt. Und für seinen Forellenstrudel hat ihm ein Gault Millau-Tester sogar verziehen, dass der Lehrling ihm das Auto ruinierte.
Einkauf betreibt der Koch mit Leidenschaft. Persönlich kennt er alle Lieferanten, stöbert auf Wochenmärkten nach neuen Produkten und besucht die Erzeuger. Der unerwartete

Schwerpunkt von Elsässer Weinen auf der Weinkarte ist genetisch bedingt: Wer wie Artur Frick-Renz durch die Großmutter seine Wurzeln in einer elsässischen Winzerfamilie hat, dem fließt Wein in den Adern. Die Verkostung der guten Tropfen nimmt er am liebsten vor Ort und gemeinsam mit seiner Frau vor. Diese ist auch im Gasthof zum Hirsch die herzliche Verbindung zwischen Küche und Gast und umsorgt alle mit trefflichem Service.

Im Winter gehören Kochkurse zum Programm. Da sind die Profis, die über die Brauerei Farny zur Weiterbildung kommen, um am eigenen Kochstil zu feilen. Und interessierte Gäste, oft Männer, nehmen die Gelegenheit wahr, ihren Frauen wenigstens einmal im Leben selbstgekochte Kaninchenleber mit Apfelpesto, Lachssoufflee auf Biersoße mit Staudensellerie oder Rehnüsschen mit Balsamico-Soße, Walnuss-Gnocchi und Gemüse zu servieren.

Wenn die Inhaber selbst mal eine Pause brauchen, steht Natur auf dem Programm, vorneweg Pferde und Berge. Dann kocht Mutter Priska und lädt ihre zahlreichen Kinder und Enkel zum Schlemmen ein.

Zander-Lachsröllchen mit Weizenbiersoße

Zutaten

4 Zanderfilets à 120 g

Fischfarce

150 g Lachs
125 ml Sahne
1 Schuss Noilly-Prat
Salz, Pfeffer

Soße

1/2 kleine Zwiebel, fein gehackt
20 g Butter
125 ml Gemüsefond
100 ml Sahne
1 EL Mondamin
125 ml Weizenbier
Salz, Pfeffer aus der Mühle

Zubereitung

Fisch und Sahne im Blitzhacker mixen, bis die Farce glatt ist, dann Gewürze zugeben und weiter mixen, bis die Farce fest ist. Keinesfalls warm mixen, sonst verliert die Masse die Bindung. Die Farce etwa 1 Stunde kühl stellen.

Zanderfilets auf Klarsichtfolie legen und leicht mit Salz würzen. 1/2 Zentimeter dick mit der

Lachsfarce bestreichen und einrollen. Mit der Folie einwickeln und wie ein Bonbon schließen. Die Röllchen mit Aluminiumfolie stabilisieren und 12 Minuten in leicht kochendes Salzwasser legen.

Für die Soße Zwiebel, Butter und Gemüsefond einkochen, leicht mit Mondamin abbinden. Sahne einrühren, mit Salz und Pfeffer würzen, nach Belieben Weizenbier hinzugeben. Eventuell mit einem Spritzer Zitrone abrunden.

Paradies
Der verzauberte Gasthof in Oberschwaben
Inhaberin: Kleta Baur

Ravensburger Straße 8
D-88267 Vogt

Telefon 00 49 (0) 75 29 / 77 08
Telefax 00 49 (0) 75 29 / 18 23
www.gasthof-paradies.de

Ruhetag: Montag

Das Tor zum Allgäu und zum Paradies liegt in Vogt, einem Örtchen am Rande des größten zusammenhängenden Waldgebietes von Oberschwaben. Bald 600 Jahre ist es her, seit das Gasthaus Paradies zum ersten Mal erwähnt wurde; seinen Namen erhielt es erst um 1900, als ein junger Adam es aus Liebe zu seiner Eva zum Paradies machte. Als Adam und Eva nach Amerika auswanderten, erwarb Gebhard Baur aus dem Nachbarort den Gasthof, den heute seine drei Urenkelinnen führen. Der kulinarische Part ist die Domaine von Organisationstalent Katharina, die ihre Erfahrungen aus Sternehäusern innovativ mit alten Familienrezepten kombiniert. Marktfrische Produkte werden unter ihren meisterlichen Händen zu paradiesischen Köstlichkeiten. Spezialitäten des Hauses sind die Riesling-Wildkräuterschaumsuppe oder rosa gebratenes Rehnüsschen in Holunder-Rotweinsoße im Dialog mit grüner Walnuss, frischen Pfifferlingen und Gratin Dauphinois oder ihre unglaublichen Krautkrapfen und Maultaschen, traditionell gefüllt oder mit Kürbis, Lachs und Spargel. Unterstützt werden die drei Schwestern von Michael Schröer, der seit vielen Jahren als Küchenchef fungiert. Das dekorative Feuerwerk drumherum kreiert Walburga und macht so das Paradies und seine Veranstaltungen zu einem Fest für alle Sinne.
Ausgewählte Weine aus Baden und vom Bodensee, dazu einige Südeuropäer, lagern bereits jung im Keller. Dies und eine zurückhaltende Kalkulation ergeben selbst für große Weine kleine Preise. Edelbrände der Allgäuer Brennereien Martin Meier und Zielbauer rauchen samtig die Kehle hinunter. Draußen lockt das Giebelbild „Verführung im Paradies", innen findet sich die historische Keimzelle und ein traditioneller Treffpunkt der Hiesigen, die Vogter Stube, stilvoll restauriert mit ihrem mehr als 70 Jahre alten, handgearbeiteten Paradiesfenster, das mit großzügiger Transparenz die Räumlichkeiten gliedert.
Für den inneren Zusammenhalt von Mensch und Event sorgt Kleta Baur als warmherziger Motor der Paradies-Philosophie. So verwandelt sich der weithin bekannte Paradiessaal

immer wieder in einen großzügigen, festlichen Rahmen für Konzerte, Wein-Degustationen und Hochzeiten – die in den heimeligen Gästezimmern und der romantischen Hochzeitssuite ihren Ausklang finden. Für den Nachwuchs sind drinnen wie draußen überall kleine Kinderparadiese verwirklicht, während sich die Großen auf der mediterranen Sonnenterrasse von feinen Genüssen und walnussbaumgeschütztem Blick auf die Bergwelt und die Waldburg verzaubern lassen dürfen. Neue Kräfte schöpfen, das können die drei stets wohlgestimmten Schwestern bei der Arbeit, im Garten zwischen selten gewordenem Gundermann und wildem Borretsch und in der großen Runde beim Abendessen, von ihren Männern als eine Art kulinarisches Brainstorming bezeichnet. Paradiesisch!

Gans im Glück mit Maroni-Apfelfüllung und Quitten-Rotweinsoße

Zutaten

1 frische, ausgelöste Gans (ca. 4,8 kg)
Gänseleber, gewürfelt
je 3 Zweige Thymian und Rosmarin
1 kleine Gemüsezwiebel
200 g Maroni
150 g Sellerie, gewürfelt
3 säuerliche Äpfel, gewürfelt
1 Brötchen, grob gehobelt
1/4 l Sahne
3 EL Butter
1/4 l kräftiger Rotwein
2 EL Quittengelee
1 TL Honig
1 Glas Geflügelfond
Meersalz, Pfeffer schwarz, weiß, rot
Zucker, Muskatnuss, Beifuß

Zubereitung

Für die Füllung Maroni anrösten und schälen. Die Zwiebeln fein würfeln, in Butter anbraten, danach die gewürfelte Gänseleber hinzufügen, heiß anbraten. Erst den Sellerie, dann die Maroni und die Apfelstücke dazugeben. Mit Beifuß, Meersalz, Pfeffer, Zucker und Muskatnuss abschmecken. Mit Sahne, Geflügelfond und Quittengelee ablöschen, vom Herd nehmen und mit dem gehobelten Brötchen abbinden.
Die Gans von Federresten befreien, mit Beifuß, Salz und Pfeffer würzen. Füllen, Kräuterzweige beifügen und bei 190 °C für etwa 4 1/4 Stunden ins Rohr geben. Immer wieder mit einer Mischung aus Quittengelee und Honig bepinseln.
Für die Soße den Rotwein reduzieren, Quitte, Salz, Pfeffer, Beifuß, Geflügelfond und den Saft der Gans hinzufügen. Auf Wunsch durch ein Sieb passieren, mit dem Zauberstab mixen und mit Butter binden.

HOFKÄSEREI BOSCHENHOF

Hofkäserei Boschenhof
Inhaber: Boschenhof GbR

Boschen 4
D-88299 Leutkirch-Friesenhofen

Telefon 00 49 (0) 75 67 / 5 84
Telefax 00 49 (0) 75 67 / 2 73
www.kaeserei-boschenhof.de

Aussiedlerhöfe entstanden immer in Zeiten der Not, wenn im Dorf nicht mehr für alle genug zum Essen da war. Dann ließ sich ein Einzelner außerhalb der Gemeinschaft nieder, um für sich und seine Familie allein zu sorgen. Solch ein Aussiedlerhof ist der heutige Boschenhof mit 50 Hektar Land und Acker zwischen Isny und Leutkirch. Nach einer bewegten Vergangenheit und vielen Menschenschicksalen ist er im 21. Jahrhundert angekommen, mit 30 Jahren Erfahrung in der biologisch-dynamischen Landwirtschaft und einer Betriebsgemeinschaft, in der die Kräfte von vier Familien, jede mit einem festen Verantwortungsbereich, ein großes Ganzes bewirken. Die Menschen auf dem Boschenhof wollen etwas bewegen – für Kinder, für die Natur und für eine gute Ernährung, wie das Demeter-Siegel belegt. Auf den fetten Weiden steht noch echtes Allgäuer Braunvieh, ein alter Schlag, der vielerorts von Hochleistungsrassen verdrängt wurde. Von Frühling bis Herbst leben die Tiere unter freiem Himmel, auch im Winter dürfen sie täglich zweimal raus und werden mit hofeigenem Futter versorgt. Als eigenständige Wesen geachtet, steht an erster Stelle ihr Wohlgefühl; gesund und schön sollen sie sein und ihre Hörner dürfen sie auch behalten.
Die Milch dieser Kühe und eines weiteren Demeter-Hofes wird in der Hofkäserei Boschen-

hof nach traditionellen Rezepten zu vorzüglichem Rohmilchkäse verarbeitet. Die Senner pflegen die alte Tradition des Käsehandwerks mit viel Gespür für die lebendigen Prozesse in der Rohmilch und in den Käselaiben. Steinsalz, Naturlab und aus eigener Milch selbstgezogene Sirtenkultur, nichts anderes kommt mit der Milch und dem Käse in Berührung. In den Naturkellern der Käserei dürfen die Laiber auf Holzbrettern dann bis zu einem Jahr reifen, regelmäßig von Hand gewendet und gewaschen.

Der Boschenkäse, ein Stellvertreter des Allgäuer Bergkäses, ist je nach Reife mild, aromatisch oder würzig. Eine Spezialität mit ausgeprägter Persönlichkeit ist der uralte Boschenkäse, der in über zwölf Monaten einem nussig-würzigen Geschmack und einer parmesan-ähnlichen Konsistenz entgegenreift. Als Rarität gilt der Butterkäse aus Rohmilch mit mild-fruchtigem Geschmack. Weitere Käsespezialitäten befinden sich in der Entwicklung.

Mitbewohner auf dem Hof sind gut 30 Bentheimer Schweine, eine vom Aussterben bedrohte Rasse mit guten Muttereigenschaften. Die Tiere leben in natürlichen Gruppen zusammen und dürfen mit jeder Menge Auslauf ein glückliches Schweineleben führen.

In der anerkannten Bio-Metzgerei von Hartmut Gögler in Isny-Beuren entstehen dann Steaks und Koteletts, Blut- und Leberwürste sowie Rinderschinken – so hauchdünn wie Bündnerfleisch. Seine Landjäger und die Rinder-Salami bestehen zu 100 Prozent aus Rind, und auch die Wienerle, jetzt schon phosphat- und nitratfrei für Allergiker, sind bald ohne Schweinefleisch zu haben.

Die Produkte des Hofes werden im eigenen Hofladen vertrieben, per Internet und auf den Wochenmärkten in Leutkirch, Friedrichshafen, Lindau und Ulm. Der Verkauf ist Aufgabe der langjährigsten Mitbetreiberin des Boschenhofes, Ulla Hoffmann, die aus Überzeugung zur Bäuerin geworden ist. Die Tiere, die eng mit der Erde verbundene Lebensweise und auch den Hof selbst hat sie zutiefst verinnerlicht. Ja, der Alltag ist hart und bedarf einer gehörigen Portion Idealismus. Aber dafür lebt man wirklich noch in einer Gemeinschaft.

Das sieht man auch im Sommer an den vielen Schul- und Studienpraktikanten, immer an der Grenze dessen, was die Hofbewohner schaffen können. Die für Acker und Werkstatt verantwortliche Familie Kuhle führt zusätzlich pädagogische Maßnahmen für Jugendliche mit besonderem Unterstützungsbedarf durch.

Die Tage sind voll auf dem Boschenhof. Erholung? Das bedeutet am Feuer zu sitzen, gemeinsam und in friedlicher Eintracht, um sich auszutauschen und neue Inspiration zu schöpfen.

LANDGASTHAUS OCHSEN

Von Isny Richtung Norden mäandert die Landstraße in den kleinen Ort Beuren, der sich an die Hügel des Allgäuer Voralpenlandes schmiegt. Nah der Kirche steht seit weit über 100 Jahren das Landgasthaus Ochsen, Stein auf Stein ein Stück regionale Tradition für Feste und hungrige Mäuler.

Die Töpfe sind das Revier von Inhaber Hartmut Gögler, der nach vielen Jahren in fremden Küchen seiner Lust auf heimatlichen Boden und eigenen Herd folgte und in den elterlichen Betrieb zurückkehrte. Seit über zehn Jahren ist er eine feste Größe am Ort, inzwischen auch mit Frau Conny, die ihm vom Niederrhein ins Voralpenland gefolgt ist. Ideenreich steht sie ihm zur Seite, übernimmt alles Dekorieren, entwirft die schönen Speisekarten und erträumt so manches, das er dann in der Küche umsetzt.

Traditionell und mit viel Lust am Ausprobieren, so präsentiert sich die Küche des Land-Zunge-Mitglieds, bevorzugt bei Events und Veranstaltungen wie Candle Light Dinner, Feiertagsbrunch oder Muttertags-Menü. Manches füllt gleich mehrere Tage: Beim Schwäbischen Wochenende etwa glänzte Gögler mit alten Rezepten wie der urigen Mezzelsuppe aus Brühe vom Kesselfleisch, Blutwurst, Kartoffeln, Zwiebeln und in der Suppe verlaufener Leberwurst, Bietigheimer Landfröschle und als Nachtisch Nonnenfürzle. Erfolgreich auch seine Wochenend-In-

Landgasthaus Ochsen
Inhaber: Hartmut Gögler

Am Dorfbach 5
D-88316 Isny-Beuren

Telefon 00 49 (0) 75 67 / 1 82 33-0
Telefax 00 49 (0) 75 67 / 15 01 40
www.ochsen-goegler.de

Ruhetag: Montag

terpretation von asiatischer und mexikanischer Küche oder italienischer Pasta. Vom zertifizierten Öko-Betrieb Boschenhof kommen Milch und Käse und vor allem das Fleisch, das der Bruder Hans-Peter Gögler in seinem anerkannten Demeter-Schlachtbetrieb verarbeitet und an den Ochsen liefert: für die hauseigene Schlachtplatte mit Strohkartoffeln, roher fränkischer Bratwurst, gebratenem Bauchspeck, Blut- und Leberwürsten oder für den höllenscharfen Chili-Eintopf.

Im Gastraum des Ochsen finden derzeit 45 Gäste Platz, der Biergarten bietet weitere 35 Sitzplätze. Ein Kinderspielplatz und eine Sonnenterrasse sind in Planung sowie einige Hotelzimmer und Ferienwohnungen in den oberen Stockwerken.

Einen Namen hat sich Hartmut Gögler längst auch durch sein Catering gemacht; das Spektrum reicht von Schweinefilet mit grünem Spargel, Mozzarella und Speck gefüllt bis zum australischen Barbecue. Bis zu 300 Leuten konnte der Koch schon ein satt-zufriedenes Lächeln ins Gesicht zaubern. Unterschiedlichste Veranstaltungen, über das ganze Jahr verteilt, dafür kocht Hartmut Göglers am liebsten, denn dies bedeutet eine Küche jenseits jeder Speisekarte. Feste Planung, die ist für ihn wider die Kreativität. Nicht zuletzt deshalb unterscheidet er zwischen Gelderwerb und Berufung – der Ochsen zählt ganz klar zu letzterem!

Schlachtplatte nach Hardy's Art

Zutaten

800 g Fasskraut
4 Stück Blutwurst
4 Stück Leberwurst
2 rohe, mittelgroße Kartoffeln
1 kg Pellkartoffeln
4 Stück rohe grobe Bratwurst
600 g Schweinebauch am Stück
Speck, gewürfelte Zwiebeln
1 ganze Zwiebel
4 Lorbeerblätter
6–8 Wacholderbeeren
4 Nelken
1 EL schwarze Pfefferkörner
30 g Schweineschmalz
1/8 l Weißwein
heiße Brühe

Zubereitung

Speck und gewürfelte Zwiebeln in Schweineschmalz leicht anbraten, das Kraut dazugeben und leicht anschwitzen lassen. Mit Weißwein ablöschen und mit etwas heißer Brühe angießen. Zum Binden die rohen Kartoffeln ganz fein reiben und ins Kraut geben. Ein Leinensäckchen gefüllt mit 2 Lorbeerblättern, 2 Nelken, 3 bis 4 Wacholderbeeren und 1 TL Pfefferkörner etwa 1 Stunde mitköcheln lassen.

Die ganze Zwiebel mit den restlichen Gewürzen spicken und in kochendes Salzwasser geben. Den gewaschenen Schweinebauch dazu geben und in 45 bis 60 Minuten weich kochen.

Für das Kartoffelstroh die kalten Pellkartoffeln schälen, grob raspeln und in etwas Fett locker und kross anbraten. Dann die Blut- und Leberwurst und den in Scheiben geschnittenen Schweinebauch auf das Sauerkraut geben und etwa 10 Minuten heiß werden lassen. In der Zwischenzeit die grobe Bratwurst anbraten. Kartoffelstroh und Sauerkraut auf Tellern anrichten, Leber- und Blutwurst auf das Kraut legen und mit Schweinebauch und Bratwurst garnieren. Guten Appetit!

HOTEL HOHE LINDE

Hotel Hohe Linde

Restaurant Allgäuer Stuben
Inhaber: Karl-Heinz Rimmele

Lindauer Straße 75
D-88316 Isny

Telefon 00 49 (0) 75 62 / 9 75 97
Telefax 00 49 (0) 75 62 / 97 59 69
www.hohe-linde.de

Ruhetag: Sonntag Abend

Ruhig und mit Blick nach Süden liegt das Hotel Hohe Linde an einem sonnigen Hang und zieht mit gepflegter Atmosphäre, 34 schönen Zimmern und moderner Tagungstechnik Feriengäste und Geschäftsleute an. Das Herz der Hohen Linde schlägt besonders kraftvoll im hauseigenen Restaurant Allgäuer Stuben, mit frisch zubereiteten Gerichten für Feinschmecker und Liebhaber der traditionellen Küche.

Seit über 30 Jahren zaubert Küchenchef Karl-Heinz Rimmele an Töpfen und Pfannen. Nach Kochlehre, Hotelfachschule und erfahrungsreichen Jahren bei renommierten Adressen ging er konsequent sein oberstes Ziel an, das Familien-Hotel seiner Eltern stetig weiter auszubauen und zu einem kulinarischen Anziehungspunkt in der Umgebung zu machen. Mit höchsten Ansprüchen sieht er sich dem traditionellen Kochen verpflichtet. Die Hochwertigkeit seiner Speisen beginnt beim Einkauf; unverfälschte Produkte direkt vom Erzeuger und so regional wie möglich sind für ihn der Maßstab. Soßen, Suppen, schwä-

bische Maultaschen, Allgäuer Kässpätzle, selbst Sorbets – alles wird selbst hergestellt. Ins Schwärmen gerät der Spitzenkoch bei traditioneller Küche, veredelt mit leicht italienischem Einschlag: Involtini vom Tafelspitz, also Rindsrouladen, mit einer Füllung aus Staudensellerie, Chili und mediterranen Gewürzen. Oder Seezungenfilets in der Pinienkernkruste mit Orangen. Dazu reicht er Weine aus den renommiertesten Kellereien Baden-Württembergs, je nach Jahreszeit bei Kaminfeuer oder Kerzenlicht. Zum Abschluss erwarten den Kenner edle Obstbrände und ausgesuchte Grappas sowie eine reiche Auswahl an charakteristischen Single Malts für Whiskyliebhaber.
Besonders stolz ist Karl-Heinz Rimmele auf seine Zugehörigkeit zu der renommierten Köche-Vereinigung Eurotoques, denn nur wer kreative Kochkunst mit reinen, unverfälschten Naturprodukten zu höchstem Genuss komponiert, darf sich zu deren Mitgliedern zählen. Es erfüllt ihn mit Freude, dass ihm irgend jemand ganz im Verborgenen über die Schulter geschaut hat und beeindruckt war von seiner in 30 Jahren gereiften Kochkunst.
Das Ergebnis dieser Kunst genießen die Gäste im Haus auf rund 50 angenehm verteilten Sitzplätzen; die herrliche Gartenterrasse bietet Raum für weitere 50 kulinarische Pilger, mit einem projektierten Außenkamin für die ganzjährige Zubereitung von Fisch- und Fleischgerichten direkt vor Ort. Zur Entspannung laden weiterhin der große, gepflegte Garten mit Liegewiese und das wohltemperierte Hallenbad ein oder ein Besuch im Kosmetikinstitut von Renate Butscher, für ein rundum entspannendes Wohlfühlprogramm von Kopf bis Fuß.
Wer nun denkt, dass Karl-Heinz Rimmele mit seinen Aufgaben mehr als ausgelastet sei, der irrt. Als passionierter Gärtner kümmert er sich um alles was grünt und blüht, und auch in der Rezeption des Hotels ist er häufig anzutreffen. „Für seine Gäste und mit den Gästen“, das ist seine Devise. Da mag es noch eine Weile dauern, bis seine erwachsenen Töchter Carolin und Susanne in seine Fußstapfen treten werden.

Lammrücken in der Kräuterkruste (für 6 Personen)

Zutaten
1,2 kg frisches Lammkarree ohne Sehnen
Salz und Pfeffer
Kräuterkruste
2–3 Knoblauchzehen
50 g Butter
150 g Semmelbrösel, am besten aus Toastbrot ohne Rinde
2 EL englischer Senf
frisch gehackte Petersilie
etwas Rosmarin und Thymian

Zubereitung
Das Fleisch mit Pfeffer und Salz würzen und von allen Seiten kurz anbraten; auf der Knochenseite liegend im Backofen mit 180 °C etwa 7 Minuten weiter braten. Die Zutaten für die Kruste vermengen und auf das Karree verteilen. Nun bei Oberhitze mit 210 °C etwa 15 Minuten im Backofen überbacken. Das Fleisch herausnehmen und ruhen lassen. Inzwischen den in der Pfanne verbliebenen Bratensatz mit etwas Bratensaft ablöschen und mit Pfeffer, Salz sowie Rosmarin abschmecken.
Je nach Jahreszeit mit grünen Bohnen oder Paprikagemüse und Kartoffeln servieren.

ISNYLAND TERRASSEN HOTEL

Isnyland Terrassen Hotel
Geschäftsführer: Eberhard Garbs

Alpenblickweg 3
D-88316 Isny-Neutrauchburg

Telefon 00 49 (0) 75 62 / 97 10-0
Telefax 00 49 (0) 75 62 / 97 10-40
www.terrassenhotel.de

Von der Sonne verwöhnt in Südlage, mit Panoramablick auf das Allgäuer Voralpenland, schmiegt sich das Isnyland Terrassen Hotel an den schützenden Hang. Das junge Hotel, ursprünglich von einem Handwerksmeister erbaut, wurde kurz darauf von der tief im Allgäu verwurzelten Familie Immler aus Isny erworben. Der erfahrene Hotelier und Geschäftsführer Eberhard Garbs ist verantwortlich für die erfolgreiche Platzierung und Umsetzung der Hotelkonzeption. Individuell, herzlich und engagiert arbeiten seine Mitarbeiter im Hotel für das Wohl der Gäste. Vielen ist allein die Küche eine Reise wert.

Die Speisekarte von Küchenchef Uli Alexa verbindet Allgäu und Asien auf dem Landweg mitten durch die Töpfe. Er bekocht die Gäste je nach Gusto in der heimeligen Sennerstube mit gebratener Gänseleber auf mariniertem Presssack und Maultaschen auf Tomatenragout. Oder im Panorama-Restaurant mit großer Aussichtsterrasse mit Lobster in Zitronengras-Curryschaum oder Tandoori-Thunfisch auf Holunder-Aprikosenchutney. Süße Versuchung kommt als Hanfnusseis auf Beerenratatouille oder Zwetschgen im Knusperblatt mit Vanilleshot.

Restaurantleiter und Sommelier Christian

Lobster auf Quitten-Mangosugo mit Zitronengrasshot

Zutaten

2 gekochte Hummer à 500 g
1 Quitte
1 Mango
1/2 Dose Kokosmilch, ungesüßt
2 Stangen Zitronengras
1 nussgroßes Stück Ingwer
Zwiebel, Lauch, Stangensellerie, frischer Koriander, Thai-Chili
1/2 TL Currypaste
1/4 l Geflügelbrühe

Zubereitung

Zwiebel, Lauch, Sellerie und Currypaste in Sesamöl anschwitzen, mit Kokosmilch und Geflügelbrühe aufgießen. Zitronengras, Chilischote und Ingwer fein geschnitten dazugeben und abschmecken, Koriander hinzufügen. Quitte in Würfel schneiden und leicht karamellisieren. Die gewürfelte Mango zugeben und mit weißem Balsamico und Orangensaft reduzieren. Den warmen Hummer halbiert obenauf geben und den Zitronengrasshot in eine Espressotasse abfüllen.

Kaserer wartet mit allen Annehmlichkeiten des Weinkellers auf, mit einer erlesenen Auswahl von Weinen aus der Bodenseeregion und den angrenzenden Gebieten, aber natürlich auch mit europäischen Klassikern und einer ausgewogenen Selektion aus Übersee. Sowohl für private als auch geschäftliche Anlässe stehen vielfältige Räumlichkeiten im Hotel und im angrenzenden Isnyland bereit. Die Gäste werden verwöhnt mit Menü oder Buffet in rustikaler oder feiner Atmosphäre. Harmonisch ausklingen darf der Abend in der schönen Weinschänke bei Pils und Wein oder in den Kegelbahnen in fröhlicher Runde. An den gemütlichen Holztischen kann man alle Ereignisse des Tages Revue passieren lassen kann, um sich anschließend in eines der 30 komfortablen Zimmer zurückzuziehen. Wer nach Süden liegt, kann von der eigenen Terrasse noch einen stillen Blick auf die Sterne genießen und sich dann wohlig in eines der überlangen Betten fallen lassen. Oldtimerfahrer und Wintergäste schätzen die Tiefgarage und die hoteleigenen Fahrräder – alles ohne Aufpreis. Fußgänger können das Nordic Walking Angebot ausprobieren.
Eine kleine Dependance des Hotels, die Villa Alpenblick, hat sich klammheimlich einen Namen gemacht und präsentiert sich mit stilvollem Ambiente. Nur ein Spaziergang entfernt liegt ein Eldorado für Fliegenfischer, 30 Kilometer klares Wasser von Argen, Ach und Eschach mit Regenbogenforellen und Äschen. Das Fliegenfischervergnügen ist exklusiv Hotelgästen vorbehalten.
So kann man das Leben genießen: nach einem erfüllten Tag die Beine auf der Terrasse ausstrecken und in Vorfreude auf die kulinarischen Genüsse der Hotelküche einen Aperitif des Hauses mit Bergblick schlürfen.

MECKATZER LÖWENBRÄU

Meckatzer Löwenbräu
Benedikt Weiß KG
Geschäftsführender Gesellschafter:
Dipl. Brm. Dipl. Kfm. Michael Weiß

Meckatz 10
D-88178 Heimenkirch

Telefon 00 49 (0) 83 81 / 5 04-0
Telefax 00 49 (0) 83 81 / 5 04-43
www.meckatzer.de

Wenn der Napoleon nicht gewesen wär', dann hätte Vorarlberg eine Brauerei mehr. Doch Napoleon ist Tatsache und als seine kriegerische Unordnung gerichtet war, blieb Vorarlberg empfindlich verkleinert zurück und Meckatz lag plötzlich im Westallgäu. Immerhin, das Braurecht für die kleine Brauerei durften 1738 die Bregenzer aussprechen, nicht ahnend, dass sie dem zukünftigen Marktführer im Allgäu, am Bodensee und in Oberschwaben gegenüberstanden.

Meckatzer Löwenbräu, das ist kein Produkt, sondern eine Geschichte, die tiefe Täler durchschreitet und die Gipfel des Erfolges erklimmt, eng verwoben mit den Menschen im Allgäu. Heute wie damals kommen Hopfen, Malz und Wasser konsequent aus den Regionen, in denen das Bier später auch getrunken wird. Nur das Beste kommt in den Sudkessel, denn ein Bier kann nur so gut sein wie seine Zutaten. Lena und Gebhard Weiß hießen die Begründer der Meckatzer Familientradition, die

1853 den ruinierten Brauereigasthof in Meckatz erwarben und diesen voller Zuversicht und Schaffenskraft in unermüdlicher Arbeit zur ersten Blüte führten. Als Gebhard Weiß mit nur 49 Jahren überraschend früh verstarb, geriet das gemeinsame Lebenswerk in Gefahr. Seine Frau Lena übernahm die Brauerei und sicherte mit Mut und Tatkraft sowohl das Erbe als auch den Lebensunterhalt vieler Familien in der kleinen Gemeinde Meckatz – mehr als ungewöhnlich für die damalige Zeit. Ihre Erkenntnis, dass nur der wirklich reich ist, der die Gemeinschaft stärkt, in der er lebt, hat sich all ihren Nachkommen tief eingeprägt und bis heute sieht sich die Meckatzer Löwenbräu als Teil einer Wertschöpfungskette, bei der eine Hand empfängt und die andere weitergibt. Wer heute Meckatzer genießt, verdankt dies nicht zuletzt dieser starken Frau.
Mit Lena's ältestem Sohn, Benedikt Weiß, brach eine Ära der Modernisierung an. Er stellte die Brauerei für das anbrechende 20. Jahrhundert auf und konnte die Maxime „kompromisslos arbeiten für Qualität", die er einst von seiner Mutter mit auf den Weg bekam, nun garantieren. So war es für Benedikt Weiß schon vor über 100 Jahren selbstverständlich, für sein Bier eine Markengarantie zu geben. Visionär und seiner Zeit weit voraus, beantragte er 1905 für sein frisch entwickeltes Weiss-Gold eine Schutzmarke beim Kaiserlichen Patentamt in Berlin und machte damit das Weiss-Gold zur ersten Allgäuer Biermarke.

Die Weltkriege rüttelten an den soliden Grundfesten der Meckatzer Löwenbräu, Tischtuchverbot wegen Waschmittelknappheit und Dünnbierverordnung waren noch die geringeren Übel. Vor allem knappe Rohstoffe, hohe Malzpreise und die Inflation brachten herbe Verluste. Mit typisch Weiß'scher Tatkraft und Improvisationstalent brachte die Familie die Brauerei durch die harten Jahre und richtete sogar eine Unterstützungskasse für ehemalige Mitarbeiter ein. Nur fünf Monate war 1945 das Bräustüble aufgrund der Einquartierung von Besatzungstruppen geschlossen, dann durfte die Bevölkerung wieder auf ihr abendliches Meckatzer einkehren.

Meckatzer Löwenbräu

Als endlich das Original Weiss-Gold wieder gebraut werden konnte, brach eine goldene Zeit an mit Erweiterungen und Investitionen – heute stellen modernste Anlagen die hohe Qualität aller Meckatzer Biere sicher.
Wenige Jahrzehnte vor dem Löwensprung über die Jahrtausendwende kam die nächste Generation, mit ihr der Umweltschutz und eine ökologische Ausrichtung der Brauerei. Um zunehmender Marktkonzentration und regionaler Entwurzelung entgegenzuwirken, setzt Michael Weiß auf eine kleine, feine Produktpalette für die heimischen Biergenießer. Ein zart-herbes Pils, drei flaschenvergorene Hefeweizen, ein wohltuendes Radler und als Krönung der Weiß'schen Braukunst das Weiss-Gold: fein-würzig, hochvergoren und besonders bekömmlich. Dieser eigenständige Biertyp der Premiumklasse genießt unter Kennern höchstes Ansehen.
Unverwechselbarkeit und ein selten gewordenes Geschmackserlebnis sorgen für eine steigende Nachfrage aus immer entfernteren Gebieten und so wird nachdenklich der Heimatbegriff neu ausgerichtet. Ist Heimat vielleicht überall dort, wo wir freundschaftlich und fürsorglich aufgenommen werden, wo Werte wie Glaubwürdigkeit und Fairness noch Geltung haben? Die Anhänger des süffigen Weiss-Golds jenseits des Allgäus dürfen auf jeden Fall hoffen. Denn trotz der Tendenz zum immer Billigeren werden die Meckatzer Löwen weiterhin kompromisslos für höchste Qualität und Genuss kämpfen und so die „Geschichte eines ganz besonderen Bieres“ weiter schreiben.

GEBRÜDER BALDAUF

Gebrüder Baldauf GmbH & Co. KG
Geschäftsführer: Anton Eß

Goßholz 5
D-88161 Lindenberg

Telefon 00 49 (0) 83 81 / 89 02-0
Telefax 00 49 (0) 83 81 / 89 02-55
www.baldauf-kaese.de

Sennerei Gestratz
Sennereiweg 3
D-88167 Gestratz
Telefon 00 49 (0) 83 83 / 5 59

Sennerei Grünenbach
Sennereiweg 2
D-88167 Grünenbach
Telefon 00 49 (0) 83 83 / 6 12
Telefax 00 49 (0) 83 83 / 15 65

Sennerei Hopfen
D-88167 Stiefenhofen
Telefon 00 49 (0) 83 83 / 28 33
Telefax 00 49 (0) 83 83 / 15 65

Käseverkauf überall vor Ort

Man schrieb das Jahr 1850, als Martin Baldauf aus dem Geigerstal bei Goßholz beschloss, Strohborten und Nähmaschinen aus China zu importieren, um Strohhüte als Sonnenschutz für die Heuernte von fleißigen Frauen in Heimarbeit fertigen zu lassen. Als nächstes wandte sich der geschäftstüchtige Bauernsohn der Vermarktung von Emmentaler Käse zu, der nach dem Niedergang des Flachsanbaus in der Region für einen erneuten Aufschwung sorgte. Im Zuge dieser Aktivitäten gründete er im Jahr 1862 die Firma Baldauf und begann selbst Käse zu erzeugen. Seine Söhne Martin und Hans bauten den Produktionsbetrieb weiter aus. Zu Beginn des 20. Jahrhunderts produzierten mehr als 20 kleine Sennereien im bayerischen und württembergischen Allgäu in ihrem Auftrag Emmentaler. Mit dem Pferdefuhrwerk und auf abenteuerlichen Wegen wurden die großen reifen Käselaibe aus den verschiedenen Reifekellern eingesammelt und nach Goßholz in die Baldauf-Zentrale gebracht. Von dort ging so mancher Emmentaler, in ein Holzfass verpackt, auf die lange Reise nach Russland und Amerika.

In den folgenden Jahrzehnten machte die Käserei Baldauf harte Zeiten durch; persönliche Schicksale und ein Weltkrieg forderten ihren Tribut, die Konkurrenz durch Industriekäse setzte der zeitweilig verpachteten Firma schwer zu. 1972 mochte Nachkomme Herbert Baldauf, Verwaltungschef bei Hochland, dem Niedergang nicht länger zusehen, kündigte die Pachtverträge und übernahm als Alleininhaber alle Geschäftsanteile.

Nebenberuflich begann er gemeinsam mit seiner Frau Eva mit dem Wiederaufbau der Firma angesichts einer schwierigen Marktlage: Von über 600 kleinen Käsereien hatten gerade einmal 17 überlebt, schwer gebeutelt vom Preisdruck des kostengünstigeren Industrie-Emmentalers. Einzig denkbare Rettung war der Umstieg auf einen anderen hochwertigen Käse, der einen angemessenen Marktpreis erzielen konnte. Ein befreundeter Käser

aus Hochsavoyen unterwies Herbert Baldauf in der Kunst, einen französischen Bergkäse, eine Art Gruyère, zu produzieren.
Dieser Bergkäse wurde bis dato nur im Sommer auf den Hochalpen hergestellt. So war es eine echte Premiere, als Baldauf begann, den Käse das ganze Jahr über in der Talkäserei zu erzeugen. Als endlich alle Produktionshürden genommen waren und ein steter Fluss von reifen, köstlichen Bergkäselaiben aus den Kellern kam, wieherte der Amtsschimmel, denn – dieser Bergkäse durfte nicht Bergkäse heißen! Weil Baldauf den Käse aus nicht entrahmter Milch herstellte, hatte er fünf Prozent zu viel Fett für die behördliche Norm; also musste ein neuer Name her, und der Baldauf Alpkäse wurde aus der Taufe gehoben.
Mit dem Erfolg des neuen Käses begann eine intensive Expansionsphase; zur historisch besonders verbundenen Sennerei Hopfen gesellten sich neue Sennereigenossenschaften in Grünenbach, Diepolz und Gestratz hinzu; Käseläden wurden am eigenen Firmensitz in Goßholz, in den Sennereien und in den Orten Weitnau, Oberstaufen und Isny eingerichtet. Auch die Produktpalette wurde ständig erweitert.
Eine ganz besondere Spezialität ist der Bergkäse von der Hochalpe, der nur im Sommer hoch in den Bergen entsteht. Die frischen Käselaibe werden von den Sennen der 22 kleinen Hochalpen selbst hergestellt, aber weil nicht genug Platz für die Lagerung und Reifung vorhanden ist, werden die frischen Laibe jede Woche von Baldauf abgeholt und dürfen dann im eigenen Hochalpekeller mindestens sechs Monate ausreifen. Die reine Bergflora von ungedüngten Wiesen verleiht dem Käse einen unvergleichlich würzigen Geschmack, und weil jede Wiese ein eigener Kosmos ist und jeder Senn sein Handwerk anders ausführt, hat auch jeder Hochalpkäse einen anderen Geschmack.
Besonders froh sind die Baldaufs darüber, dass sie wieder Emmentaler produzieren – aus echter Rohmilch, heutzutage eine Seltenheit und faktisch sonst nur noch in der Schweiz zu finden. Aber weil ihr Käselaib nicht das vorgeschriebene Gewicht von 60 Kilogramm hat, sondern nur 30 Kilogramm schwer ist, darf der Emmentaler kein Allgäuer sein. Deshalb heißt die mild-nussige Delikatesse jetzt Baldauf Emmentaler.
Der Frühling lässt sich delikat mit dem Bärlauchkäse oder einem Bergschnittlauchkäse aus Rohmilch begrüßen, und der Weinkäse badet für den Gaumenkitzel eine Woche lang in kräftigem Rotwein.
Aus regionalen, handwerklichen Käsereien kommt halbfester und weicher Käse dazu. Da gibt es handgeschöpften milden Allgäuer Brie, einen deftigen Goßholzer Brotzeitkäse mit Rotschmierenrinde und einen mild-aromatischen Sennereikäse zur Vesper. Raclette-Käse und mild gesäuerte Butter dürfen auch nicht fehlen. Die eine oder andere Ergänzung im Sortiment kommt aus Frankreich, Italien und der Schweiz, wie der Schweizer Appenzeller und ein hochwertiger Gruyère.
Heute liefern 49 Bauern ihre Milch an die drei Sennereien, in denen jedes Jahr 550 Tonnen naturreiner Käse erzeugt werden. Dabei ist jeder einzelne Käselaib ein Wunderwerk, in dem sich eine Vielzahl von Faktoren harmonisch verbinden:
Der Bauer, der nur Gras von ungedüngten Wiesen und wirtschaftseigenes Heu ohne Silage verfüttert, für einen besseren Milchpreis versteht sich. Die Kühe, die ihrer Natur gemäß gehalten werden und sich wohlfühlen. Der Senn, der sein Handwerk meisterlich beherrscht, den unsichtbaren, komplexen Prozess im Käse und dessen Temperaturempfindlichkeit feinfühlig nachvollzieht. Schon geringfügige Veränderungen entscheiden über Wohlgeschmack oder Bitterkeit!
Der hohe Anspruch, mit dem Baldauf seine Käse und Rohmilchkäse herstellt, die altbewährte Herstellungsweise mit reinem Kälbermagen-Lab, selbstgezogenen Milchsäurekulturen und Kochsalz haben ihn deutschlandweit zum Erfolg gemacht. Baldauf-Käse wird auf Märkten und in Fachgeschäften bis nach Kiel und Flensburg hinauf angeboten. Über 2000 private Stammkunden schicken

ihre Bestellung bereits direkt über das Internet. Sogar als Firmengeschenk für Kunden ist der Käse hoch im Kurs. Und die Baldaufverbundenen Sennereien freuen sich über den regen Besuch von käsehungrigen Gästen und veranstalten auf Anfrage auch Führungen. Zukunft, da sind sich die fast 60 Mitarbeiter bei Baldauf einig, ist weiterhin beste Käsequalität und eine beständige Innovation, die ihre Wurzeln nicht vergisst. Geschäftsführer Anton Eß, der seine langjährige Erfahrung als Käsermeister der Sennerei Gestratz mitbringt, ist genau der richtige Mann für diese Aufgabe.

Inzwischen hat im Hintergrund auch die fünfte Generation der Baldaufs, die Kinder von Eva und Herbert, übernommen. Obwohl sie alle eigene Lebenspläne haben – Markus ist Steuerberater, Georg Maschinenbauer und Martina fühlt sich in der Werbebranche heimisch – tut jeder das seine dazu, um die Zukunft des Familienbetriebs zu sichern: Martina entwirft die Werbemittel und den Internetauftritt, Markus prüft das Zahlenwerk, Georg repariert, wo er kann. Und außerdem wachsen gerade fünf wilde Jungs heran. Wer weiß, vielleicht ist hier wieder einer dabei, der für sein Leben gern Käser werden will!

GASTHOF GOLDENER ADLER

Gasthof Goldener Adler
Inhaber: Wolfgang Bauer

Goßholz 11
D-88161 Lindenberg

Telefon 00 49 (0) 83 81 / 92 86 78
Telefax 00 49 (0) 1 21 20 / 21 90 14
www.goldener-adler-gossholz.de

Ruhetage: Montag und Dienstag

Inmitten von Wiesen und Wäldern, Moosen und Tümpeln liegt das beschauliche Lindenberg und beherbergt seit fast 300 Jahren das historische Gemäuer des Gasthauses Goldener Adler mit Butzenglasscheiben und ursprünglicher Atmosphäre. Einst residierte die Familie des Künstlers Otto Keck hier; die Ergebnisse seiner Arbeit zieren noch immer die Wände und auch das Familienwappen stammt aus dieser Zeit.

Heute befindet sich das künstlerische Zentrum in der Küche bei Wolfgang Bauer. „Handwerklich unbegabt, aber Spaß am Kochen", das bescheinigte ihm das Abschlusszeugnis. Der Entschluss zu einer Kochlehre im Hotel stand schnell fest. Mit ausgesuchten Praktika in der Schweiz und Frankreich kochte er sich dann hoch in renommierte Häuser wie den Lanz oder das Alpenschlössle. Der Küchenchef kocht frisch, ehrlich und unverschnörkelt und erkundet die Gaumenfreuden der bürgerlichen Küche. „Aus der Umgebung für die Umgebung" ist seine Devise; Sauté vom Rinderfilet heißt noch Geschnetzeltes vom Rinderfilet. Wild, Gemüse, Wurst und Fleisch, Bier, Weißwein und auch die Schnäpse kommen von regionalen Herstellern. Je nach Angebot stehen auch Edelfische oder das schmackhafte Schwäbisch-Hällische Landschwein auf der Karte.

Besonders reizt ihn die saisonale Küche. Was der Händler bringt, wie das Produkt beschaffen ist, was man daraus machen kann, das ist seine tägliche spannende Herausforderung und ein großer Spielraum für kreatives Arbeiten. Frische Steinpilze bringen ihn zum Schwärmen. Gut möglich, dass er die edlen Eiweißlieferanten höchstpersönlich gesammelt hat, er kennt die guten Plätze.

Die Speisekarte hat bewusst einen kleinen Rahmen und wird nach Bedarf täglich neu geschrieben. Bei aller Abwechslung gibt es auch echte Dauerbrenner wie Brätstrudelsuppe mit Flädle oder gesottenen Kalbstafelspitz mit Apfelmeerrettich.

Wo es gemütlich ist und gut schmeckt, da wird auch gerne gefeiert. Gesellschaften bis zu 35 Personen finden im Goldenen Adler angenehm Platz, und wer danach den Weg nach Hause nicht finden will oder kann, darf sein müdes Haupt in einem der vier behaglichen bayerischen Zimmer warm und weich betten.

Außerhalb der Küche liegt das Reich seiner Frau Susanne, die als gelernte Restaurantfachfrau für das Wohlbefinden der Gäste

sorgt und für alle der erste Ansprechpartner ist. Und auch die Mutter hilft mit, so oft sie kann, und versorgt darüber hinaus Patricia, das kleine Töchterchen der Bauers. Zufriedenheit, die umgibt Wolfgang Bauer wie ein warmer, weicher Mantel. Vielleicht irgendwann nur noch abends und am Wochenende kochen, das wäre schön. Und noch öfter mit dem Mountainbike losziehen und die herrliche Landschaft des Westallgäus genießen, um für ein paar Stunden auszuspannen.

Sorbet aus Rosenblättern auf marinierten Beeren

Zutaten

Rosenblätter
500 ml Wasser
2 Zitronen
200 g Zucker
200 ml Sekt
10 ml Rosenwasser
Beeren nach Saison
Grand Marnier

Zubereitung

Wasser und Zucker kurz aufkochen und abkühlen lassen, dann die Rosenblätter und die unbehandelten Zitronen zugeben. Die Flüssigkeit 24 Stunden ziehen lassen und dabei immer wieder umrühren. Durch ein Sieb abschütten.
Den Rosennektar auf etwa 80 °C erhitzen und abkühlen lassen, mit Sekt und Rosenwasser abschmecken, nach Belieben Zitronensaft zugeben. Die Flüssigkeit in der Eismaschine zu einem Sorbet verarbeiten. Mit in Grand Marnier marinierten Beeren anrichten.

METZGEREI VOGLER

Metzgerei Vogler GmbH
Geschäftsführer: Edmund und Thomas Vogler

Hauptstraße 3 a
D-88161 Lindenberg

Telefon 00 49 (0) 83 81 / 13 71
Telefax 00 49 (0) 83 81 / 89 03 66

Ruhetag: Mittwoch Nachmittag

Eingebettet zwischen die Hügel und Wälder des Westallgäus liegt Lindenberg und beherbergt seit gut einem Jahrhundert die Metzgerei der Familie Vogler.

Edmund Vogler Senior absolvierte 1962 als jüngster Absolvent mit gerade mal 20 Jahren seine Meisterprüfung, und auch der Junior Thomas hat als bester seines Jahrgangs einen Superlativ zu bieten. Die Geschäfte führen sie gemeinsam. Ehefrau und Mutter Renate ist die anerkannte Seele des Betriebes, unbestechliche Fachfrau und schärfste Kritikerin von Geschmack und Aussehen der Ware.

Ausschließlich heimische Tiere von Landwirten mit artgemäßer Haltung verarbeiten die Voglers. Die Produktion liegt in den erfahrenen Händen der beiden Handwerksmeister; die kurzen Wege zum Verkauf sind ein Garant für Frische. Im Verkauf herrschen ein ausgezeichneter Service und hohe fachliche Kompetenz; Hygiene ist immer und überall oberstes Gebot.

Auch für Metzger hat jede Region ihre Besonderheiten: Im Allgäu macht die Brühwurst das Handwerk aus. Der Vogler Wiener ist im ganzen Umkreis bekannt – kein Fest, keine Veranstaltung, die ohne ihn auskäme. Auch der Leberkäse ist längst zu eigenem Ruhm gekommen und der Brotzeitspeck, heiß gegart und schwarz geräuchert, hatte sogar einen Auftritt im Bayerischen Fernsehen. Paprikalyoner, Bauernschinken, Kochschinken, Kräuter-Wammerl, Wacholder-Nuss-Schinken, Fleischsalat – für all diese Herrlichkeiten kommen die Kunden sogar aus Lindau und Wangen angereist. Wurstliebhabern in der Ferne ist der Winter die schönste Jahreszeit, dann wird die empfindliche Ware auch versandt.

Stolz sind die Voglers auf ihre Auszeichnung im Feinschmecker: Von 600 Metzgereien in Deutschland wurden sie 2004 unter die besten 25 gewählt. Ihr Leitfaden ist eben Qualität, nicht Quantität. Als Mitglied der Fünf-Sterne-Fleischer stellen sie dies regelmäßig unter Beweis; der Verband nimmt nach akribischer Prüfung nur herausragende Betriebe auf und überprüft ihren Standard regelmäßig.

Dabei ist es oft schwierig, unter einen Hut zu bringen, was der Kunde als gute Wurst betrachtet und was der Fachmann darunter versteht. Die meisten Kunden mögen ihren Schinken mager, Gourmetköche aber brauchen einen Schinken voll im Fettrand, weil der einfach besser schmeckt, und den bekommen sie auch.

Ein Spielfeld für die eigenen feinen Geschmacksnerven sind für Thomas Vogler Weinproben mit Kunst und klassischer Musik, die er atmosphärisch schön im Rahmen eines Landschaftsgartens veranstaltet. Der rege Zulauf honoriert den Mut zu ungewöhnlichen Kombinationen und bestätigt das zukunftsträchtige Konzept.

Schulter vom Allgäuer Jungrind auf Rahmkohlrabi und Zucchini

Zutaten

1,2 kg Rinderschulter
2 Karotten
1 Stange Lauch
200 g Sellerie
Wacholder, Nelken, Salz, Pfeffer
1 EL Tomatenmark
1/4 l Rotwein
1/4 l Brühe
2 mittelgroße Kohlrabi
100 ml Sahne
10 g Butter
1 Zwiebel
Salz, Pfeffer, Muskat
2 Zucchini
10 g Butter

Zubereitung

Die gewürzte Rinderschulter von allen Seiten kräftig anbraten, klein geschnittenes Gemüse und Gewürze zugeben. Das Gemüse mit Tomatenmark braun rösten, mit Rotwein und Brühe aufgießen. Bei 160 °C 80 bis 90 Minuten im Ofen schmoren.

Die Kohlrabi putzen und in feine Stifte schneiden, dann in leicht gesalzenem Wasser blanchieren und in kaltem Wasser abschrecken. In einer Sauteuse die gewürfelte Zwiebel mit Butter glasig dünsten, mit Kohlrabi-Fond und Sahne aufgießen. Die Flüssigkeit auf die gewünschte Konsistenz einkochen und würzen. Kurz vor dem Servieren die Kohlrabistifte zugeben.

Zucchini in Scheiben schneiden und in Butter kurz anschwenken.

Dazu empfehlen wir eine Semmelknödelterrine.

GASTHAUS ZUM HIRSCHEN

Gasthaus zum Hirschen
Inhaber: Markus Stöckeler

Kirchstraße 1
D-88175 Scheidegg

Telefon 00 49 (0) 83 81 / 21 19
Telefax 00 49 (0) 83 81 / 21 16
www.gasthaus-zumhirschen.de

Ruhetage: Dienstag Nachmittag, Mittwoch

Fast 1000 Meter über dem Meeresspiegel und inmitten der Bergeinsamkeit zwischen Bodensee und Hochgebirge liegt Scheidegg, heilklimatischer Kurort der höchsten Kategorie, und mittendrin das Gasthaus zum Hirschen als dörfliches Kommunikationszentrum. Seit über 300 Jahren empfängt das Wirtshaus dort Menschen aller Couleur mit seinem rustikalen Charme.

Urahn Ludwig hat das Haus zusammen mit seiner Karolina vor über 80 Jahren an ihrer beider Hochzeitstag eröffnet; inzwischen kocht sich die dritte Generation mit Markus Stöckeler in die Herzen der Scheidegger, unterstützt von Frau Andrea im Service. Sterneküche hat der Küchenchef gelernt, und das schmeckt man. Alles wird selbst gemacht, die Küche ist glutenfrei, sogar Trennkostgerichte sind auf der Karte zu finden. Und als Land-Zunge-Mitglied verbürgt sich der Chef für die Qualität seiner Grundprodukte und das erlesene, gutbürgerliche Essen.

Seine ausgesprochene Liebe gilt der Allgäuer Küche, für die auch schon die Eltern Ludwig und Cilly Preise gewonnen haben. Die Speisekarte ist ein kulinarischer Geschichtsunterricht mit Krautspatzen, Bauernomelett, frisch geschlachteter Leber und Niere sauer, Maultaschen und Schupfnudeln. Und nur freitags, so wie früher bei armen Leuten, gibt es frisch geschobene Käsespätzle. Das Wochenende wird gekrönt durch gekochten Tapfelspitz, Schweinshaxe und Katzengeschrei, das mit Rindfleischduft die Mäusefänger vor der Speisekammer in Ekstase versetzt.

In der Küche wird Markus Stöckeler unterstützt von Mutter Cilly und seinem einstigen Kindermädchen Irma Hartmann, beide seit bald einem halben Jahrhundert aktiv an den Töpfen, nur die Trudl Grund im Service ist noch länger dabei. Die Ausbildung von Lehrlingen ist für ihn selbstverständlich; engagiert widmet er sich dem Nachwuchs. Auch seine eigenen kleinen Söhne Felix und Yannick wollen schon mit Begeisterung helfen. Gastfreundschaft hört bei den Stöckelers nicht beim Essen auf, auch für die Seele fühlen sie sich zuständig. Oma Luise hat früher zur Unterhaltung der Gäste gejodelt, und heute wird Kunst vom politischen Kabarett bis zur Allgäuer Mundart zum Besten gegeben. Platz gibt's reichlich, auch für Bankette und Schulungen, 160 Plätze verteilen sich in Weinstube, Ludwig's Guter Stube und im Hirschensaal. Dazu ein großer Garten für ein kühles Bier oder heißen Kaffee an der frischen

Luft. Und da noch einige Hotelbetten dazu kommen sollen, ist das Gastangebot bald perfekt.

Bei aller Leistung immer ausgeglichen zu sein und es jedem recht zu machen, so wie Vorbild Vater Ludwig, das ist das große Ziel von Markus Stöckeler. Ob Liebhaber von Wurstsalat oder Rindsfilet – in seinem Gasthaus soll sich jeder wohlfühlen können. Sein eigener Maßstab beim Essengehen beginnt übrigens beim Kartoffelsalat; nur wenn der schmeckt, ist die Küche wirklich gut!

Bodensee-Felchenfilet in Riesling

Zutaten

800 g frische Bodensee-Felchenfilets
50 g Butter
3 Schalotten oder kleine Zwiebeln
1/4 l Riesling
1/4 l Fischfond
200 g frische Champignons
2 Tomaten
1 EL gehackter frischer Kerbel
Zweige von Rosmarin, Thymian und Kreuzkümmel
1/2 Lorbeerblatt
Saft von 1/2 Zitrone
100 g Crème fraîche
100 g Sahne
Salz, Pfeffer

Zubereitung

Die Felchenfilets leicht mehlieren, salzen und pfeffern.

Die Tomaten blanchieren, enthäuten, entkernen und in Würfel schneiden. Schalotten in kleine Würfel schneiden. Die Champignons in Scheiben schneiden. Alles in eine mit Butter eingefettete Bratenform geben, die Felchenfilets und das Kräutersträußchen darauf geben, mit Riesling und Fischfond übergießen. Abdecken und bei 200 °C im vorgeheizten Ofen 5 bis 7 Minuten dünsten, danach die Felchenfilets und das Gemüse herausnehmen und warm stellen.

Für die Soße den Fond in einen Topf abpassieren und etwas einkochen, dann mit Crème fraîche und leicht geschlagener Sahne weiterkochen. Zur Bindung mit dem Mixer kalte Butterwürfel schnell einmixen. Etwas Zitronensaft und den Kerbel zugeben, mit Salz und Pfeffer abschmecken, mit Salzkartoffeln servieren.

SPEISERESTAURANT LANZ

Speiserestaurant Lanz
Inhaber: Anton und Daniela Lanz

Stockenweiler 32
D-88138 Hergensweiler

Telefon 00 49 (0) 83 88 / 2 43
Telefax 00 49 (0) 83 88 / 98 25 81
www.restaurant-lanz.de

Ruhetage: Mittwoch und Donnerstag

Spätestens beim Wegweiser nach Stockenweiler sollte bremsen, wer auf der B 12 unterwegs ist und auch nur den leisesten Hunger verspürt. Denn die kulinarische Hauptverkehrsroute liegt nicht etwa an der B 12, sondern führt mitten durch das kleine Dorf zum Speiserestaurant Lanz, das Freunde hoher Tafelfreuden mit klaren Linien, warmen Farben und ausgeprägtem Stilgefühl empfängt.
Die Farbe an den Wänden ist Anton Lanz aus den Töpfen abgeguckt. Genauso sehen seine Krebse aus, wenn er sie frisch aus dem eigenen Weiher als Krebsmenü serviert. Wer dieser Delikatesse so verfallen ist wie der Hausherr selbst, der darf übrigens mit Anton Lanz auf Pirsch gehen und den heimischen Edelkrebs Astacus astacus bei seinen nächtlichen Aktivitäten beobachten.
Der Spitzenkoch und Krebszüchter arbeitet seit Jahren engagiert daran, die natürliche Lebensgrundlage des Flusskrebses im Allgäu zu erhalten und betreibt gemeinsam mit der Fischzucht in Langenargen Aufklärung. Dies aus gutem Grund, bedenkt man, dass die meisten Menschen einen frei lebenden Krebs zuletzt in ihrer Kindheit gesehen haben. Die größte Bedrohung geht von einem Einwanderer aus, dem Signalkrebs aus Amerika, gleichermaßen beliebt bei Aquarianern und Köchen. Oft genug entwischen diese Importkrebse ihren Hobbyzüchtern oder werden aus Tierliebe freigelassen. Aber als Träger einer speziellen Krankheit kann ein einziges Importtier den einheimischen Bestand eines ganzes Teiches vernichten! Dabei vergehen sechs Jahre, bis ein Krebs vom Ei zum Leckerbissen heranwächst.
Seine Lehrzeit und die Jahre danach verbrachte der Inhaber und Küchenchef zwischen

Bayern, Allgäu und der Schweiz. Die Passion für Krebse wurzelt vor allem in seiner Zeit als Chef-Poissonnier bei Witzigmann. Wer die köstlichen Scherenträger täglich in den Finger hält, der entwickelt ein besonderes Gespür dafür.

Die Lanz'sche Küche feiert den Krebs auf jede nur erdenkliche Weise, etwa mit Rahmsuppe von Flusskrebsen mit Hechtklößchen oder Maultaschen gefüllt mit Hechtmousse, Lachs und Krebsen im Safransud. Bei den Gästen besonders gefragt ist das Stockenweiler Krebs-Menü: Den Auftakt bildet marinierter Wildlachs mit Allgäuer Edelkrebsen an Estragonbutter und gebratener Jakobsmuschel, danach wird ein Krebs-Topf mit Frühlingsmorcheln und Knoblauchtoast serviert, gefolgt von Riesengarnele und Filet vom schwarzen Heilbutt mit gebratenem Spargel und Bärlauchnudeln. Zum Abschluss noch ein Dessert und die Welt ist so schön wie lange nicht!

Frische, Feinheit und Hochwertigkeit, das gilt für seine Flusskrebse genauso wie für alle anderen Produkte seiner Küche. Die Einkaufsquellen liegen da, wo Qualität sprudelt, oft gleich um die Ecke in der Gärtnerei der Schwester, dem eigenen Kräutergarten, beim Bauern mit Allgäuer Weiderindern, beim Jäger der umliegenden Wälder. Seezunge, Butt oder Seeteufel kommen frisch von den Meeresanrainern. All das verwandelt er dann in Speisen, die schon beim Lesen der Karte

die Magensäfte in Wallung bringen. Wie wäre es mit einem Entrecôte vom Jungbullen mit Steinpilzen, gratinierten Kartoffeln und Nadelbohnen? Oder doch lieber Kalbsbäckchen in Burgundersoße mit feinen Nudeln und Apfelrotkraut?
Der Weinkeller ist mit Kennerblick sortiert; beste Reben mit Rang und Namen aus Frankreich und Italien wuchern üppig mit Jahrgängen und einem Feuerwerk an Aromen, ergänzt durch ein kleines, ausgezeichnetes Sortiment aus Spanien und Übersee und aus Deutschland. Bei den Digestifs überrascht ein reiches regionales Angebot aus der Brennerei Martin Meier – ein echter Geheimtipp.
Seit der historische Festsaal originalgetreu und liebevoll instand gesetzt wurde, können nun auch große Gesellschaften von bis zu 80 Personen die Küche des Spitzenkochs genießen, auf Wunsch mit Musikbegleitung auf einem stilechten Klavier von 1910. Für besondere Feste wird schon mal der Lebenslauf des Jubilars inspiriert in ein Menü verwandelt, das den Geschmack der Kindheit und der Jugend wieder auferstehen lässt. Gestockte Milch, gebrannter Grieß mit Butter, Pellkartoffeln mit Käse, Maultaschen, Huhn in Rotwein, das mag schlicht klingen – und vergeht doch unnachahmlich auf der Zunge!
Im Reich jenseits der Küche bewegt Daniela Lanz die Dinge. Ursprünglich gelernte Erzieherin, kümmert sie sich heute an erster Stelle um den Service, und an zweiter um alles an-

dere. Ihre Zuständigkeit reicht von C wie Charme bis R wie Renovierung. Der Familienlegende zufolge würde der Festsaal heute noch im Dornröschenschlaf verharren, wenn sie nicht darauf bestanden hätte, mit dem Eigentümer bei einem unwiderstehlichen Essen im eigenen Restaurant zu verhandeln.
Die Gäste honorieren die seit einem Vierteljahrhundert kontinuierliche Spitzenleistung des Kochs und seines Teams auf die einzige denkbare Weise. Sie kommen wieder, seit Jahrzehnten, und nehmen für einen genussvollen Abend beim Lanz auch – sehr – lange Wege in Kauf.
Wer so viel bewegt, braucht manchmal auch Zeit für sich. Auftanken, das kann Anton Lanz im Wald und am Wasser. Nachts geht er an die Flüsse und Bäche und besucht die Krebse. Wenn der Mond richtig steht und das Wetter passt, sammelt er früh morgens Pfifferlinge, Morcheln, Steinpilze und den von ihm besonders geschätzten Goldröhrling. Vielleicht ist dies ein Geheimnis seiner Küche: sich mit frisch gereinigter Seele und allen Nuancen von purer Natur in den Sinnen an den Herd zu stellen. Und dann loszukochen.

Allgäuer Flusskrebse in Noilly Prat-Gelee
(für 6 Personen)

Zutaten
18 Krebse (je ca. 100 g)
frischer Estragon
einige Meeresalgen
feine Sprossen
Noilly Prat
Weißwein

Wurzelsud
Karotten
Lauch
Salz
Weißwein

Gelee
1/2 l Krebsfond
6 Blatt Gelatine
etwas Estragon
Noilly Prat

Safransabayon
etwas Krebsfond
Safranfäden
Weißwein
2 Eigelb
Salz, Pfeffer
20 g Butter

Zubereitung
Die Krebse im Wurzelsud mit Karotten, Lauch, Salz und Weißwein kurz aufkochen, anschließend im Fond erkalten lassen.
Den Krebsfond mit 6 Blatt Gelatine nach Vorschrift binden und mit etwas Noilly Prat und gehacktem Estragon abschmecken.
6 Timbale-Förmchen 1/2 Zentimeter hoch damit ausgießen und das Gelee anschließend im Kühlschrank fest werden lassen. Die ausgebrochenen Krebsschwänze und -scheren auf dem Gelee auslegen, mit feinen Sprossen und Meeresalgen garnieren. Danach mit Fond aufgießen, bis die Krebse bedeckt sind und erneut gelieren lassen. So oft wiederholen, bis die Förmchen vollständig gefüllt sind.
Für die Safransabayon Krebsfond mit etwas Weißwein aufgießen, Safranfäden zugeben und einreduzieren lassen. Anschließend 2 Eigelb zufügen und bis zur Blume aufschlagen. Danach mit der Butter glatt rühren und kalt stellen.
Die Timbale-Förmchen auf einen Teller stürzen, um das Gelee herum die Safransabayon anrichten und mit Kräutern und Blüten ausgarnieren.

LANDGASTHAUS SCHANZ

Landgasthaus Schanz
Inhaber: Familie Öller

Rothkreuz 75
D-88138 Weißensberg

Telefon 00 49 (0) 83 89 / 6 93
Telefax 00 49 (0) 83 89 / 82 30
www.landgasthausschanz.de

Zu Beginn des 18. Jahrhunderts rumpelten die Fuhrwerke an einem auffallend kupferroten Kreuz vorbei nach Lindau zum Brettermarkt und passierten dabei eine Zollstation, die Württemberg von Bayern trennte. Als einig Deutschland Zölle endlich überflüssig machte, durften sich die Reisenden im ehrwürdigen Haus „beim rothen Kreuz" erfrischen und verpflegen – eine weitaus schönere Aufgabe. Noch heute lebt das markante Wegzeichen im Straßennamen Rothkreuz weiter, während sich die alte Zollstation zum Landgasthaus Schanz gewandelt hat.

Seit gut 20 Jahren ist die Schanz nun in den sorgsamen Händen der Öllers aus Niederbayern. Andreas Öller war Werkzeugmacher, als er seine Frau Birgitt kennen lernte. Die Liebe ging bei ihm auf ganz besondere Weise durch den Magen; er schulte um, wurde Koch und blickte nie zurück. Über die Gaststätte seiner Schwiegereltern führte der Weg dann auf die Schanz, wo seine Frau geschmackvoll für alle Dekorationen sorgt und diese auch im hauseigenen Lädele anbietet, während Andreas Öller die Küche als sein Reich deklariert. Handwerker mit absolutem Qualitätsanspruch, der er ist, kocht er seine bayerischen und schwäbischen Spezialitäten bereits seit vielen Jahren hochmodern mit schonender Induktionstechnik. Der Einkauf ist ihm heilig, und alles was geht, macht der Frischefanatiker voller Stolz selbst – Nudeln, Maultaschen, Holzofenbrot, sogar Räucherware.

Als erster seiner Zeit ging er das Wagnis ein und entschied sich für eine rein regionale Küche, klar, einfach und – anspruchsvoll! Er kocht, nein, er zelebriert den Luxus der einfachen Küche. Arbeitsintensive Gerichte wie Linseneintopf und Krautkrapfen gehören zur tagtäglichen Auswahl. Dann gibt's da noch Brühe mit Grießnockerln und Gemüsewürfel, Bärlauchcremesuppe, gebratene Entenhaxe mit Preiselbeer-Bratapfel, Rotkohl, Knödel und Reibekuchen, Maultaschen auf Rahmwirsing mit leichter Kräutersoße und einen zarten Schweinebraten, der jeden zum Bayern bekehrt! Im Frühling blühen Matjes und Spargel, im Herbst weht der Duft der

Schlachtplatte und der Winter wärmt sich an Ganslhaxn.

Unter den Gästen auf der Schanz sitzt manch einer, der eigens aus der Schweiz oder aus Österreich angereist ist, und genießt und schweigt. Wer lieber laut feiert, kann dies im großen Stil besonders gut im urigen Stadel und im Stüble der alten Brennerei tun. Ob Spanferkel oder eines von Öllers Überraschungsmenüs – für den Gaumenschmaus ist dabei bestens gesorgt.

Wenn andere sich beim Reisen erholen, geht Andreas Öller in die Küche und holt die Kochtöpfe heraus. Kochen ist sein Liebstes, gleichauf mit seiner Frau Birgitt und Tochter Mandy, die seit zehn Jahren elementarer Bestandteil seines Teams ist und – aus dem gleichen Holz geschnitzt wie der Papa – irgendwann den Platz als Chefin übernehmen wird.

Jungschweinkarree im Ganzen mit der Schwarte gebraten

Zutaten

1,2 kg Jungschweinkarree mit Schwarte
Meersalz, frisch gemahlener Pfeffer
1 kleines Stück Lauch
1 große Karotte
1 Zwiebel
1 EL Schweineschmalz
0,1 l dunkles Bier
0,2 l Kalbsfond

Zubereitung

Mit einem Messer die Schwarte des Karrees rautenförmig einschneiden. Die oberen Knochenspitzen abschaben und das Fleisch mit Salz und Pfeffer würzen.

Lauch, Karotte und Zwiebel putzen, grob würfeln und in einem Bräter mit heißem Schweineschmalz anrösten. Das Karree mit der Schwarte nach unten in den Bräter legen, kurz anbraten und wenden. Dann im vorgeheizten Backofen 30 bis 40 Minuten bei 220 °C braten. Den Braten mit Bier ablöschen, dann das Fleisch aus dem Bräter nehmen und ruhen lassen.

Den Kalbsfond in den Bräter geben, etwas einkochen lassen und die Soße durch ein Sieb gießen. Vor dem Servieren den Braten in Scheiben schneiden, die Rippen dabei nicht entfernen. Mit der Sauce nappieren. Als Beilage Krautkrapfen servieren. Gutes Gelingen und einen guten Appetit!

SCHACHENER HOF

Schachener Hof
Inhaber: Thomas und Brigitte Kraus

Schachener Straße 76
D-88131 Lindau

Telefon 00 49 (0) 83 82 / 31 16
Telefax 00 49 (0) 83 82 / 54 95
www.schachenerhof-lindau.de

Ruhetage: Dienstag und Mittwoch

Im Lindauer Nobelstadtteil Bad Schachen, eingetaucht in das mediterrane Flair des Bodensees, wird das Flanieren wieder zur Lebenskunst. Das macht hungrig und lädt zur weiteren Erkundung der Uferregion ein. Der Suchende wird belohnt und findet sich im herrlich eingewachsenen Garten des Hotel-Restaurants Schachener Hof unter alten Kastanienbäumen wieder.
Die Gastgeber Thomas und Brigitte Kraus sind weltgewandte, herzenswarme Menschen, und ihre Gäste sollen im eleganten Ambiente ihres Hauses einen Hort des Frohsinns finden, sich wohlfühlen, genießen. Aus einer Familientradition heraus lässt sich die Neigung der beiden zur Gastronomie nicht erklären. Dennoch, schon seit Thomas Kraus als junger Ministrant gelegentlich von den Nonnen in der Küche verwöhnt wurde, wollte er kochen, sonst nichts. Die quirlige Brigitte Kraus war erst Vollblut-Rezeptionistin, bevor sie zum Service kam. In der berühmten Ente vom Lehel und im Schlosshotel Goldschmieding erkochten und servierten sie gemeinsam Sterne, bevor sie sich vor über 15 Jahren mit dem Schachener Hof selbstständig machten. Der Spitzenhandwerker Kraus schätzt in seiner Küche eine Symbiose aus traditionell und leicht. Einfache schwäbische Gerichte versetzen ihn ebenso in schöpferische Laune wie die Haute Cuisine, beides ist auch in den Menüs des Hauses wiederzufinden. Die traumhaft aufwändigen Soßen haben schon manchen Gast veranlasst, einen Kochkurs bei Thomas W. Kraus zu belegen, und seine Desserts sind leibhaftige Versuchung.
Die Rohstoffe sind ursprünglich, eingekauft wird, wo der natürliche Lebensraum liegt. Der Salat kommt vom Gärtner nebenan. Deichlämmer kommen vom Deich, Felchen aus dem Bodensee, Meeresfische nicht aus der Tiefkühltruhe, sondern auf kürzestem Weg aus dem Meer. Das hervorragende Preis-Leistungsverhältnis im Schachener Hof liegt in der rechten Priorität begründet: Statt in unnötigen Luxus wird in qualitativ hochwertige Produkte investiert. Die wiederholte Aus-

zeichnung der Küche durch renommierte Gourmet-Führer und Lifestyle-Magazine bestätigt diesen Kurs.
Fantasiereich lässt sich Familie Kraus immer neue Aktionen rund ums Essen einfallen. Weinproben, Themenabende, Kochkurse – ein guter Anlass findet sich immer. Bei schönem Wetter wird traditionell im Garten gegrillt. All das kommt sichtlich an, drinnen und draußen fühlen sich bis zu 60 Menschen wohl.
Für müde Häupter und wohl gefüllte Bäuche stehen zehn freundliche, ruhige Zimmer bereit. Und nach sanftem Schlummer geht es morgens weiter mit dem Schlemmen, wie an den sorgfältig ausgeschleckten Töpfen selbst gemachter Marmelade zu sehen ist.
Wenn Zeit ist, dann genießt Familie Kraus gemeinsam mit ihrer Tochter die schöne Natur direkt vor der Haustür. Die Familienphilosophie ist dabei stets mit im Gepäck: Lieber eine Delle im Auto und ein gutes Essen dazu, als ein schickes Auto und Essen vom Discounter. Das sehen wohl auch die Gäste so.

Parfait von hellen Lebern mit Tamarillosoße und Savarin

Zutaten

Parfait

250 g Geflügelleber
1 Ei
250 g geklärte Butter
Salz
4 cl Portwein, 1 Schuss Amaretto
Cayenne, Muskat, Pfeffer
grüner Speck in dünnen Scheiben
grüner Pfeffer
Trockensauerkirschen
Tamarillos

Savarin

500 g Mehl
1/4 l Milch
125 g Butter
3 Eier
1 Päckchen Hefe
Zucker, Salz, Zitrone

Zubereitung

Die Geflügelleber putzen, mit Ei und geklärter Butter mixen. Salzen, Portwein und Amaretto zufügen, mit Cayenne, Muskat und Pfeffer abschmecken.
Durch ein Sieb streichen und in eine mit Alufolie und grünem Speck ausgekleidete Form geben. Nach Geschmack grünen Pfeffer und Trockensauerkirschen als Einlage zugeben. Im Wasserbad bei 80 °C etwa 30 Minuten pochieren.
Tamarillos mit Zucker mixen, durch ein Sieb streichen, abschmecken.
Für die Savarins Hefe in lauwarmer Milch auflösen, Mehl, Butter und Eier zugeben und alles zu einem geschmeidigen Teig verrühren. Mit Zucker, Salz und Zitrone abschmecken. In Portions-Förmchen füllen und gehen lassen. Dann bei 200 °C 15 Minuten backen.

KÄSESTRASSE BREGENZERWALD

KäseStrasse Bregenzerwald / Bregenzerwald Tourismus GmbH

Impulszentrum 1135
A-6863 Egg

Telefon 00 43 (0) 55 12 / 23 65-0
Telefax 00 43 (0) 55 12 / 30 10
www.bregenzerwald.at
www.kaesestrasse.at

Am Nordrand der Alpen im Westen Österreichs, im Bundesland Vorarlberg nahe der Grenze zu Deutschland und der Schweiz und nur wenige Kilometer vom Bodensee entfernt, liegt der Bregenzerwald. Wer Natürlichkeit, Echtheit und Tradition in Kombination mit überraschend modernen Anklängen schätzt, wird in dieser behutsam gepflegten Kulturlandschaft reichlich fündig. Der Bregenzerwald hat sein ursprüngliches Landschaftsbild bewahrt, mit sanften Voralpenhügeln bis hinauf zum Hochgebirge, gesunden Mischwäldern, dunklen Hochgebirgs-Nadelwäldern und grünen Wiesenhängen. Tourismus wird hier als Teil einer ganzheitlichen Entwicklung gelebt, in enger Übereinstimmung mit der Natur und den Bewohnern. Das einstmals gänzlich von Wald bedeckte Tal zwischen Bodensee und Arlberg gehörte ursprünglich den Grafen von Bregenz, die viele Rechte an Klöster und den niederen Adel abtraten. Von Bregenz aus wurde der Wald um das Jahr 1000 besiedelt. Die Bauern des Bregenzerwaldes entwickelten schon früh ein starkes Zusammengehörigkeitsgefühl und eine enge Verbundenheit mit der Flora und Fauna um sie herum.

An die 30 000 selbstbewusste und ausgesprochen gastfreundliche Menschen leben heutzutage im Bregenzerwald in 22 ursprünglichen Dörfern mit bäuerlicher Tradition und einer sehenswerten Mischung aus alter und neuer Architektur. Viele Bauernhöfe stammen noch aus dem 18. und 19. Jahrhundert und zeigen die in der Region einzigartige holzgeschindelte Fassade.

Die schuppenförmigen, sonnengebräunten Schindeln verleihen den Häusern eine eigene Eleganz und Wärme.
Eine der bedeutendsten Barockmalerinnen ihrer Zeit und Gründungsmitglied der Royal Academy of Arts in London war Angelika Kauffmann (1741–1807), die aus einer Schwarzenberger Familie stammte. Das Angelika Kauffmann Museum in Schwarzenberg zeigt eine bemerkenswerte Auswahl ihrer Werke und vermittelt Wissenswertes zu ihrem Leben. Eindrucksvoll sind die Apostelbilder in der Pfarrkirche in Schwarzenberg, die von der damals erst 16-jährigen Angelika Kauffmann gemalt wurden. Zu ihren Freunden zählten Goethe, Herder und Winckelmann.
Alois Negrelli, der Erbauer des Suezkanals, plante und betreute 1828 den Um- und Neubau der Kirche in Sulzberg; die im Empire-Stil errichtete Kirche ist eine der auffälligsten in Vorarlberg. Wenige Jahre später erbaute er die überdachte, aus Holz gefertigte Gschwendtobelbrücke zwischen Lingenau und Egg/Großdorf, die noch heute als Meisterwerk der Ingenieurs- und Zimmermannskunst gilt. Auf den Spuren von Alois Negrelli lässt sich trefflich wandern; der 3,5-stündige Rundkurs startet von Lingenau durch das Geschwendtobel und zurück.
Ebenfalls sehenswert ist die 300 Jahre alte Kommabrücke, die älteste gedeckte Holzbrücke Vorarlbergs. Ein Wasser-Wanderweg führt vom Kirchplatz in Hittisau ins Tal der Bolgenach und wieder zurück. Eineinhalb bis zwei Stunden sind für diese lohnenswerte Exkursion anzusetzen.
Der Bregenzerwald ist zu allen Jahreszeiten eine Ferienregion für Familien, für Kultur-Interessierte, Wanderer, Sport-Enthusiasten und Genießer. Vor allem aber für jene, die den großen Rummel meiden und die Harmonie von Ruhe und Landschaft suchen.
Sommergäste profitieren von der kostenlosen Bregenzerwald Gäste-Card: Der Zugang zu allen Sommerbergbahnen, Schwimmbädern und öffentlichen Bussen im Bregenzerwald ist ab einer Aufenthaltsdauer von drei Nächten im Übernachtungspreis inbegriffen.

Für Wintersportler gibt es den Drei-Täler-Skipass: Er gilt für über 30 Skigebiete im Bregenzerwald, dem Großen Walsertal, in Balderschwang und im Lechtal. Auf Langläufer warten 300 Kilometer Loipen. Winter- und Schneeschuhwanderer können sich zahlreicher Wanderrouten erfreuen.
Im umfangreichen Veranstaltungskalender findet sich so manche Besonderheit: von den ausgezeichneten Konzerten der Schubertiade bis hin zum Sennkurs-Erlebnis an der Käse-Strasse.
Die KäseStrasse Bregenzerwald vereint die regionale Elite in Sachen Käse; alle Stationen entlang der KäseStrasse sind einheitlich beschildert. Bei mehr als 150 Betrieben finden Besucher offene Türen und Tore und dürfen zumeist auch Einblick nehmen in den Ar-

beitsalltag der Bregenzerwälder, ob Sennereien, Bauernhöfe und Käsewirte mit besonderen Käsespezialitäten auf ihrer Speisekarte oder auch Metzger, Bäcker und Fachgeschäfte bis hin zur Küferei und dem Schindelmacher in Au. Sogar Bergbahnen, Modegeschäfte und Museen haben sich dem hohen Qualitätsanspruch der KäseStrasse verpflichtet. Das ‚Alpmuseum uf'm Tannberg' in Schröcken oder das Sennereimuseum in Hittisau

vermitteln viel Wissenswertes über die Tradition des Käsemachens auf den Alpen.
Die KäseStrasse in dieser umfassenden Form ist weltweit einzigartig, die Einbindung der verschiedenen Berufsgruppen mehr als außergewöhnlich, die geforderten Qualitätskriterien sind streng. Das im Rahmen eines EU-Entwicklungsprogrammes konzipierte Projekt wurde schon mehrfach international ausgezeichnet.
Die KäseStrasse stellt auch einen wichtigen Beitrag zur Erhaltung der bäuerlichen Struktur des Tales dar. Die Landwirtschaft spielt eine überaus wichtige Rolle. Sie bestimmt den Lebensrhythmus und die Lebensart und bildet die Lebensgrundlage für rund 10 Prozent der Bewohner. Sie leben – meist im Nebenerwerb – von und mit der Landwirtschaft. Im Bregenzerwald wird seit Jahrhunderten eine dreistufige Bewirtschaftung der Weiden praktiziert. Das Vieh grast nach der Schneeschmelze erst die Talweiden ab, zieht dann auf das sogenannte Vorsäß und im Hochsommer weiter auf die Alpe. Dies geschieht unter optimaler Nutzung der Weideflächen und sorgfältiger Pflege der sensiblen Gebirgslandschaft. Gleichzeitig bieten die Alp-

weiden mit ihrer Vielzahl von Kräutern die gesündeste Ernährung für Milchkühe; die im Sommer dort gehaltenen Tiere liefern eine besonders geschmackvolle und aromatische Milch, welche die ideale Grundlage für den würzigen Bregenzerwälder Bergkäse bildet. 16 Dorfsennereien erzeugen pro Jahr 4500 Tonnen Käse im Bregenzerwald. Sie werden von 1100 Milchbauernfamilien täglich mit frischer silofreier Rohmilch beliefert: ein besonderes Qualitätskriterium, denn nur knapp zwei Prozent der Milch im EU-Raum ist silofrei. Etwa 30 verschiedene Käsesorten produzieren die Bregenzerwälder Käsemacher. Aushängeschild ist der Bregenzerwälder Bergkäse, der allseits bekannte, schmackhafte Hartkäse. Beliebt sind auch die international preisgekrönten Rohmilch-Emmentaler, milde bis würzige Schnittkäsesorten, Camemberts, Kuh-, Schaf- und Ziegenkäse oder der Bachensteiner, ein Rotschmierweichkäse. Wichtig für die regionale Lieblingsspeise, die Kässpätzle oder Käsknöpfle, ist der so genannte Räßkäs, ein besonders würzig schmeckender Käse. Sogar einen Wälder-Mozzarella gibt es. Etwas Außergewöhnliches stellt der Alpzieger dar, der aus Molke gemacht wird – seine typische grüne Farbe speist sich aus über 40 Kräutern. Als Wälder-Schokolade bezeichnet man den „Gsig“ oder „Sig“, ein karamellisierter Milchzucker mit vielen natürlichen Inhaltsstoffen, eine absolute Rarität. Angesichts dieser Fülle ist es kein Wunder, dass der Alpabtrieb Mitte September, wenn die Kühe von ihrer Sommerfrische auf der Hochalpe ins Tal zurückkehren, die festliche Krönung des bäuerlichen Arbeitsjahres ist. Im Bregenzerwälder Ort Schwarzenberg wird diese Tradition in nahezu unveränderter Form seit über 400 Jahren hochgehalten. An die 800 reich geschmückte Tiere, umgeben von einer Klangwolke aus Glockengeläute und freudigen Juchzern der Hirten, ziehen nach einem zehn Stunden währenden Abstieg nach Schwarzenberg ein. Dort werden sie von ihren Bauern in Empfang genommen, um den Herbst und den Winter geschützt in Stallnähe zu verbringen, um dann im Frühjahr erneut den Reigen des Jahres zu beginnen.

BERGKÄSEREI SCHOPPERNAU

Bergkäserei Schoppernau GmbH
Obmann: Raimund Beer

Unterdorf 248
A-6886 Schoppernau

Telefon 00 43 (0) 55 15 / 3 01 51
Telefax 00 43 (0) 55 15 / 3 01 51 14
www.bergkaeserei.at

Ruhetag: Sonntag, werktäglich mittags geschlossen

Oben im Bregenzerwald, wo im Sommer das Leben überschäumt und im Winter die Zeit stehen bleibt, war das Leben seit jeher geprägt von Milchwirtschaft und Viehzucht. Urkundlich belegt, beherrschten die frühen Siedler im Talkessel Au-Schoppernau das Sennereihandwerk bereits um 1390. Eine Verfeinerung ihrer Kunst unter Anleitung von Schweizer Sennern brachte Nachfrage aus den Hauptstädten Europas. Kein Glücksfall für die Regierung, die lieber Butter wollte, auch nicht für den lokalen Käsebaron Gallus Moosbrugger, der auf seinem Monopol bestand. Gegen alle Widerstände ertrotzten sich die Schoppernauer jedoch 1868 ihren ersten Käsehandlungsverein, stellten gemeinschaftlich ihren Käse her und vermarkteten ihn mit Erfolg. Fast 150 Jahre später, gleicher Ort, ähnliche Situation: Während die Obrigkeit eine überregionale Lösung für alle Milchbauern des Bregenzerwalds anstrebte, wollten die Schoppernauer eine lokale Genossenschaft. Sieben Jahre lang höhlte steter Tropfen den Stein, dann bekamen sie 2002 ihre Bergkäserei Schoppernau, nagelneu und mit viel Glas und Licht. Am Erfolg konnten alle teilhaben: Ob Bauer, Handwerker, Privatmann oder gar Urlauber, jeder durfte gleichberechtigt Anteile kaufen. Nur die Zinsen unterscheiden sich bis heute; die 38 zuliefernden Milchbauern bekommen einen guten Preis für ihre Milch, alle anderen erhalten jedes Jahr einen Gutschein für 1 Kilogramm Bergkäse und Prozente beim Einkauf.

Damit dem Genießer schon beim Geruch des Käses das Wasser im Munde zusammenläuft, müssen die Bauern strenge Auflagen erfüllen, schließlich gilt: Die Milch schmeckt nach dem, was die Kuh frisst. Je höher die Weiden, desto mehr Kräuter, umso besser der weiße Rohstoff; ohne weitere Zusätze wird er sofort nach der Lieferung vom Senner weiter verarbeitet. Nur gut, dass alle Genossenschaftsbauern wissen, wie ein guter Bergkäse gemacht wird, damit der Senn auch mal einen freien Sonntag hat oder ein paar Tage Urlaub machen kann, schließlich machen die Kühe keine Pause. Bei voller Auslastung steht für die aufwändige Käsepflege im Keller noch ein Helfer bereit, der die Laibe jeden zweiten Tag wendet und die Krustenbildung durch Abbürsten mit Wasser und Salz unterstützt. Bis zu zwölf Monate reift der Bergkäse bei optimaler Temperatur und Feuchtigkeit dann

zum erwünschten milden, mittelalten oder würzigen Geschmack heran.
Viele Käsesorten brauchen viele Keller und kosten viel Geld, lieber sollte der Schoppernauer Senner einen, nämlich den besten Bergkäse im Bregenzerwald machen, vielleicht noch etwas Butter, Topfen und Kräuterfrischkäse dazu. Der Erfolg dieser Spezialisierung lässt sich am Käseberg der Bergkäserei ermessen: 1,2 Millionen Liter Milch verwandelt der Senner pro Jahr in 120 Tonnen Bergkäse. Des Käsekenners Liebling ist der würzige Bergkäse; die große Nachfrage bringt Obmann Raimund Beer, einen waschechten Schoppernauer, zum Sinnieren darüber, wie die Kellerkapazitäten für die lange Lagerung der Laibe erweitert werden könnten.
Längst gilt die Schoppernauer Bergkäserei als Vorzeigebetrieb des Bregenzerwaldes; durch ihre überschaubare Größe sind die Produktionsabläufe noch transparent und ähneln jenen vor 100 Jahren. Das prädestiniert das Unternehmen für Führungen, die regen Zulauf finden. Rundum informiert, gewissermaßen von der Kuh bis zum Käse, findet sich der Gast schlussendlich bei der sehnlich erwarteten Käse-Verköstigung wieder. Überraschenderweise wartet eine ganze Reihe von Käsesorten auf die Erprobung am Gaumen. Die Erklärung ist so einfach wie einleuchtend: Erstens produzieren auch andere Sennereien im Tal Spitzenkäse, zweitens geht gemeinsam alles besser. Und deshalb bereichern Bregenzerwälder Camembert, Weinkäse und Ziegenkäse die Ladentheke der genossenschaftlichen Bergkäserei. Eine wirklich gute Perspektive!

NAZE'S HUS – BREGENZERWÄLDERHAUS

Naze's Hus – Bregenzerwälderhaus
Pächter: Martin Hager

Tempel 73
A-6881 Mellau

Telefon 00 43 (0) 6 50 / 27 82 69-0
www.nazes-hus.at

Ruhetag: Dienstag

Am Fuße von Mittagsspitze und Kanisfluh breitet sich der kleine Ort Mellau aus, hie und da ein Haus, dazwischen viel Platz und noch mehr Grün, mittendrin das einzige denkmalgeschützte Haus der Gemeinde, „Naze's Hus". Einst ging hier Ignaz, der Küfer, seinem Handwerk nach, geblieben ist sein Name, Naze's eben. Bald 300 Jahre alt ist das originale Bregenzerwälderhaus, liebevoll restauriert bis zu den hellen Holzschindeln, die der Inhaber Albert Hager, Onkel des gegenwärtigen Pächters, von einem der letzten Schindelmacher im Bregenzerwald erworben und eigenhändig verlegt hat.

Der heutige Pächter ist kein Küfer, doch vereinigt er jede Menge anderer Begabungen in ein und derselben Person: Martin Hager ist gebürtiger Mellauer, Landwirt, Hobby-Imker, Diplom-Käsesommelier – und leidenschaftlicher Gastwirt. In seinen 3 gemütlichen Gaststuben serviert er ausschließlich regionale Spezialitäten wie die typische kalte Wälder-Jause, am schönsten vertreten durch den Bauernteller mit Speck, Schinken, heimischen Käsesorten, Haussulz, Zwiebeln und einem Bauernbrot, das nach einem speziellen Rezept eigens für Naze's Hus gebacken wird.

Wer's lieber warm mag, sollte entweder eine große Familie haben oder einfach seine Freunde mitnehmen für einen geselligen Abend. Denn ab 4 Personen gibt es auf Vorbestellung Bregenzerwälder Käs- oder Krautknöpfle, Raclette, Käsefondue oder Gsotto Grumpora, das sind Pellkartoffeln mit Käse und allerlei herzhaften Aufstrichen. Ein besonderes Highlight sind Martin Hagers Käse- und Weinpräsentationen, bei denen die Gäste unter der fachkundigen Anleitung des Diplom-Käsesommelier unterschiedlichste Käse mit ausgesuchten Weinen, Fruchtsäften und Edelbränden verkosten.

Alle Produkte stammen weitgehend aus Vorarlberg oder aus dem Bregenzerwald von persönlich bekannten Lieferanten und haben den erprobten Gaumen von Martin Hager durch Qualität und guten Geschmack überzeugt! Das gilt natürlich auch für die Weine, die überraschend reichhaltig zur Auswahl stehen. Die Auswahl ist eine Verneigung vor der Kunst der österreichischen Winzer, allein der italienische Nachbar konnte sich mit auf

der Weinkarte noch ein wohlverdientes Plätzchen sichern.
Ob Wein oder Wasser, nach einem üppigen Abend ist es wunderbar, den müden Kopf in einem der wohl-duftenden Zirbenzimmer zur Ruhe zu betten, umgeben nur von natürlichen Materialien in Bioqualität. Sonnenlichtgeweckt und gestärkt nach einem herzhaften Wälder-Frühstück führt der Weg dann in den ehemaligen Stall mit seinem Feinkostladen mit Naturprodukten aus dem gesamten Alpenraum von Bauernbrot und Kaminwurzen über Naturkosmetik bis zu Wein und Bränden. Nicht zu vergessen den Bregenzerwälder Bergkäse, den es bald auch von einer eigenen Alpe und selbstgemacht von Martin Hager gibt.
So gut wie alles macht er selbst, angespornt durch sein Lebensmotto ‚Geht nicht, gibt's nicht.'! Bisher ist ihm die Puste keinesfalls ausgegangen, im Gegenteil, zur Entspannung bläst er die Wälder-Höhenluft am liebsten in die Klarinette und sorgt mitsamt Musikverein für manch spontanen Volksmusikabend im Naze's Hus, zur Freude seiner Besucher.

Bregenzerwälder Raclette

Zutaten
1 kg Kartoffeln (fest kochend)
4 Kalbsgrillwürste
20 Scheiben Raclettekäse
10 Scheiben Pfeffer-Raclettekäse
400 g Schweinskarree
Ananas
Champignons

Beize
Öl
Pfeffer, Salz
Majoran, Petersilie, Basilikum

Zubereitung
Schweinskarree würfeln und etwa 2 Stunden in einer Ölbeize mit Pfeffer, Salz, Majoran, Petersilie und Basilikum einlegen. Das Öl abgießen und das Fleisch auf Tellern anrichten.
Die ungeschälten Kartoffeln weich kochen, währenddessen Ananas, Champignons und Kalbsgrillwürste in mundgerechte Stücke schneiden und auf Teller geben, die Racletteschieben bereitlegen. Schließlich die fertigen Kartoffeln heiß servieren, dazu das Fleisch über dem Racletteofen braten und zusammen mit dem geschmolzenen Käse und den Beilagen genießen.

FEURSTEIN WÄLDER-STUBE

Feurstein Wälder-Stube
Inhaber: Norbert Feurstein

Hof 137
A-6866 Andelsbuch

Telefon 00 43 (0) 55 12 / 25 66
Telefax 00 43 (0) 55 12 / 26 06-5
www.naturprodukt.at
www.birglar.at

Feurstein Culinarium
Hauptstraße 9
A-6973 Höchst
Telefon 00 43 (0) 55 78 / 7 77 47

Feurstein Tannheimertal
Unterhöfen 28
A-6675 Tannheim
Telefon 00 43 (0) 56 75 / 2 02 91

Feurstein Kleinwalsertal
Walserstraße 63
A-6971 Riezlern
Telefon 00 43 (0) 55 17 / 2 03 54

Was kann einer werden, der in einer Metzgerei aufwächst – Metzger? Weit gefehlt. Obwohl die Metzgerei in Andelsbuch bereits von den Großeltern und dann von den Eltern Franz und Marianne betrieben wurde, strebte die vierköpfige Nachkommenschaft mit einer Ausnahme nach anderen Zielen. Der Alois wurde also Metzger, der Walter Hotelier, der Georg Landwirt und Senn. Und der Norbert wurde wohl vom Imbiss in der Metzgerei auf die Idee gebracht, das Kochen zu erlernen. Also ging er drei Jahre in die Lehre, lernte alle Küchengeheimnisse kennen – und als er zurückkam in die Metzgerei, da war auf einmal alles anders und er übernahm dann doch den Verkauf der Fleisch- und Wurstwaren. Regelrecht gepackt hat ihn das und gut war er auch in seinem neuen Aufgabenfeld. Bis heute ist der Spaß daran geblieben, und sein Kochen ist darüber gründlich in Vergessenheit geraten – wie gründlich, ist daran zu sehen, dass heutzutage alles Kochen von seiner Frau Rosi besorgt wird, die ihrerseits mit Schwester Gabriele Bechter höchst erfolgreich das Landhotel Zum Hirschen in Hittisau führt.

Der Vater betrieb die Metzgerei nun gemeinsam mit zwei Söhnen, bis es daran ging, das Erbe anzutreten – für Norbert ein erneuter Wendepunkt, an dem er überraschend in die Fußstapfen seines Vaters trat und das Schlachten übernahm, während der Bruder weiterhin die Wursterei betrieb. Auch wenn sie inzwischen getrennte Wege gehen, ein jeder mit seinem eigenen Betrieb, sind sie immer noch ein prima Team: Jeder bezieht das, was er nicht hat, ausschließlich beim anderen. Hochwertiges Frischfleisch von Rind und Kalb gehört zu den Stärken von Norbert Feurstein. In so genannten Reifeboxen reifen deren Edelstücke bei absolut luftfreier Lagerung mindestens zwei Wochen lang zu einer unnachahmlichen Zartheit mit hohem Saftanteil heran. Ideal sind fein mit Fett marmorierte Stücke, die von Natur aus eine feinere, mürbere Qualität haben; das Fett ist zudem der beste Geschmacksträger. Beim Braten entsteht praktisch kein Größen- und Gewichtsverlust. Die Rinder und Kälber stammen ausschließlich von Bauernhöfen aus dem Bregenzerwald, Kleinwalsertal und Tannheimertal. Sie wachsen unter optimalen Bedingungen auf; würzige Alpenkräuter, reine Luft und eine naturgemäße Lebensweise machen das Fleisch so schmackhaft. Jeden Bauern kennt Norbert Feurstein persönlich; mit allen verbindet ihn eine langjährige vertrauensvolle Zusammenarbeit. Regelmäßig schaut er auf den Höfen vorbei, redet, erspürt, welches Rind am hochwertigsten ist. Er steht den Bauern nahe und fühlt, wie es ihnen geht, ob sie zufrieden sind; wann immer möglich geht er auf ihre Bedürfnisse ein, denn wo der gute Wille eines jeden wirkt, profitiert am Ende jeder.

Eine weitere Spezialität von Norbert Feurstein ist Speck. Die althergebrachte Tradition des Speckmachens entsprang der Notwendigkeit, das Fleisch haltbar zu machen. Bei der Entwicklung dieses natürlichen Konservierungsprozesses entstand gleichzeitig ein schmackhaftes Nahrungsmittel für einen vielfältigen Einsatz über das ganze Jahr. Bei keiner Brotzeit, in keinem Rucksack fehlte Speck als Energiespender.

Beim Speck zählt der langsame Herstellungsprozess doppelt. Zum einen sorgt die behutsame Reifung über viele Monate für eine lange Haltbarkeit und zum anderen für einen feinen Geschmack. Zuerst wird das Speckstück mit Gewürzen kräftig eingerieben, wobei die Gewürzmischung eines jeden Speckmachers wohlgehütetes Geheimnis ist. Danach wird der Speck zugunsten eines intensiven Aromas in Holzspäne gepackt, also geselcht. Leichtes Anräuchern mit Buchenholzsägespänen gibt ihm schließlich den typischen Geschmack. Sanft umfächelt von frisch zugeführter Tannheimer Bergluft darf das Geräucherte schlussendlich in speziellen Lagerräumen trocknen und verliert dabei fast die Hälfte seiner Flüssigkeit. Gut sechs Monate dauert die Reifung, bis die Fasern fein und mürbe sind. Beim Anschnitt präsentiert sich der Speck dann durchgängig fest, duftet gut, hat eine gleichmäßig rote Farbe im Fleisch und eine angenehm seidige Kompaktheit im Weiß.

Übrigens: Der wichtigste Geschmacksträger ist der weiße Anteil im Speck, besonders deutlich bei einem gut durchwachsenen Bauchspeck zu erschmecken. Und dazu gibt es eine

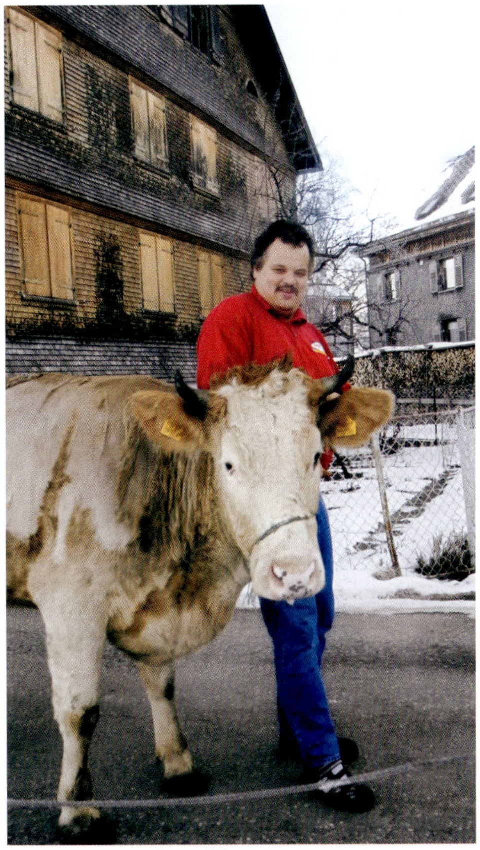

ordentliche Überraschung hinsichtlich der im Speck gemessenen Cholesterinwerte: Speck liegt gleichauf mit Putenfleisch und nur unwesentlich über Matjesheringen. Ein Kaninchenbraten schlägt fast doppelt so hoch zu Buche!

In bester Handarbeit und mit überlieferten Rezepten entsteht bei Norbert Feurstein echter Tannheimer Schinkenspeck, der traditionelle Bauchspeck und ein Bergspeck aus besten Halsstücken, fein geselcht mit Buchenholzspänen. Dazu gibt es Hirschsalami und Hirschboxerl aus heimischem Wild und österreichischem Schwein, luftgetrocknet in der Tiroler Bergluft.

Auf zweierlei Arten lassen sich die Speck-Delikatessen verzehren. Kräftig und würzig entfaltet sich der Geschmack bei der traditionellen Art, wenn mit der Hand aus zwei Zentimeter dicken Speckscheiben kleine Stäbchen geschnitten werden, am besten auf einem Holzbrett. Besonders zart kommt der Speck am Gaumen an, wenn er ohne Gewürzkruste in hauchdünne Scheiben geschnitten wird. Dazu schmecken ein gutes Brot und ein kräftiger Rotwein oder ein frisches Bier.

Übrigens: Käse und Speck gehören nicht zusammen in den Kühlschrank, denn der Käse überträgt seinen Schimmel auf den Speck. Der weiße Edelschimmel ist zwar genießbar, aber der grüne Schimmel ist giftig, und wer weiß schon immer beides eindeutig zu unterscheiden! Besser den Speck auf einem Holzbrett und in Brotzeitpapier eingewickelt in der Speisekammer aufbewahren, mit großem Abstand zu Zwiebeln und ähnlich geruchsintensiven Lebensmitteln. Dann hält er sich über Monate und behält seinen delikaten Geschmack.

Ob Fleisch oder Wurst, in allen Läden von Feurstein stehen nur frischeste Lebensmittel zum Verkauf. Geschlachtet wird einmal pro Woche; die Weiterverarbeitung und Veredelung wird komplett in den eigenen Betrieben durchgeführt. Auf diese Weise erarbeitet das Team um Norbert Feurstein das Beste aus dem Produkt und gibt es dann an die Kunden weiter.

Die dauerhafte Qualität und der persönliche Kontakt sorgen für Kundenvertrauen. Seinen

Erfolg verdankt er der Liebe zu seiner Arbeit, dies entspricht seiner tiefsten Überzeugung. Und Norbert Feurstein steht in jedem seiner Läden regelmäßig hinter der Theke, um für seine Kunden da zu sein und ihre Rückmeldungen zu hören. Er ist eben einer, der mitarbeitet, auch wenn er das Sagen hat. Entscheidungen trifft er selbst, doch sein höchster Maßstab ist das Wohlgefühl. So behält er auch den Freiraum seiner Mitarbeiter im Auge, ein jeder soll das Seine leben, nur dann kann er gut und erfolgreich sein.
Die wenigen freien Tage verbringt er mit seiner Frau Rosi und den gemeinsamen drei Kindern, die alle Freiheit dieser Welt haben, solange sie nur aktiv sind. Seine eigenen Grenzen sucht er beim Radfahren. Mit einer wilden Horde Gleichgesonnener hohe Schweizer Pässe bezwingen, ganz vorne oder ganz hinten, egal, Hauptsache hinauf, so mag er das.

www.naturprodukt.at
www.birglar.at

AMANN KAFFEE

Amann Kaffee GesmbH
Inhaber: Peter Amann

Bergmannstraße 18
A-6850 Dornbirn

Telefon 00 43 (0) 55 72 / 21 93-8
Telefax 00 43 (0) 55 72 / 21 93-84
www.amann-kaffee.at

Amann Kaffee
Robert Bosch-Straße 29 a
D-88131 Lindau
Telefon 00 49 (0) 83 82 / 70 97 40
Telefax 00 49 (0) 83 82 / 70 97 41

Ein wahrlich exotischer Gast hat sich da in der luftigen Höhe des Bregenzerwaldes niedergelassen: Im malerischen Schwarzenberg findet der Höhenbewohner Kaffee ideale Lebensbedingungen in der preisgekrönten Werkshalle und Rösterei Amann Kaffee. Seit Jahren geht die Familie Amann hier ihrer Passion für braune Bohnen nach.

Schon der Firmengründer, Rupert Amann, war ein Kaffeeröster mit Leib und Seele. Mit über 80 Jahren kommt er heute noch täglich in die Firma und sorgt mit unbestechlicher Nase und Feingefühl für die rechte Mischung. Auch alle anderen Familienmitglieder sind in den Bann der kostbaren Bohne geraten. Sie haben quasi die aromatischen Kaffee-Düfte schon in ihrer Kindheit eingesogen und verinnerlicht; der Sohn Peter Amann ist in der Rösterei, wann immer es seine anderen Pflichten zulassen. Seine Schwester Heidi Natter wirbelt in Sachen Marketing und Buchhaltung. Und auch die eigenen Kinder Florian und Johanna schnuppern schon Kaffeeduft, unterwiesen von Großvater Rupert natürlich. Ein genussreicher Kaffee bedarf einer Menge Liebe und Engagement! Nur beste Rohkaffees, so genannte Grand Crus, werden in den Ländern Guatemala, Costa Rica, Äthiopien, Kolumbien und Brasilien gekauft. Die handgepflückten Hochland-Arabicas stammen durchweg aus ökologisch und sozial verträglichem Anbau; langjährige Beziehungen und regelmäßige Besuche verbinden die Amanns mit den Kaffee-Bauern. Fairer Handel ist Ehrensache: Die Verträge werden bereits ein Jahr im Voraus abgeschlossen; das bedeutet Produktionssicherheit für die Bauern und Qualitätskonstanz für die Familie Amann. Über den weltweit führenden Kaffee-Umschlagplatz Hamburg reisen die Bohnen dann in den Bregenzerwald und werden in der Schwarzenberger Rösterei mit modernster Technik und gefühlvoller Handarbeit verarbeitet. Zeit und Genuss, das gehört untrennbar zu einem hochwertigen Kaffee. Um der braunen Bohne die Reizstoffe zu nehmen und die Kraft der Aromen freizusetzen, bedarf es einer langsamen Röstung bei sanfter bis feuriger Hitze. Die Mischung der verschiedenen Sorten entscheidet dann über das Temperament des Kaffees, bekömmlich, harmonisch und lang im Abgang ist er allemal. Ein Stück Lebensart eben, so wie guter Wein. Die alte Kaffeehauskultur Österreichs ist eine regelrechte Lebensart, die in der Mitte des 17. Jahrhunderts in Wien entstand, ausgelöst von 500 Sack Kaffeebohnen als Kriegsbeute und vom historisch ersten Kaffeehaus in Istanbul. Was wären die europäischen Literaten und Philosophen ohne die Kaffeehäuser gewesen? Und der berühmte französische Außenminister Napoleons und spätere Diplomat Charles-Maurice de Talleyrand-Périgord schuf sich mit seiner Ansicht über den Kaffee ein Denkmal: Der Kaffee muss schwarz sein wie der Teufel, heiß wie die Hölle, rein wie ein Engel und süß wie die Liebe! So sprach er und findet seit 200 Jahren rege Zustimmung. Dass jedoch Staatsgrenzen keine Koffeingrenzen sind, zeigte der italienische Caffè mit seinem Eroberungsfeldzug der letzten Jahrzehnte. Es ist hohe Zeit für eine Rückbesinnung, meinen die Amanns, und tun das ihrige dazu mit Kaffee made in Austria und dem eigenen Kaffeehaus im Roten Haus von Dornbirn. An der Kaffeebar und im Verkauf bietet Peter Amanns Frau Ulrike sage und schreibe 35 röstfrische Kaffeesorten an, jede mit einem eigenen Charakter.

Peter Amann bringt vieles unter einen Hut, Holzexport, eigene Brände, einen Weinberg mit 250 Weinstöcken. Die seltenen Gelegenheiten zur Muße verbringt er mit Hund Mokka, einem braunen Labrador, bei langen Spaziergängen zur Pflege seiner Gesundheit, die ist ihm das höchste Gut. Doch wenig bringt ihn so ins Schwärmen wie die braunen Bohnen, vielleicht ein schöner Oldtimer, das könnte schon eine echte Konkurrenz sein!

PILZ-LENZ

Pilz-Lenz
Inhaber: Bettina und Alfred Lenz

Kreuzgasse 12
A-6923 Lauterach

Telefon 00 43 (0) 55 74 / 7 37 89
Telefax 00 43 (0) 55 74 / 8 43 26
www.trueffel.at

Ob in Vorarlberg die Sonne scheint, ob es stürmt oder schneit – tief unter der Erde von Bregenz, unberührt von weltlichem Lärm, steht die Zeit fast still. Ein Kosmos aus Pilzen hat sich unter dem Gebhardsberg ausgebreitet, ein beständiges Wachsen und Werden in einem Stollen, der sich auf hunderten Metern Länge in den naturgewachsenen Fels erstreckt. Winzige Pilzsporen breiten ihre zarten Wurzeln über Getreidekörner, durchweben Nährstoffe und Torf und bilden nach und nach ihre kugeligen Fruchtkörper aus, die elfenbeinfarben, samtig fest und delikat Köche und Genießer in Verzückung bringen: Champignons.
Als Ernst Lenz vor rund 40 Jahren mit der Zucht der raren Champignons begann, war er auf der Suche nach einem einträglichen und vor allem interessanten Ersatz für seine Schreibtischarbeit. Inzwischen sind die Pilze zu seinem Lebenswerk geworden. Die Waschküche seiner – geduldigen und kraftvoll zupackenden – Frau Josefine war die Wiege für die ersten Lenz-Champignons, als nächstes nahm er den Keller eines Nachbarn ins Visier und als auch hier Heerscharen von Pilzen bis

in die letzte Ecke sprossen, fand er schließlich den alten Stollen, den er in jahrelanger harter Arbeit in ein Pilzparadies verwandelte. Die ältesten Pilzfossilienfunde haben ein Alter von 1000 Millionen Jahren; Pilze sind echte Überlebenskünstler auf einem sich ständig wandelnden Planeten, doch von allein wachsen sie deshalb noch lange nicht. Wie Primaballerinas wollen die hochwertigen Eiweißlieferanten im Stollen vom ersten Tag an auf Händen getragen werden; Toleranz ist ihre Sache nicht. Eine gleich bleibende Temperatur von 17 bis 18 Grad, 85 Prozent Luftfeuchtigkeit, Wasser, genug frische Luft und tägliches Hegen und Pflegen braucht es, damit nach vier bis sechs Wochen die ersten Pilze prall und rund auf ihrem Nährboden aus Pferdemist und Hühnerdung sitzen. Den idealen Erntezeitpunkt fängt der Pilzmann Ernst Lenz fast magisch aus der Luft auf bei seinen Aufenthalten unter der Erde. Fast körperlich erspürt er, wie es dem Nachwuchs geht und

durchstreift die Schattenwelt des Stollens, ein Nachtvogel, getrieben von den feinen Kräften der Natur.

Mit der Zeit hat sich die Pilzfamilie um weitere feine und aromatische Vertreter ihrer Art erweitert: Egerlinge, Austernpilze, Shiitake, Kräuterseitlinge und Pioppini. Für die Quellen der wilden Verwandten, Steinpilze und Pfifferlinge, Morcheln und andere Waldbewohner, hat die Familie Lenz eine feine Nase entwickelt.

Leibhaftige Versuchung in Schwarz und Weiß verströmt der Trüffel sommers wie winters seinen unvergleichlichen Duft und lockt Feinschmecker und Genießer. Der König der Pilze hält bei Pilz-Lenz Hof, seit Tochter Bettina ihm bei einem Studienaufenthalt in Italien begegnete. Unzählige Kilometer ist die Trüffelspezialistin Bettina Lenz seitdem gefahren, um die kostbaren Knollen aus Umbrien in speziellen Kühlboxen und in frische Baumwolltücher gehüllt persönlich abzuholen. Freie Reiseplätze wurden von selbstverkosteten feinsten italienischen Olivenölen und Balsamicoessigen belegt, inzwischen feste Bestandteile des Sortiments. Dieser hohe persönliche Einsatz ist kennzeichnend für alle Ebenen des Familienbetriebes und unverzichtbare Basis für die ausgezeichnete Qualität aller Lenz-Pilze, die immer auf kürzestem Weg und zweimal die Woche unter der Regie von Alfred Lenz an die feinen Restaurants und Hotels im nahen Umfeld ausgeliefert werden. Gemeinsam mit seiner Schwester Bettina als Kauffrau führt er seit 2006 den Betrieb, ein vorgezeichneter Weg nach einer Kindheit inmitten von Pilzen.

Ernst Lenz hat sich offiziell zurückgezogen – nur um Tag und Nacht im geheimnisvollen Kosmos seines Stollens zu verbringen. Eines der ältesten und größten Lebewesen der heutigen Erde ist ein Pilz, 2400 Jahre alt und über einen Quadratkilometer groß: Es ist das Myzel genannte feine Wurzelgeflecht des Hallimasch. Vielleicht macht dies einen Teil der Strahlungskraft aus!

LANDHOTEL HIRSCHEN

Landhotel Hirschen
Inhaber: Gabriele Bechter und Rosi Feurstein

Platz 187
A-6952 Hittisau

Telefon 00 43 (0) 55 13 / 23 20
Telefax 00 43 (0) 55 13 / 23 20-77
www.landhotel-hirschen.at

Ruhetage: Dienstag, Mittwoch Mittag

Die Geburtsstunde des Hirschen lag irgendwo zwischen dem 16. und 17. Jahrhundert. Mal als Bauernhaus, mal als Gasthaus mäanderte es dann durch den Fluss der Zeit. Als der Landwirt Gottlieb Bechter 1988 den Hirschen erwarb, dachte er mehr an ein Café. Doch als kurz vor Weihnachten die ersten Gäste vor der Tür standen, war deutlich mehr daraus geworden, das Restaurant Café Hirschen. Seitdem wirtschaften seine beiden Töchter Hand in Hand: Gabriele Bechter, die in den Patisserien des Montafon gelernt hat, wirbelt in der Küche, Rosi Feurstein, gelernte Hotelfachfrau, führt umsichtig und herzlich den Service.

In der Küche brennt ein Leuchtfeuer für Hausgemachtes, auch Butter, Bergkäse, Obst, Gemüse, Fleisch und Würste sind Eigenproduktionen und kommen von der Alm der Schwester, aus der Landwirtschaft des Bruders Christoph und der Metzgerei von Norbert Feurstein, Rosis Ehemann.

Auf der Speisekarte liegen vegetarische Gerichte Kopf an Kopf mit den Fleisch-Spezialitäten. Kartoffel-Käserouladen mit Salat oder Gemüse-Nüdelchen wetteifern mit dem Bregenzerwälder Bauernteller mit Schweinefilet, Rahmchampignons und Kässpätzle. Küchenchef Michael Bechter hat in 15 Jahren gemeinsamer Arbeit mit seiner rechten Hand Monika Rick dem Hirschen einen Ruf für ausgezeichnete Küche erkocht. Träume von sahnigen Kuchen, zarter Eiscreme, duftigen Parfaits oder luftiger Mousse, alles Werke der Konditorin Gabriele Bechter, verführen zum Genuss. Im Weinkeller lagern ausschließlich österreichische Rebensäfte, darunter exquisite Tropfen genauso wie der typische Schankwein

zum guten Preis-Leistungsverhältnis. Besonders traditionsreich sitzt es sich in der Alten Stube mit Deckengemälden aus dem 16. Jahrhundert; insgesamt finden drinnen und draußen 130 Gäste Platz. Wohnlich und großzügig sind die 18 Hotelzimmer, da lässt sich auch ein Schlechtwettertag gelassen überstehen. Meridian- und Kräuterstempelmassage, auch Heilfasten-Seminare im geschmackvoll ausgebauten Wellnessbereich bringen die Gesundheit auf Trab. Im historischen Gewölbekeller lagert eine exzeptionelle Auswahl von Kräutern, die von Gabriele Bechter kenntnisreich in heilende Rezepturen verwandelt wird: Johannisölcreme vertreibt Hexenschuss, Majoranbutter lindert Erkältungsbeschwerden und Salbeisirup legt sich wie Balsam um wunde Hälse. Wohl dem, der so vorsorgen kann.
Wenn es nach den Geschwistern Gabi und Rosi geht, bleibt im Hirschen alles, wie es ist. Jeden Gast persönlich kennen, ein Lächeln austauschen, authentisch sein, das ist ihr Ziel. Und gelegentlich in der Einsamkeit einer Berghütte Kraft sammeln für die nächsten Unternehmungen. Yoga im Angebot, das wäre doch schön?

Kartoffel-Käserouladen
(für 6 Personen)

Zutaten
Käsemasse
45 ml Wasser
25 g Fett
35 g Mehl
Salz
1 kleines Ei
125 g geriebener Bergkäse
25 g geriebener Rauchkäse
30 g Schnittlauch, Petersilie

Kartoffelteig
500 g Kartoffeln
5 g Salz
5 g Aromat
2 g Muskat
1 Ei
2 Eigelb
25 g weiche Butter
100 g griffiges Mehl

Zubereitung
Für die Käsemasse Wasser und Fett in einen Topf geben und aufkochen. Den Topf vom Herd nehmen, Mehl in die heiße Flüssigkeit geben und mit einem Rührlöffel zu einem festen Kloß verarbeiten. Diesen etwa 1 Minute unter ständigem Rühren stark erhitzen. Danach den Teig in eine Rührschüssel geben, Ei, Käse und Kräuter mit Rührhaken kräftig einrühren. Beiseite stellen.
Die geschälten Pellkartoffeln im Backrohr trocknen, pressen und mit Salz, Aromat, Muskat, Ei, Butter und Mehl zu einem Teig verarbeiten. Den Teig zwischen zwei Folien ausrollen, dann die obere Folie entfernen und die Käsemasse auf den Teig streichen. Das Ganze aufrollen, an den Enden abbinden und entweder 20 Minuten pochieren oder im Dampf garen.
Dazu wahlweise Blaukraut oder eine gemischte Salatvariation servieren.

Küferei Lässer

Wer in Hittisau auf dem Weg zum Riedbergpass neugierig einer kleinen Stichstraße folgt, wird in zweifacher Hinsicht belohnt. Nur einen Steinwurf vom alten Geburtshaus des Joseph Ritter von Bergmann, dem verdienten Historiker und Erschaffer des Landeswappens, geht Peter Lässer als letzter im Bregenzerwald einem fast ausgestorbenen Beruf nach, dem Küferhandwerk.

Bereits in sechster Generation beugt er bestes Holz nach seinem Willen und kann sich seinen Lebtag nichts Schöneres vorstellen. Schon als Knirps war ihm die Werkstatt des Onkel Josef lieber als die Schulbank, und mit zwölf Jahren war er, trotz Schule, bereits ein geschickter Handwerker. Selbstredend machte er Lehre und Meisterprüfung als Küfer. Als Ein-Mann-Unternehmen verwandelt Peter Lässer seitdem stetig und kunstfertig Holz in Fässer und Bottiche aller Formen und Größen, vorwiegend von Hand.

Seine Eichenfässer veredeln Weine und Schnäpse mit ihren holzigen Tönen. Und seine Butterfässer dienen überall der Milchverarbeitung zum Bregenzerwälder Bergkäse. Der Küfer widmet sich auch der Herstellung von so genannten Gepsen, Holzschüsseln, aus denen traditionell die Kässpätzle genossen werden. Auch so manches Stück Fleisch lagert auf dem Weg zu köstlichem Speck in einem Holzbottich aus Lässers Hand.

Als besondere Herausforderung entdeckte er die althergebrachte Badewanne aus purem Holz wieder. Ein wahrer Luxus aus geöltem, massivem, statisch nicht aufladbarem Lärchen-Holz, mit herrlicher Maserung und einer samtig geschliffenen Oberfläche, die sich an Haut und Häutchen anschmiegt. Weit über 100 von Lässer gefertigte Holzwannen stehen inzwischen in Privathaushalten und in den repräsentativen Wellnessbereichen großer Hotels, für Gesundheit und Mußestunden.

Peter Lässers Handwerk steht in bester Tradition; seit Jahrtausenden wird das uralte Wissen um die rechte Verpackung für den Transport von Öl, Teer oder Lebensmitteln weitergereicht. Er selbst geht noch einen Schritt weiter, er will umhüllen – am liebsten die schönen Dinge des Lebens.

Küferei Lässer
Inhaber: Peter Lässer

Rain 376 a
A-06952 Hittisau

Telefon 00 43 (0) 55 13 / 29 66-2
Telefax 00 43 (0) 55 13 / 29 66-4
www.zunft.at

RESTAURANT-CAFE ALPENBLICK

Restaurant-Café Alpenblick
Inhaber: Christian Giselbrecht

Dorf 12
A-6934 Sulzberg

Telefon 00 43 (0) 55 16 / 22 17
Telefax 00 43 (0) 55 16 / 22 17-5
www.alpenblick.co.at

Ruhetage: Mittwoch Abend und Donnerstag

Auf einem der schönsten Aussichtsplätze Vorarlbergs liegt das Restaurant-Café Alpenblick und lädt ein zum Innehalten, Staunen und Schauen. Hoher Ifen, Säntis, Mittagsspitze, alle über 2000 Meter hoch und fast auf Augenhöhe, bewachen den steinernen Reigen der Allgäuer Alpen mit starrer Erhabenheit. Wild und kantig streben raue Felswände in den samtigen Himmel hinauf. Und erst wenn die Augen sich satt gesehen haben, darf die Nase wach den Düften aus der Küche folgen.

Der Englwirt hatte das Gasthaus einst gekauft und dem eigenen Sohn als Mitgift gegeben. Der heutige Inhaber des Alpenblick, Christian Giselbrecht, ist der Urenkel des einstigen Käufers. Die Gastronomie-Gene seiner Eltern und eine Kindheit zwischen dampfenden Töpfen und brutzelnden Pfannen hatten für ihn prägende Wirkung. Gerade mal zwei Monate währte ein Ausflug in die Jurisprudenz, dann zog es ihn mit Macht zurück in die sinnliche, duftende, würzige Welt der Küche.

Seine Wanderjahre führten Christian Giselbrecht von der französischen Schlossrestauration bis zur renommierten amerikanischen Gruppe Six Continents. Mit einer Menge Neuerungen im Gepäck kehrte er zurück nach Sulzberg und übernahm mit viel Engagement das Restaurant-Café Alpenblick der Eltern Egon und Gerda, die beide trotz Ruhestand aktiv dabei sind. Im Service hilft tatkräftig seine Frau Anita, wann immer Töchterchen Theres Sophie dies zulässt. Bewusste Freizeitplanung hat für den Inhaber einen hohen Stellenwert. Mit dieser Einstellung sorgt er konsequent für menschliche Arbeitszeiten in der Küche und beim Service. Eine familiäre Atmosphäre und langjährige Mitarbeiter sind der Dank.

Selbstverständlich, dass die Speisekammern mit Produkten aus der Region gefüllt werden. Anspruchsvoll sorgt das Küchenteam unter der Leitung von Günter Nenning täglich für frische Leckereien; sogar Kuchen und Brot werden noch selbst gebacken. Feiner Tafel spitz, kerniger Rostbraten oder herrlich zartes Wiener Schnitzel, danach königlicher Kaiserschmarrn oder verführerische Strudel sind nur einige der genussreichen Stationen auf der typisch österreichischen Speisekarte. Die Getränkekarte glänzt mit frisch gepressten Säften; Weinliebhaber können einen ausgiebigen Streifzug durch alle Hauptanbaugebiete Österreichs unternehmen.

Bei solch verlockendem Angebot braucht es reichlich Sitzplätze. In vier Stuben – eine davon die historische Bärenstube – dürfen

sich bis zu 110 Gäste heimisch fühlen, draußen drehen sich bei schönem Wetter 180 Köpfe in Richtung Panoramablick.
Dabei ist Marketing ein Fremdwort im Alpenblick. Überzeugt wird durch gute Qualität und guten Service. Manch einer kommt seit 35 Jahren hierher! Die Gästeschar aus Deutschland, Österreich und Schweiz ist sich einig: die Aussicht, die Abendstimmung und das Essen – das gibt´s nirgends mehr so.

Milchrahmstrudel
(für 6 Personen)

Zutaten
Fülle
100 g Butter
100 g Zucker
10 g Vanillezucker
Salz, Zitronenschale
4 Eigelb
330 g Topfen
250 g Sauerrahm
4 Eiweiß
40 g Mehl
50 g Rosinen

Strudelteig
250 g Mehl
3 cl Öl
2 g Salz
15 cl Wasser
5 cl Öl zum Bestreichen

Zubereitung
Butter, ein Drittel des Zuckers, Vanillezucker, Salz und Zitronenschale schaumig rühren, Eigelb beigeben. Topfen und Sauerrahm zufügen. Eiweiß und restlichen Zucker zu Schnee schlagen, locker unterheben. Zuletzt Rosinen einmehlieren und ebenso unterheben.
Mehl, Öl, Salz und Wasser verkneten, zu einer Kugel formen, mit Öl bestreichen und etwa 1 Stunde ruhen lassen. Anschließend den Teig in Mehl wenden und auf ein bemehltes Tuch (1 x 1 Meter) legen. Mit dem Rollholz etwas ausrollen und mit bemehltem Handrücken von innen nach außen ziehen (50 x 50 Zentimeter), bis er gleichmäßig dünn ist. Teig in zwei Hälften teilen, jeweils im unteren Viertel die Fülle 2 Zentimeter dick verteilen, den Rest mit Butter besprengen.
Teighälften mit der Fülle einrollen, Ränder abschneiden, Strudel in gefettete Form geben, bei 180 °C backen. Nach 15 Minuten mit Royalmilch übergießen, 55 Minuten weiter backen. Lauwarm servieren.

OBERALLGÄU UND KLEINWALSERTAL: DIE WELT DER BERGE

bei Oberstdorf

bei Bad Hindelang

bei Oberstdorf

Als südlichster Teil des Allgäus schiebt sich das Oberallgäu keilförmig tief in die Bergwelt der Alpen, und gehört doch noch zum bayerischen Regierungsbezirk Schwaben. Dominant erheben sich die Gipfel des Allgäuer Hauptkamms; das höchste Gipfelkreuz des Oberallgäus steht auf der 2649 Meter hohen Hochfrottspitze. Auch jenseits der luftigen Höhen wird Freizeitkultur groß geschrieben mit zahlreichen Heilbädern zum Entspannen und Entgiften und Golfplätzen mit dramatischen bis lieblichen Ausblicken auf die Bergwelt.

Im Vorland, am Wasserweg der Iller, wacht die Hochschulstadt Kempten als Verwaltungs- und Bildungszentrum über das Wohl der Allgäuer. Die Spuren der Römer sind im Archäologischen Park Cambodunum zu besichtigen. Der Allgäuer und Kemptener Geschichte widmen sich das Allgäu-Museum und die Alpenländische Galerie; in der Kunsthalle stellen viele regionale Künstler aus. Innerhalb und außerhalb der Kemptener Stadtmauern dominieren Kunstveranstaltungen und Events das städtische Leben. Die Fürstäbtliche Residenz, dem Vorbild in München nachempfunden, wurde im 17. und 18. Jahrhundert herrlich im Régence-Stil ausgestaltet, mit üppigen Stuckverzierungen, funkelndem Kristall und prächtigen Gemälden. Teil des Komplexes ist der Hofgarten mit Orangerie, in der heute die Stadtbibliothek untergebracht ist. Auf einem Hügel steht erhaben die St. Lorenz-Basilika mit hoch aufragenden Doppeltürmen und einer achteckigen Kuppel aus dem 17. Jahrhundert. In ihrem Inneren verbinden sich Rokoko und Barock zu großer Harmonie; an den Stuckverzierungen hat „Frau Stuckhatorin Barbara Hackl“ mitgewirkt – mehr als ungewöhnlich für die damalige Zeit. Sehenswert ist auch die schindelverkleidete Pfarrkirche St. Pankratius im ruhigen Wiggensbach.

Weiter flussaufwärts liegt Immenstadt mit der kleinen Gemeinde Bühl in der Ferienregion Alpsee mit einem Angebot für Groß und Klein, das von nass bis trocken, wild bis beschaulich und heiß bis kalt treffend beschrieben werden kann. In Immenstadt-Diepolz am Hauchenberg befindet sich das Allgäuer Bergbauernmuseum; es stellt den historischen Alltag von Mensch und Tier in den Bergen zum Anfassen und Miterleben nach. Im Dreieck zwischen Immenstadt, Balderschwang und Bad Oberstaufen liegen, teils über das Wegenetz uralter Schmugglerpfade zu erreichen, die Sennalpen, die Genusswanderern Tür und Tor öffnen. Als Eingangstor in das Gebiet gilt der Oberstaufener Ortsteil Steibis mit seinen Bergbahnen, zu Füßen dieses größten zusammenhängenden Sennalpgebietes Deutschlands. Seit Mitte des 20. Jahrhunderts die Schrothkur in Oberstaufen eingeführt wurde, hat der heilklimatische Kurort einen lebhaften Aufschwung erfahren und zieht das ganze Jahr hindurch Sportler und Kurgäste an.

Geschäftig geht es in Sonthofen zu, das zu Füßen des Grünten liegt, dem Wächter des Allgäus. Die südlichste Stadt Deutschlands, erstmals im Jahr 839 als Nordhovun erwähnt, gilt als Knotenpunkt der Region mit einer halben Million Gäste im Jahr, die ein breit gefächertes Freizeit- und Kulturangebot vorfinden.

Die Frauenkapelle aus dem 17. Jahrhundert birgt zwei der ältesten Zeitzeugen Sonthofens, ein ausdrucksstarkes Relief der Heiligen Familie von 1520 und eine farbig gefasste Madonna, die etwa zeitgleich erschaffen wurde. Im Ortsteil Winkel liegt der Einstieg

Oberallgäu

Akams

in die Starzlachklamm, Ausgangspunkt für eine wildromantische Wanderung entlang des brausenden und sprühenden Naturschauspiels.
Ein Stück tiefer in der Bergwelt liegen die so genannten Hörnerdörfer Fischen, Bolsterlang, Balderschwang, Ofterschwang und Obermaiselstein, alle zu Füssen von Bergen, die das Horn im Namen tragen. Zahlreiche Touren, ob mit Bergstiefeln oder Skiern, führen hinauf auf die Gipfel und belohnen mit einem sagenhaften Rundblick die Mühsal des Aufstiegs. Wer lieber nur genießt, lässt sich einfach und bequem von der Hörnerbahn auf das Bolsterlanger Horn tragen. Oder schlendert gemütlich durch den Weidach-Naturpark im Kurort Fischen die Iller entlang. Tief hinunter geht es in der Sturmannshöhle bei Obermaiselstein. 120 Millionen Jahre alte Gesteine bis zu 300 Metern unter der Erde geben Einblicke in die faszinierende Welt der Urzeit, ständig begleitet vom Brausen und Gurgeln des Höhlenbachs.
Den südlichsten Punkt des Oberallgäus markiert Oberstdorf, das für romantischen Winterurlaub, ereignisreiche Bergsommer, Sport aller Arten und süßes Nichtstun steht. Das Nebelhorn und weiter südlich Fellhorn und Kanzelwand sind hoch aufstrebender Mittelpunkt vieler Aktivitäten; ruhige Ausflüge ins Umland führen zu den drei Loreto-Kapellen oder ins Oberstdorfer Heimatmuseum. Der ungewöhnlichste Aussichtsplatz liegt auf der ehemaligen Schattenbergschanze: Ein gläserner Besucheraufzug führt bis zum Schanzentisch hinauf, dann geht es zu Fuß weiter in den Anlaufturm mit überwältigendem Blick auf den Ort und die Bergwelt.
Dort, wo die Berge sich immer höher auftürmen und der Blick sich immer weiter in den Himmel heben muss, stürzt sich die Breitach turmhohe Wände hinab in eine enge Schlucht. Ihr Donnern ist der Wegweiser in das alte Siedlungsgebiet der Walser, die im Vorarlberger Kleinwalsertal ihr Zuhause haben.

Restaurant Lunch Bar Horvath's

Inhaber: Robert und Marianne Horvath

Bodmanstraße 14
D-87435 Kempten

Telefon 00 49 (0) 8 31 / 52 37 68-0
Telefax 00 49 (0) 8 31 / 52 37 68-1
www.horvaths-restaurant.de

Ruhetage: Sonntag, Montag Mittag

Kurz bevor sich das satte Oberallgäuer Grün den Raum zwischen den Kemptener Häusern endgültig zurückerobert, öffnet sich die Tür des Restaurant Lunch Bar Horvath's in eine Welt mediterraner Farben und persönlicher Atmosphäre.
Auf das Kochen wäre der Inhaber Robert Horvath ohne seinen Vater wohl nicht gekommen, doch der hatte aus heutiger Sicht die rechte Intuition. Gleich die erste Station nach der Lehre war die Sterneküche des Vier Jahreszeiten in München. Ein schneller Erfolg, der ihn jedoch keinesfalls den Sinn für neue Herausforderungen verlieren ließ. Über Italien, England und Spanien führte sein Weg in die Selbständigkeit nach Kempten, gemeinsam mit seiner Frau Marianne.
„Felix Austria" – das kommt einem unwillkürlich in den Sinn, wenn der gebürtige Burgenländer das Hohe Lied der österreichischen Küche singt, mit der Krönung aller Tafelspitz-Variationen, dem Kalbstafelspitz, und einem Gulasch, das sich – wirklich! – rund um den

Globus einen Namen gemacht hat. Seine besondere Liebe gehört unverfälschten deutschen Produkten, die er zu erstklassigen Speisen verarbeitet. Ein Meer von Geschmack tut sich auf, mit Hummer, Langusten und Thunfisch à la Horvath; aromatische Ausflüge nach Italien sind ein Muss, des Küchenchefs Leibgericht ist schließlich die Nudel. Sparsam werden Gewürze verwendet, oft unterstreichen nur die Klassiker Salz, Pfeffer und wilde Kräuter den Eigengeschmack der Speisen, die von Marianne Horvath auf blanken Holztischen angenehm serviert werden.

Ein ganzes Wochenende könnte man im Weinkeller verbringen, der aus einem ehemaligen Hallenbad entstanden ist: Auf 150 Quadratmetern lagern erlesene Tropfen aus dem Burgenland und aus Niederösterreich, neben internationalen Stargästen aus Italien, Spanien, Portugal und Übersee. Bei so viel Überfluss bietet sich ein Versandhandel geradezu an; die ersten Anfragen von Interessenten liegen bereits vor. Bemerkenswert auch der Digestifbereich mit 40 Klassikern, darunter 25 verschiedene Grappas. Stilechte Begleiter sind edle Zigarren.

Und wenn der Tag sich dem Ende neigt und Stille einzieht, dann wünscht sich der Patron vor allem Zeit! Mehr Zeit um ungewöhnliche Rezepte auszuprobieren. Mehr Zeit um persönlich am Tisch zu tranchieren. Zeit zum Zelebrieren des Kochens in einer eigenen Showküche – und vielleicht noch eine Dachterrasse, damit man über den Dächern von Kempten zuschauen kann, wie sich das satte Oberallgäuer Grün den Raum zwischen den Häusern zurückerobert.

Gefülltes Rinderfilet mit Rotweinschalotten

Zutaten

600 g Rinderfilet aus dem Mittelstück
3 EL Champignons
2 Schalotten
1 EL Petersilie
1 EL Basilikum
1 TL scharfer Senf
Salz, Pfeffer aus der Mühle
Öl zum Braten

Rotweinschalotten

30 g Zucker
40 g Butter
600 g Schalotten, geschält
20 ml Portwein
50 ml Rotwein
100 ml Cassismark
40 ml Aceto Balsamico
1 Zweig Rosmarin
1 Zweig Thymian
Salz, Pfeffer aus der Mühle

Zubereitung

Für die Rotweinschalotten den Zucker in einem Topf mit zerlassener Butter leicht karamellisieren, die Schalotten zugeben, dann mit Port und Rotwein ablöschen. Cassis, Balsamico und gehackte Kräuter zufügen und den Sud etwa 25 Minuten bei kleiner Hitze kochen, bis er dickflüssig ist.

Rinderfilet in 4 Scheiben teilen, mit einem scharfen Messer in jede Scheibe mittig eine Öffnung schneiden. In einer Pfanne Öl erhitzen und für die Füllung fein geschnittene Schalotten und Champignons anbraten, gehackte Kräuter beigeben, mit Senf, Salz und Pfeffer würzen, vom Herd nehmen und abkühlen lassen.

Rinderfilets würzen, mit der Pilz-Kräutermischung füllen, in der heißen Pfanne kurz beidseitig anbraten. Im vorgeheizten Ofen bei 190 °C 10 bis 15 Minuten weiter garen.

Die Filets aus dem Rohr nehmen, die Rotweinschalotten auf vorgewärmte Teller verteilen, Filets darauf setzen und servieren.

Dazu passen frisches Gemüse, Rösti oder Gnocchi und als Begleiter ein 2003er Cabernet Sauvignon vom Weingut Pfaffel in Österreich.

LANDHAUS HENZE

Landhaus Henze
Inhaber: Christian Henze

Wohlmutser Weg 2
D-87463 Probstried

Telefon 00 49 (0) 83 74 / 58 32-0
Telefax 00 49 (0) 83 74 / 58 32-22
www.landhaus-henze.de

kein Ruhetag; Mittag geschlossen außer nach Vereinbarung

Ein Schachbrett aus Grünschattierungen breitet sich nördlich von Kempten aus. Mittendrin liegt das verträumte Probstried, Nacht und Tag sternenbeschienen; ein Stern leuchtet besonders hell über dem Landhaus Henze, das elegant und persönlich kulinarische Pilger im Reich eines Ausnahmekochs empfängt. Mit Christian Henze schaltet und waltet hier einer, der zuerst das Experimentieren liebte und dann den Kochberuf als konsequente Fortsetzung dieser Leidenschaft erkannte. Gleich nach der Lehre, mit erst 19 Jahren, kam der Griff nach den Sternen, zuerst im Landhotel Schlosswirtschaft in Illereichen, danach in den Gourmettempeln von Agnes Amberg in Zürich und in Witzigmanns Aubergine.

Im eigenen Landhaus legt der Küchenkünstler großen Wert auf Wärme und Herzlichkeit. Die Küche bietet Perfektion auf höchstem Niveau und ist auf Dauerkurs zu kulinarischen Höhenflügen. Insgesamt 25 Menschen dienen mit Leidenschaft einzig dem Genießer, mit dabei auch Ehefrau Pia Henze, die als Kauffrau den kreativen Christian Henze ideal ergänzt.

Die Speisekarte schwelgt in Feinschmeckerträumen, Abwechslung garantiert, doch nicht ohne Klassiker wie Gänseleberterrine mit Reh, Päckchen vom Balik- und Wildwasserlachs mit Kaviar in Champagnersoße oder geflämmter weißer Schokoladentarte mit Passionsfrucht. Exquisit ist auch die Weinkarte mit edlen Begleitern zu einer Sterneküche.

Ausdrucksstarke Soßen sind für Henze eine echte Offenbarung, jede für sich ein Kunstwerk, eigenständig und doch harmonisch mit dem Ganzen verbunden. Und schmecken soll, nein, muss es, am liebsten mit großen Löf-

feln! Genuss kommt für Henze schließlich nicht grammweise daher, sondern will sich üppig jeden Winkel im Mund erobern und dann zu einer großen Geschmacksexplosion vereinen.
Als kommunikativer Mensch möchte Christian Henze seine Geheimnisse nicht bewahren, sondern teilen. Den optimalen Rahmen dafür bildet seine eigene Kochschule mit genug Platz für 20 ambitionierte Köche. Die drei Etagen mit insgesamt 400 Quadratmetern im nahen Kempten sind luxuriös ausgestattet und eignen sich hervorragend für Firmenveranstaltungen. Sonntags gibt es Brunch, auch für Nichtköche natürlich.
Die Ruhe liegt für Henze in der Bewegung – ganz entgegengesetzt zu seinem Wunsch, ohne Weckerklingeln aufstehen zu dürfen. Fast täglich fliegt er zu einem Interview oder einer Kochshow; weit über 1000 TV-Sendungen hat er inzwischen gemacht. Wenn Zeit bleibt, geht er joggen; sogar einen Marathon ist der ausgeprägte Willensmensch schon mitgelaufen, nach nur vier Monaten Training im Vorfeld – dabei hielt er zuvor kaum einen Kilometer am Stück durch. Doch was immer er tut, sein Herzblut liegt im künstlerischen Tun und in seiner Familie. Am schönsten schließt sich dieser Kreis, wenn er gemeinsam mit Tochter Alina die Kunst des Kochens zelebriert, während Söhnchen Noah mit den Fingern durch die Schüsseln spaziert.

Henzes Mediterraner Glücks-Schweinebraten

Zutaten
800 g Schweineschulter
1 Apfel
150 g Zwiebel, gewürfelt
3 Knoblauchzehen, gewürfelt
6 EL Olivenöl extra vergine
2 EL Senf
2 EL Parmesan, gerieben
2 EL Semmelbrösel
Salz
weißer Pfeffer aus der Mühle
1 TL frische Rosmarinnadeln
1 TL Majoran, gerebelt
100 g Karotten
100 g Sellerie
10 Nelken
1 EL Tomatenmark
400 ml Rotwein

Zubereitung
Den Ofen auf 180 °C vorheizen. In das Fleisch eine Tasche schneiden. Den Apfel schälen, würfeln und mit 100 g Zwiebel- und Knoblauchwürfeln in 1 EL Olivenöl anschwitzen. Senf, Parmesan und Semmelbrösel dazugeben.
Das Fleisch kräftig mit Salz, Pfeffer, Rosmarin und Majoran einreiben, die Tasche mit der Apfel-Brösel-Mischung füllen und mit Zahnstochern gut verschließen.
Karotten und Sellerie schälen und würfeln. Die Nelken in den Rollbraten stecken. Das restliche Olivenöl in einem Bräter erhitzen und das Fleisch rundum anbraten. Karotten-, Sellerie- und Zwiebelwürfel zugeben und mitbraten. Tomatenmark zufügen, mitrösten und mit Rotwein ablöschen. Nun das Fleisch etwa 70 Minuten im auf 180 °C vorgeheizten Ofen garen.
Der ideale Begleiter ist ein Pilz-Risotto.

HAASE'S GASTHOF ADLER

Haase's Gasthof Adler
Inhaber: Wilfried Haase

Lindauerstraße 15
D-87474 Buchenberg

Telefon 00 49 (0) 83 78 / 9 20 10
Telefax 00 49 (0) 83 78 / 75 91
www.haases-adler.de

Ruhetag: Montag (September bis April)

Weite Wiesen, romantische Wälder und tiefe Tobel breiten sich um Buchenberg aus, den Horizont dominiert die Oberstdorfer Bergkulisse. Das ist die Heimat des Gasthof Adler mit schmucken Fachwerkmauern und rustikalem Ambiente, Wirkungsstätte von Wilfried Haase, seines Zeichens passionierter Koch. Sein Talent hat er von der Großmutter geerbt, einer Herrschaftsköchin aus Pommern, die aus wenigen einfachen Zutaten immer das Beste zu machen verstand. Schon als Kind führte nach der Schule der erste Weg in die Küche, um in Omas Töpfe zu gucken.
Nach der Lehre im Schwarzwald zog es den geborenen Nordfriesen nach Schweden, wo er sich im berühmten Stockholmer Restaurant Cattelin hocharbeitete bis zum Chef-Poissonier. Es folgten Spitzenrestaurants in Arosa und München und seine bald vier Jahrzehnte währende Selbstständigkeit im Allgäu. Obwohl das Meer hier fern ist – die Faszination für Fisch ist geblieben und findet in vielerlei Variationen den Weg auf seine Speisekarte! Wilfried Haase pflegt eine klassisch-gehobene Küche mit verführerischen internationalen Anklängen. Hochwertige Zutaten sind für das LandZunge-Mitglied ein Muss; was immer der Markt jahreszeitlich frisch bietet, findet den Weg in seine Töpfe. Er liebt Spargel, Lamm und Wild; seine Pilze genießen einen Ruf wie Donnerhall.
Den feinen Genuss pflegt er gerne im Quintett, etwa mit geräucherten Rehnüsschen auf Apfel-Nuss-Salat mit Quittensoße, gefolgt von Seeteufelkotelett auf Bärlauchschaum. Ein Champagnersorbet klärt den Gaumen für Bio-Milchkalb mit Stangenspargel, Sauce Mousseline und Kräuterkartoffeln. Den krönenden Abschluss bildet eines seiner selbstgemachten Parfaits oder eine Mousse au Chocolat.
Den Ausflüglern am Sonntagmittag begegnet er mit ofenfrischen Haxen und Spanferkelbraten, hausgemachten Maultaschen und

einer ordentlichen Brotzeitkarte. Und hinter dem Haus sitzt es sich im Biergarten herrlich kastanienblätterüberdacht.
Seine Thai-Speisen sind von Kennern hoch gelobt, schließlich hat er diese Küchenkunst von thailändischen Profi-Köchen erlernt. Fortsetzen lässt sich der Urlaub vom Alltag, ob kurz oder lang, in einem der 22 Hotelzimmer, mit einem rundum freundlichen Service und Annehmlichkeiten wie Sauna und Hallenbad gleich im Haus.
Wilfried Haase liebt seinen Beruf. Sein Erfolgsgeheimnis gründet auf der stetigen Bereitschaft neue Wege zu gehen und auf dem offenen, herzlichen Umgang mit Menschen: „Dabei wird man immer etwas weiser.“
Der Küchenmeister und Eurotoques-Chef möchte sein Fachwissen und seine Botschaft von guter Küche und Gastfreundschaft gerne im In- und Ausland verbreiten. Denn an ein Aufhören irgendwann denkt er noch lange nicht!

Rehrückenfilet im Pilzmantel mit Gewürzrotkohl und Madeirasoße

Zutaten
600 g Rehrückenfilet, ausgelöst

Farce
150 g Reh- und Kalbfleisch
Weinbrand, Portwein
80 g Sahne
Schweinenetz, Salz, Pfeffer
400 g gemischte Pilze
Pastetengewürz

Soße
1 Karotte
3 Schalotten
Staudensellerie
Pfefferkörner, Lorbeerblatt, Wacholderbeeren
1 TL Senf
1 TL Tomatenmark
0,1 l Portwein
0,1 l Madeira
0,1 l Rotwein
1,2 l Wasser
Thymian, Rosmarin
Johannisbeergelee
Butter

Gewürzrotkohl
1 Rotkohl
50 g Gänseschmalz
2 kleine Zwiebeln
5 Äpfel
Zimtstange, Nelke, Lorbeerblatt
Johannisbeergelee, Sherryessig, Salz
100 ml Rotwein

Zubereitung
Für die Soße klein gehackte Knochen und Reste vom Auslösen in Öl anbraten. Zerkleinertes Gemüse und Tomatenmark beigeben, kurz anrösten, mit Port- und Rotwein ablöschen. Etwas Wasser zugeben, immer wieder einreduzieren lassen. Gewürze und Senf zugeben, 1,5 Stunden köcheln lassen, salzen, mit Madeira und Johannisbeergelee abschmecken. Durch ein Sieb passieren und mit kalter Butter aufmontieren.
Zwiebeln in Gänseschmalz anschwitzen, geschnittenen Rotkohl zufügen. Äpfel würfeln und später beigeben. Mit Gewürzen, Johannisbeergelee, Sherryessig und Rotwein abschmecken und mit etwas Kartoffelstärke anbinden.
Rückenfilet in 4 Stücke schneiden, in heißem Fett rundherum braten, würzen und kühl stellen. Aus Reh- und Kalbfleisch, Sahne, Weinbrand, Pastetengewürz, Salz und Pfeffer eine Farce herstellen, angebratene Pilzwürfel kalt zugeben. Rehfilets beidseitig damit bestreichen, in Schweinenetz einwickeln und bei 220 °C braten. Schräg aufschneiden und auf die Soße setzen, dazu schmecken Schupfnudeln und Preiselbeeren.

BRAUEREIGASTHOF SCHÄFFLER

Brauereigasthof Schäffler
Geschäftsführer und Wirt: Ingo Burger

Hauptstraße 15
D-87547 Missen im Allgäu

Telefon 00 49 (0) 83 20 / 9 20-15
Telefax 00 49 (0) 83 20 / 9 20-16
www.schaeffler-braeu.de

Ruhetag: Mittwoch (außer August/September)

Das Leben im Luftkurort Missen geht einen eher geruhsamen Gang. Bildschön herausgeputzt reihen sich die Häuser auf, grün eingefasst von Wiesen und Bäumen, tiefblau wölbt sich der Himmel über dem Hochtal. Und mittendrin liegt seit dem 14. Jahrhundert der Brauereigasthof Schäfflerbräu, tief verwurzelt im alpenländischen Brauchtum.

Hier hat sich Ingo Burger, waschechter Kemptener, nach einem ereignisreichen Kochleben zwischen Schwarzwald und Berlin, Heinz Winkler und Planet Hollywood niedergelassen, um als anerkannter LandZunge-Betrieb ursprüngliche Gerichte aus natürlichen Allgäuer Produkten zu kochen. Verheißungsvoll bierig liest sich seine Speisekarte: Bierbrotsuppe mit Würfeln aus selbstgebackenem Treberbrot, ofenfrischer Krustenbraten mit würziger Dunkelbier-Kümmel-Soße, Berggams an Honig-Dunkelbiersoße mit Haselnussspätzle, gebratenes Wallerfilet auf bierigem Linsengemüse, Weizenbier-Risotto – da lässt sich leicht verstehen, warum das Bier ein Grundnahrungsmittel ist. Wer sein Bier lieber trinkt, hat eine schöne Auswahl an Gerstensäften aus der zugehörigen Brauerei Schäffler.

Freunde der Grillkunst dürfen im Brutzel-Eck selbst tätig werden und Fleisch, Fisch und Gemüse zu leckeren Happen garen; beim Haxengrillabend allerdings ist der Küchenchef selbst am Werk. Steinpilze frisch aus dem nächsten Wald, Kürbis und gelegentlich eine Wildsau bringen Abwechslung in die Tageskarte. Sogar Dessert-Qualitäten hat das Schäffler Bier: Ein echter Gaumenschmaus ist das Bierlikör-Parfait, wohlgemerkt von selbstgemachtem Likör aus eigenem Bierbrand.

Wer all dies noch krönen will, braut am monatlich stattfindenden Sudabend mit Unterstützung des Braumeisters sein eigenes Bier in der kleinsten mobilen Brauereianlage der Welt – so jedenfalls steht es im Guinness-Buch der Rekorde. Der richtige Arbeitsplatz des Braumeisters liegt gegenüber in der Brauerei Schäffler. Seit fünf Generationen pflegt Familie Graßl dort die Bierbraukunst nach bayerischem Reinheitsgebot. Untergärig, feinwürzig oder spritzig, doch immer be-

kömmlich, kommen die Biere dann auf den Tisch, persönlich serviert von der Wirtsfrau Felicitas Burger, wann immer der kleine Sohn Maximilian sie lässt. Mit sicherer Hand hat sie auch die Dekorierung des Gasthofes übernommen; die Auswahl der urigen Schaustücke ist an landestypischen Themen orientiert.
Kein Schaustück, sondern täglich im Einsatz ist der Stammtisch beim Schäfflerwirt. Das lokale Informationszentrum hält so manches aus – das Abladen von Groll genauso wie gewaltiges Gelächter, das bis auf die Straße hinausrollt! Und wenn erst der Schäfflersaal herausgeputzt zum Fest ruft, steht das ganze Dorf vor der Tür und will mitfeiern. Das ist Allgäuer Gemütlichkeit, und das ist auch der Grund, warum sich der Wirt Ingo Burger genau diesen Platz zum Leben ausgesucht hat.

Wildlachsfilet mit Blattspinatfüllung und Steinpilzen

Zutaten
4 Wildlachsfilets à 180 g
200 g Blattspinat
Salz, Pfeffer, Muskat, Knoblauch
0,2 l trockener Weißwein
0,25 l Sahne
20 g Butter
600 g frische Steinpilze
Salz, Pfeffer, Butter

Zubereitung
Blattspinat putzen, kurz in kochendem Wasser blanchieren, abschrecken und zwischen zwei Tüchern ausdrücken. In eine Schüssel geben, mit Salz, Pfeffer, Muskat und wenig Knoblauch würzen. In die Lachsfilets eine Tasche schneiden und mit dem Spinat füllen. In eine heiße Pfanne einen Schuss Weißwein geben und die leicht gesalzenen Filets einlegen. Zugedeckt etwa 5 Minuten bei geringer Hitze dünsten und warm stellen.
Den restlichen Weißwein in die Pfanne geben, mit Sahne aufgießen, etwas einreduzieren. Mit Salz, Pfeffer und wenig Muskat abschmecken und mit kalter Butter binden.
Geputzte Steinpilze in ca. 5 Millimeter dicke Scheiben schneiden und in einer heißen Pfanne mit Butter braten. Mit Salz und Pfeffer würzen. Lachsfilets anrichten und mit Rahmsoße leicht übergießen, Steinpilze anlegen. Ideale Beilagen sind Karotten- und Zucchinigemüse sowie Bandnudeln.

LANDGASTHOF RÖSSLE

Landgasthof Rössle
Inhaber: Axel Kulmus

Hauptstraße 14
D-88167 Stiefenhofen

Telefon 00 49 (0) 83 83 / 92 09-0
Telefax 00 49 (0) 83 83 / 92 09-49
www.roessle.net

Ruhetag: Mittwoch

Das idyllische Stiefenhofen beherbergt einen Grenzgänger der Geschichte, der sich doch nie vom Platz bewegt hat, den Landgasthof Rössle. Durch Querelen zwischen bayerischen und österreichischen Adelshäusern im 16. Jahrhundert führte die Grenze plötzlich mitten durch das älteste Wirtshaus der Region hindurch. Bald 300 Jahre währte dieser gespaltene Zustand, bis das Haus, mit kurzem Zwischenspiel unter österreichischer Flagge, nach der verheerenden Niederlage von Austerlitz endgültig den Bayern zugesprochen wurde.
An die bewegte Vergangenheit erinnern heute noch die Bregenzer Stube und Grenzer Stube. Die Einrichtung beschwört stilecht die alten Zeiten herauf und lädt zum gemütlichen Tafeln. Hier leitet Axel Kulmus als Patron den Hotelbereich mit Seminarraum und zehn freundlichen, sonnigen Zimmern mit duftenden Namen wie Lavendel, Zitronenmelisse, Minze oder Ringelblume. Seine Schwester Susanne Gnadl sorgt als Restaurantleiterin für das leibliche Wohl der Gäste.
Axel Kulmus ist auch der Herr der Herde und bekocht die Gäste in den drei historischen Stuben mit feinbürgerlicher Küche. Gelernt hat er unter anderem in der sternengeschmückten Schweizer Chesery, eine prägende Zeit, die sich in seiner Küchenkunst widerspiegelt.

Das Steckenpferd des Küchenmeisters sind Kräuter, alle selbstgezogen und vom hauseigenen Biergarten aus zu besichtigen. Seit er 1991 sein erstes Bärlauchpesto komponierte, kennt seine Kreativität bei Kräutern keine Grenzen mehr. Ob Rinderfilet, Edelfisch oder sogar Semmelknödel, alles wird durch seine Kräuterküche verfeinert. So hat er sich inzwischen auch den Beinamen „der Kräuterwirt" erworben.

Auf der Speisekarte gedeihen Prosecco mit Schafgarben-Blütensirup, Rahmsüppchen von Allgäuer Bergwiesen-Heu, Rehnüsschen im pikanten Wildkräutermantel an Holunder-Vogelbeerkonfit neben gebratenem Zanderfilet auf Mangoldgemüse mit Lavendel-Tomatenbutter gefolgt von Ysop-Limonen-Sorbet oder Ringelblumen-Estragon-Parfait. Bei allem Anspruch an edle Produkte aus der Region will Kulmus mit seiner Küche auf dem Boden bleiben – auf hohem Niveau, versteht sich. Einer seiner Klassiker, die Sauren Kutteln nach Omas Art, haben demnächst ihren ersten Auftritt im Fernsehen und nennen sogar einen Fanclub ihr eigen, der eigens jede zweite Woche so hungrig wie möglich anreist. Nach getaner Arbeit spielt der Küchenchef bei den Musikantentreffen im Rössle gerne mal selbst mit seiner Steierischen auf. Dass auch sonst noch Zeit bleibt zum Auftanken, dafür sorgen seine Eltern Otto und Hanne Kulmus, die ihm aktiv zur Seite stehen. Dann kann der aktive Bergwachtmann raus in die Natur und Geist und Seele von Sonne, Wind und Schnee reinigen lassen. Oder mit dem Nachwuchs Ferdinand und Veronika vergnügt den Spielplatz erobern.

Brennnesselrahmsüppchen mit Lachsforellennockerln

Zutaten

150 g junge Brennnesselspitzen
50 g Butter
1 mittelgroße Kartoffel
1 TL Schalotten
300 ml Sahne
300 ml Brühe
300 ml Brennnesselfond
1/8 l Weißwein
Salz, Pfeffer, Zitrone
Crème fraîche
als Garnitur essbare Blüten wie Ringelblumen, Gänseblümchen, Malven, Salbeiblüten, Dost
150 g Lachsforellenfilet
150 g Sahne
Salz, Pfeffer
frische Wild- und Gartenkräuter wie Spitzwegerich, Löwenzahn, Wiesenknöterich, Ringelblumen, Giersch

Zubereitung

Die Brennnesselspitzen kurz blanchieren und den Fond beiseite stellen. Schalotten mit Butter andünsten, geschälte, gewürfelte Kartoffel dazugeben. Mit Weißwein ablöschen und mit Brühe und Brennnesselfond aufgießen. Alles zusammen köcheln, bis die Kartoffelwürfel gar sind. Anschließend die blanchierten Brennnesseln zugeben und pürieren. Sahne zugießen, kurz aufkochen, mit Pfeffer, Salz, Crème fraîche und etwas Zitrone abschmecken.

Für die Lachsforellennockerln das Lachsforellenfilet pürieren, mit Sahne und Kräutern zu einer Farce verrühren, abschmecken, kleine Nockerln abstechen und in Salzwasser gar ziehen lassen.

OBERSTAUFEN: VITAL-ORT AM FUSSE DES HOCHGRAT

Oberstaufen Tourismus
Marketing GmbH

Hugo-von-Königsegg-Straße 8
D-87534 Oberstaufen

Telefon 00 49 (0) 83 86 / 93 00-0
Telefax 00 49 (0) 83 86 / 93 00-20
www.oberstaufen.de

Auf halben Weg zwischen Schloss Neuschwanstein und Bodensee, im Dreiländereck östlich des Bodensees, im spannungsreichen Kontrast zwischen Mittelgebirge und alpinem Gelände breitet sich die vielgestaltige Region Oberstaufen am Fuße des Hochgrat aus. Dieser mit 1834 Meter einzige alpine Hausberg erlaubt an klaren Tagen einen weiten Rundblick über die Allgäuer Alpen im Süden, die Schweizer Alpen im Südwesten und in die flache bayerische Voralpenregion im Norden. Von den Sonnenterrassen an den Bergstationen schweift der Blick über die vielen kleinen und heimeligen Dörfer, die zum Markt Oberstaufen gehören. Der Ortsteil Steibis verfügt über das größte zusammenhängende Alpgebiet Bayerns.

In einer Beurkundung des Klosters St. Gallen wurde der Ort Stoufun 868 n. Chr. erstmals erwähnt, 1806 erfolgte der Anschluss Staufens an das Königreich Bayern. Im 19. Jahrhundert dann wurde die ehemalige Herrschaft Staufen, die aus drei Pfarreien und einem Benefiziat bestanden hatte, in vier politische Gemeinden gegliedert: Staufen, Aach, Stiefenhofen und Thalkirchdorf, die im wesentlichen die heutigen Ortsteile von Oberstaufen ausmachen.

Das Wahrzeichen der Gemeinde ist die Pfarrkirche St. Peter und Paul mit ihrem mächtigen Doppelportal und dem Klang der fünf Glocken. Der Kirchturm stammt aus dem 14. Jahrhundert und ist damit das älteste Bauwerk des Ortes. Sehenswert ist auch das Heimatmuseum in einem 1788 erbauten ehemaligen Holz-Bauernhaus, das zusammen mit dem verschindelten Blockbau einer seit 1540 ansässigen Familie einen reizvollen Kontrast bildet zu den zahlreichen schönen Villen der Gemeinde.

Das einzige Schroth-Heilbad Deutschlands wurde durch das Naturheilverfahren nach Johann Schroth weithin bekannt. Die von Johann Schroth 1829 begründete Kur soll den Körper aktivieren, sich selbst zu entgiften und verspricht Heilung und Linderung bei zahlreichen Zivilisationskrankheiten. Seit über 50 Jahren kommen Gäste aus aller Welt zum „Schrothen“ an den Alpenrand. Als führender WellVital-Ort Bayerns bietet Oberstaufen zusätzlich ein umfangreiches fernöstliches und alpenländisches Wellness-Angebot.

In Frühjahr, Sommer und Herbst steht für Spaziergänger und Wanderer ein 300 Kilometer langes Wegenetz zur Verfügung; Biker haben reichlich Auswahl an Touren, auch zu den 160 Alpen rund um Oberstaufen. Im Nordic Walking Park Oberstaufen sind zwölf Routen mit insgesamt 90 Kilometern attraktiv ausgezeichnet. Freunde des Golfsports dürfen sich an den abwechslungsreichen Herausforderungen der drei 18-Loch-Golfplätze in Steibis, Riefensberg und Buflings messen.

Der Winter bietet unvergessliche Erlebnisse bei Schneeschuh-Trekkingtouren, Fackelwanderungen und Pferdeschlittenfahrten. Schneegeräumte Winterwanderwege bieten Raum für stundenlange weiß-romantische Spaziergänge. Zahlreiche Lifte und Seilbahnen erschließen Höhenwanderwege, Höhenloipen und die gut präparierten Skipisten.

Sein traditionelles Flair gewinnt Oberstaufen durch das gelebte Brauchtum der Region, das durch das ganze Jahr hindurch die Allgäuer und ihre Gäste zum gemeinsamen Feiern einlädt. Ein historischer Festtag von besonderer Bedeutung ist der Fasnatziestag; seit der Ort

1635 von der Pest heimgesucht wurde, reinigt der „Butz" immer am Fasnachtsdienstag die Festteilnehmer und die Hauseingänge symbolisch mit seinem Besen. Doch eines der beeindruckendsten und größten Ereignisse des Jahres ist und bleibt der Viehscheid im September. Wenn die Hirten mit ihren Herden von den Hochalpen ins Tal zurückkommen, sammeln sich mehr als 1000 Kühe, Rinder und Schumpen, wie das Jungvieh genannt wird, im Tal. Und wenn die Leitkühe der Herde als blumengeschmückte Kranzrinder daherkommen, dann tragen sie für die Bauern und Sennen das schönste Zeichen eines guten Bergsommers zu Tale. Es besagt nämlich, dass alle – Tier und Mensch – heil geblieben sind!

RESTAURANT AMBIENTE

Wie eine mediterrane Enklave mutet das ruhig gelegene Restaurant Ambiente in Oberstaufen an. Vor dem Fenster sind die grünen Hügel der Oberallgäuer Voralpenlandschaft aufgereiht, drinnen lädt die elegante Atmosphäre zum anspruchsvollen Tafeln ein.
In der offenen Showküche steht seit etwa einem Jahrzehnt der gebürtige Allgäuer Richard Zwick, der zuvor in verschiedenen gehobenen Restaurants des deutschsprachigen Europas Erfahrungen sammelte. Dabei stand ihm stets der eine, große Wunsch vor Augen: Koch zu sein im eigenen Restaurant. Mit dem Ambiente hat er, gemeinsam mit seiner Frau Karin, seinen Kindheitstraum mit viel Liebe zum Detail wahr gemacht.
Großzügig empfängt das Ambiente seine Gäste. 50 Plätze bietet das mit hochwertigen Materialien liebevoll ausgestattete Restaurant; auf der Terrasse laden weitere 40 Plätze zu außergewöhnlichen Genüssen ein. Bei mildem Wetter werden die Seitenwände aufgeschoben, um die Sonne hineinzulassen. Ein plätschernder Brunnen entspannt die Gemüter und macht sie aufnahmebereit für eine kulinarische Exkursion der gehobenen Klasse. Das Erfolgsrezept des Ambiente ist ebenso einfach wie anspruchsvoll: Zubereitet wird ausschließlich à la minute und alles, was auf den Teller kommt, ist selbst gemacht, selbst der Holundersirup, der das Dessert veredelt. Zur Philosophie des Küchenchefs gehört auch ein ausgeprägtes Gesundheitsbewusstsein. Das Ziel seiner Kochkunst ist das Bauchgefühl des Gastes: Satt soll es sein, dabei aber wohlig frisch und leicht.
Leidenschaftlich kümmert sich Richard Zwick selbst um den Einkauf und sorgt für frische regionale Produkte in der Küche; Kräuter kommen aus dem eigenen Kräutergarten. Die Speisekarte geht mit den Jahreszeiten. Fisch hat im Ambiente immer Saison; Fischsuppe mit Safranfäden, Scampi, Zander, Flusskrebsschwänze, Garnelen und Jakobsmuscheln – veredelt mit Kokos oder Safran, Chili oder Pfifferlingen an Speck – umschmeicheln die Geschmacksknospen. Zarte Kalbskoteletts und die besten Stücke von Lamm und Rind, alles kontrollierte Spitzenprodukte aus dem Allgäu, sind Fleisch gewordene Versuchung. Wer den Reichtum der Abwechslung sucht, erfreut sich an den einfallsreichen Menüs als Streifzug durch die Kulinarien des Küchenchefs. Die Entstehung seiner Kreationen ist ein offenes Geheimnis: Gäste sind jederzeit in der offenen Küche willkommen, zum Zuschauen und Plauschen.
Der Blick in den Weinkeller gefällt. 30 handverlesene Weine – 15 weiß, 15 rot – bieten für jeden Geschmack und zu jeder Kreation den rechten Gaumenkitzel. Die Palette reicht von jung und leicht bis Barolo, von deutsch bis international.
Die gleich bleibend hohe Bereitschaft zur Leistung und zur Qualität erfordert viel Kraft, auch oder gerade weil sie in der Liebe zum Beruf wurzelt. Auftanken kann Richard Zwick am besten beim Sport, am liebsten jeden Tag und an der frischen Luft. Sich zur Ruhe zu setzen ist für die Zwicks kein Thema. Und so werden Gäste auch in ein paar Jahren bei der Frage nach besonderen Empfehlungen die Antwort bekommen: „Ich kann Ihnen gerne die ganze Speisekarte vorlesen".

Restaurant Ambiente
Inhaber: Richard Zwick

Kalzhoferstraße 22
D-87534 Oberstaufen

Telefon 00 49 (0) 83 86 / 74 78
Telefax 00 49 (0) 83 86 / 93 92 39
www.ambiente-oberstaufen.de

Ruhetag: Montag

Roulade von der Seezunge mit Jakobsmuscheln und Gemüsenüdelchen an Hummerschaum

Zutaten

4 Seezungenfilets
4 Riesengarnelen
4 Jakobsmuscheln
200 g hausgemachte, dünne Bandnudeln
100 g Karotten und Zucchini, in Streifen geschnitten
1 Zucchini
150 ml Hummerfond
100 ml Weißwein
1 Schalotte
Salz, weißer Pfeffer
1 Lorbeerblatt
Cognac, weißer Portwein
120 ml Schlagsahne
Mehl, Butter
getrüffelte Butter

Zubereitung

Seezungenfilets mit jeweils 1 Riesengarnele zu Rouladen rollen, mit klein gewürfelter Schalotte, Lorbeerblatt sowie etwas Salz und Pfeffer im Weißwein langsam pochieren.
Von der ganzen Zucchini längs 4 dünne Scheiben schneiden, in Salzwasser blanchieren, abkühlen und beiseite stellen. Vor dem Anrichten kurz erhitzen.
Rouladen warm halten. Sud abseihen, mit Hummerfond einreduzieren, mit etwas Cognac und weißem Portwein abschmecken, zum Schluss die Sahne unterziehen.
Jakobsmuscheln mit Salz und Pfeffer würzen, leicht mehlieren, in Butter zart braten, mit Trüffelbutter glasieren.
Die Rouladen auf Tellern anrichten, Bandnudeln mit Gemüse in Butter anschwenken und mit der Gabel zu einem Nest drehen, neben die Rouladen setzen. Jakobsmuscheln in je eine langen Zucchinischeibe gewickelt auf den Teller geben, dann die Rouladen mit dem Hummerschaum nappieren.

CAFÉ BLAUES HAUS

Gut 100 Jahre lang stand ein kleines Haus im schönsten Allgäuer Jugendstil in einem ruhigen Winkel hinter dem Rathaus von Oberstaufen. Zusehends verblühte seine Schönheit, immer stiller wurde es um das Haus, bis eines glücklichen Tages 1998 die Allgäuerin Helen Strömberg und ihr norwegischer Ehemann sich in das versteckte Juwel verliebten und fast zwei Jahres ihres Lebens – tatkräftig unterstützt von ihren Kindern Fabian, Linn und Siri – damit verbrachten, alte Holzböden unter unzähligen Schichten von Linoleum freizulegen, alte Farbschichten von Wänden zu waschen und sich bis zum Originalputz durchzuarbeiten.

Klammheimlich gesellte sich während der Umbauarbeiten Helen Strömbergs Leidenschaft für Innenausstattung und Dekoration hinzu, die sie als vierte Generation im benachbarten Damenmodegeschäft Hagspiel kaum ausleben konnte.

Die Farbe Blau bahnte sich damals schon unzählige Wege ins Haus, verbrachten die Restaurateure ihre Freizeit doch am liebsten im blauen Skandinavien. Und an allen übrigen Tagen wurde das Blaue Haus zu ihrer neuen Heimat. Doch der Fluss der Zeit brachte berufliche Veränderungen für die Strömbergs und spülte bei Helens Bruder Marc Hertlein einen alten Lebenstraum wieder nach oben. Kochen und Gäste bewirten als Beruf, könnte dies doch möglich sein? Und so entstand die Idee, das Blaue Haus einem erneuten Verwandlungsprozess zu öffnen und ein eigenes Café einzurichten.

Als das Blaue Haus fertig war, hatten sich gemütliche Kaffeehaus-Atmosphäre und nordische Wohnkultur miteinander verschmolzen. Überall im Haus konnte man sich an den Tischen zum Essen und Trinken niederlassen, und rundherum waren skandinavische Accessoires und Möbel hinzugekommen, die zum Kaufen oder einfach zum Bewundern einluden. Ganz leise eröffneten sie 2005 dann ihr neues Blaues Haus und vertrauten dabei einzig auf die Mund-zu-Mund-Propaganda: Was gut ist, spricht sich herum.

Und wie! Die von Helen Strömberg und Marc Hertlein gelebte Gastfreundschaft trifft einen Nerv. Unversehens sind sie zum zweiten Wohnzimmer der Oberstaufener geworden, für den Kaffeeklatsch mit und ohne Verwandtschaft, zum Bummeln oder Seele baumeln lassen. Hier ist die heile Welt zu Hause und jeder darf tun, was er gerade mag: durch das Haus streifen zum Gucken und Genießen, sich an einen der vielen Tische gesellen oder ein Geschenk besorgen.

Fügung, da sind alle überzeugt, brachte die erfahrene Köchin Helga Scharinger zur rechten Zeit in den Dunstkreis der beiden Betreiber. Von ihren hausgebackenen Kuchen und Torten bleibt kein Krümel übrig. Eierlikörsahne mit Schattenmorellen und purem Nussboden, Käsekuchen mit Mandarinen, Marzipan-Kirschkuchen mit karamellisierten Mandeln, Zupfkuchen mit Kakao, Birnen und Quark, Prosecco-Joghurttorte mit Pfirsich- oder Himbeermarkspiegel, eine schöner als die andere.

Die auserwählte Kaffeesorte ist das Ergebnis einer langen Testreihe mit demokratischer Gästebefragung. Allein der Espresso-Kaffee von Aran hat alle überzeugt. Eine köstliche Ergänzung dazu sind Schokoladen mit Chili, marokkanischer Orange, Zimt, Ingwer und Vanille. In flüssiger Form und ausschließlich

Café Blaues Haus
Inhaber: Marc Hertlein

Freibadweg 2
D-87534 Oberstaufen

Telefon 00 49 (0) 83 86 / 44 76
www.blaueshaus-oberstaufen.de

mit Milch zubereitet gibt es richtige Trinkschokolade. Tee wird zelebriert im Blauen Haus. Beim Tea for One wird die Tasse vor dem Eingießen vorgewärmt. Die Auswahl der exklusiv gemischten Tees reicht von edlem Darjeeling über aromatische Minze bis zum indischen Chai mit Zimt und Kardamom.

Nach italienischem Vorbild wird zu jedem Getränk ein kostenfreies Glas Wasser gereicht.

Für den kleinen Hunger bietet eine täglich wechselnde kleine Speisekarte Regionales und Exotisches, immer frisch in der eigenen Küche zubereitet. Küchenchef ist selbstverständlich Marc Hertlein, der Paprika-Ingwer Suppe, Krautkrapfen, italienische Lasagne und bayerischen Wurstsalat zaubert. Als besonderes Schmankerl stehen für überzeugte Brotgenießer Töpfchen mit selbstgemachten Aufstrichen wie Frischkäse, Wild-Curry und Krabbensalat bereit.

Die Selbstbedienungstheke ist Philosophie; wer ein volles Tablett hat, darf sich überall hinsetzen, und wer sitzt, darf auch mitreden. Manch einer kommt sogar extra her, weil so leicht Anschluss zu finden ist. Und für die ruhigeren Momente liegen überall offene Bildbände zum Blättern und Schmökern aus, deren folienverpackte Brüder und Schwestern zum Verkauf stehen.

In Wintergarten, Rauchersalon und Stube gibt es insgesamt 60 Essplätze; jeder Raum hat seinen Stil und seine eigene Dekoration, vorwiegend skandinavische Möbel, Textilien, Wohnaccessoires wie Bilderrahmen und Spiegel, Geschenke, saisonale Dekoration, Geschirr, Glas und Bücher. Fast jeden Tag wird umdekoriert, es gibt immer etwas Neues zu entdecken. Die Gäste legen die gebührende Behutsamkeit an den Tag, sie schätzen, dass sie überall hin dürfen. Im grünen Garten und auf der Terrasse sitzt es sich sehr romantisch;

um das Gartenhaus aus dem 19. Jahrhundert reihen sich Sitzinseln, die auf schmalen angelegten Wegen erreicht werden. Alles andere ist naturbelassen mit Blumen und Obstbäumen. Die Anordnung der Tische ist sehr intim, keiner kann beim anderen mithören. Die Ruhe, die hier herrscht, ist auch bezeichnend für das Blaue Haus. Selbst wenn viele Menschen da sind, breitet sich heilsame Stille in allen Zwischenräumen aus.
Und das Schönste: Es ist ein Gute-Laune-Haus, keiner kann hier lange ein trübes Gesicht machen. Lachen ist willkommen! Für das gesamte Team besteht jeder Tag aus Dutzenden netter Begegnungen; das Gästebuch ist Zeuge der Freude daran und ein Schatz an Kreativität.
Ein steter Besucherstrom, selbst aus dem 200 Kilometer entfernten Basel, genießt – und kommt wieder. Das Haus und seine alten Materialien vertragen viel, doch zweimal im Jahr wird gründlich renoviert. Eine gute Gelegenheit innezuhalten, kurze Auszeiten auch für das ganze Team zu nehmen und jede Menge neue Ideen umzusetzen – für dessen stets frische Maxime der gelebten Gastfreundschaft!

Rote Paprikasuppe mit Zitronengras

Zutaten

8 Zitronengrasstängel
2 Schalotten
1 Knoblauchzehe
3 cm Ingwerwurzel
1 Chili ohne Samen
6 rote Paprikaschoten
100 g Butter
500 ml Kokosmilch
250 ml Weißwein
500 ml Geflügel- oder Rinderbrühe
250 ml Sahne

Zubereitung

Schalotten würfen und zusammen mit der Knoblauchzehe in der Butter glasig anschwitzen. Paprika entkernen und grob würfeln, Zitronengras in Ringe schneiden und alles zusammen mit dem zerkleinerten Ingwer und dem Chili zu den Schalotten geben. Kurz anbraten, dann mit Weißwein ablöschen. Brühe und Kokosmilch angießen und alles köcheln lassen, bis es weich ist. Dann mit dem Mixer fein pürieren und durch ein Sieb passieren. Die Suppe nochmals mit der Sahne aufkochen und abschmecken. Als Einlage eignen sich Fischfilets, Garnelen, Scampi oder Flusskrebse.

WIRTSHAUS ZUM LUSTIGEN HIRSCH

Wirtshaus zum lustigen Hirsch
Inhaber: Michael Ruepp

Akams 3
D-87590 Immenstadt

Telefon 00 49 (0) 83 23 / 49 15
Telefax 00 49 (0) 83 23 / 98 71 68
www.lustiger-hirsch.de

Ruhetag: Dienstag (außer in den Ferien)

Blau breitet sich der Naturgarten des Oberallgäus aus, da sind die Vorberge und die Granitbastion der Allgäuer Berge, der segelbootbetupfte Alpsee, der weite Himmel. Und gegenüber der Akamser Kirche wartet ein Schatzkästchen des Brauchtums auf seine Entdeckung, das Wirtshaus zum lustigen Hirsch. Seit dem 15. Jahrhundert stehen Tür und Tor den Einheimischen und Reisenden für Speis' und Trank offen.

Der Inhaber Michael Ruepp, gelernter Restaurantfachmann, ist seiner Heimat Akams tief verbunden; die beruflichen Unternehmungen konzentrierten sich im Umfeld. In der Schweiz und auf der renommierten Sonnenalp holte er sich den letzten Schliff, bevor er die Führung eines Brauereigasthofes übernahm. Als der lustige Hirsch zum Verkauf stand, ergriff er die Gelegenheit beim Schopf und kehrte zurück.

Ein besonderes Auge für Schönheit hat Annette Ruepp. Eigenhändig inszeniert sie Kunst und Krempel aus dem gesamten Alpenraum zu einem unverwechselbaren Ambiente, führt das Büro, kocht Marmelade aus selbst gesammelten Beeren ein und setzt begehrte Schnäpse an. Das Wirtshaus zum lustigen Hirsch gehört zu den ausgezeichneten LandZunge-Gaststätten; diese Dachmarke steht für beste Qualität aus der Region. Rind und Kalb kommen von den umliegenden Landwirten, Wild stammt aus den Allgäuer Jagdgebieten. Der Tisch ist immer reich gedeckt mit besten Hirsch- und Rehspezialitäten. Uneingeschränkter Lokalmatador ist der „Scharfe Hirsch" – Hirschrückensteak im Pfeffermantel mit Chilisoße und Mohnschupfnudeln; hausgemachte Wildsalami, Wildschinken oder Landjäger duften derweil verlockend. Donnerstag ist Kässpätzletag, da wird auf dem urigen Herd in der Gaststube gekocht, gewürzt mit Live-Musik. Auch bei vollem Haus mit weit über 100 großen und kleinen Gästen wird Freundlichkeit im Service ganz groß geschrieben, übrigens mit ausschließlich hiesigen Kräften.

Ein Ableger des lustigen Hirsch ist die Höfle-Alpe beim Bergbauernmuseum. Wer nach dem Schlemmen den Bauch auf die schönstmögliche Weise bewegen mag, der macht sich auf zum Höhenspaziergang mit Aussicht auf unvergleichliche Berge, tiefbraunen Kaffee und selbstgebackenen Kuchen. Frische Luft und ein prachtvoller Blick ohne Leibesertüchtigung ist gleich auf der Terrasse vor dem lustigen Hirsch zu haben; wahlweise lässt sich in einem der sechs Zimmer oder in der Ferienwohnung

auch ein gemütliches Nachmittagsschläfchen halten, während der Nachwuchs sich auf dem Spielplatz austobt.
Die schönste Auszeichnung für Michael und Annette Ruepp sind zufriedene Gäste, die gerne wiederkommen. Da haben sie gute Aussichten, immerhin ist ihnen schon das quasi historische Meisterstück gelungen, am ersten Sonntag im Mai einen Maibaum nach alter Tradition in Akams aufzustellen, mit einem Fest, an dem Jung und Alt gleichermaßen Spaß hatten!

Scharfer Hirsch

Zutaten
800 g Hirschrücken, ausgelöst

Beilage
400 g Kartoffeln
120 g Mehl
1 Eigelb
Salz, Muskat
60 g Semmelbrösel

Soße
1/2 l Wildfond
1/4 l Sahne
frische Chilischoten
Salz, Pfeffer
Soßenbinder

Zubereitung
Kartoffeln kochen, schälen, heiß durch die Kartoffelpresse drücken und etwas abkühlen lassen. Die Kartoffelmasse mit Mehl, Gewürzen und Eigelb rasch zu einem Teig verkneten und diesen sofort aufarbeiten, da er sonst weich wird. Den Teig mit Hilfe von Mehl zu einer Rolle formen, in kleine Stücke schneiden und diese zu fingerlangen Nudeln formen. Dabei die Hand, die Nudeln und die Arbeitsplatte immer wieder mit etwas Mehl bestäuben.
Die Fingernudeln in siedendes Salzwasser legen, etwa 5 Minuten ziehen lassen, herausnehmen und abtropfen lassen. Die Nudeln nun in geklärter, heißer Butter leicht anrösten, mit Bröseln bestreuen und nochmals leicht anrösten.
Hirschrücken in Medaillons von je 60 Gramm schneiden. Die Seiten der Medaillons durch bunten, geschroteten Pfeffer rollen, danach anbraten.
Wildfond und Sahne aufkochen, mit fein gehacktem Chili, Salz und Pfeffer abschmecken. Die Soße mit Soßenbinder leicht binden.
Den Hirschrücken mit den Nudeln und der Soße auf einem Teller anrichten, mit Preiselbeeren und Rosmarinzweigen garnieren.

ADLERBRAUEREI RETTENBERG

Adlerbrauerei Rettenberg
Inhaber: Herbert Zötler

Grüntenstraße 2
D-87549 Rettenberg/Allgäu

Telefon 00 49 (0) 83 27 / 92 10
Telefax 00 49 (0) 83 27 / 74 87
www.zoetler.de

Führungen: Dienstag, Mittwoch und Donnerstag, für Gruppen ab 12 Personen nach Absprache.

Am Fuße des 1738 Meter hohen Grünten, dem Wächterberg des Allgäus, liegt im idyllischen Rettenberg das älteste bestehende Familienunternehmen Deutschlands, die Adlerbrauerei Rettenberg.

Das Wappentier der Brauerei, der Adler, steht für Ausdauer, Ruhe und Freiheitsliebe, gerade so wie der Allgäuer selbst. Mit diesen Eigenschaften hat die Brauerei mehr als ein halbes Jahrtausend überdauert und wird heute in der 20. Generation geführt! Das Jahr 1447 belegt die Gründungsurkunde als den Beginn einer ereignisreichen Reise durch harte Zeiten; handwerkliches Können, weitsichtige Entscheidungen und manch wunderbare Wende des Schicksals vermochten die Brauerei für die Nachkommen zu erhalten. Oft spielten dabei Frauen eine wesentliche Rolle, zuletzt die Großmutter Maria des heutigen Inhabers, die den Betrieb als Witwe umsichtig durch die Wirren des letzten Weltkrieges steuerte.

Inzwischen liegt die Führung in den Händen ihres Enkels Herbert, der von seiner Schwester Michaela und deren Ehemann Georg Mül-

ler unterstützt wird. Mit vereinten Kräften produzieren sie ihre hochwertigen Allgäuer Bierspezialitäten aus quellfrischem Rettenberger Wasser und Hopfen und Malz aus ortsnahen Landwirtschaften. Die Bierhefen aus eigener Zucht werden nach jedem Brauvorgang erneuert, keine Selbstverständlichkeit im Brauereigewerbe. Kurze Lieferwege mit eigener Fahrzeugflotte zum Verbraucher machen eine Konservierung unnötig; frisch und unverfälscht schäumt das Bier dann aus Fass und Flasche.

Die Palette der Zötler Biere ist mit den Menschen im Allgäu gewachsen. Das vollmundige Zötler Gold schmeckt nach einer fünfwöchigen Reifungszeit besonders bekömmlich. Ein Bayerisch Hell, süffig und leicht, ein zart-bitteres Pils und ein unter Kennerkreisen als verblüffend fein-aromatisch beschriebenes Weizen, auch das ist Zötler. Und seit über 500 Jahren wird das Korbinian Dunkel gebraut, das nach einem wohl gehüteten Rezept zur besonders bekömmlichen Spezialität heranreift.

Die Vitalität und Lebensfreude der Allgäuer spiegelt sich in zahlreichen Festivitäten. Gefeiert wird gern und viel, markant im Jahreskreis sind das Starkbierfest im Frühjahr und die Viehscheide im Herbst.

In vielen Sitten und Gebräuchen des Allgäus schwingt heute noch der keltische Ursprung

nach, genährt von der Sonne, behütet vom Nachthimmel und seinen Gestirnen. Allmonatlich, wenn der Mond seine volle Kraft entfaltet und das Land in sein geheimnisvolles Licht taucht, werden in der Brauerei Zötler, wie die Adlerbrauerei heute im Volksmund genannt wird, die Sudkessel für das spezielle Vollmondbier angefeuert und gleichzeitig zu einem rauschenden Fest geladen. Bernsteinfarben schimmert das Bier und verzaubert Menschen von nah und fern mit seiner Magie. Für alle Bier- und Brauinteressierten hat die Brauerei ein großzügig gestaltetes Besucherzentrum eingerichtet; die Führungen mit Bier-Verkostung werden rege in Anspruch genommen. Die Zötler Gastro Akademie bietet Allgäuer Hoteliers und Gastronomen, aber auch Köchen und Servicemitarbeitern vielseitige Fortbildungsmöglichkeiten.

Zu Recht stolz ist die Brauerei darauf, dass sie als erster deutscher Betrieb 1995 mit dem europäischen Umweltsiegel EMAS ausgezeichnet wurde. Und alle zwei Jahre schreibt der Brauereichef einen Allgäuer Umweltpreis aus, für den sich Betriebe, Vereine und Privatpersonen gleichermaßen bewerben können.

Der Erhalt des Allgäus ist den Zötlers ein leidenschaftliches Anliegen. Reich hat das Leben Herbert Zötler beschenkt, mit seiner Frau Barbara, den zwei Kindern Sophie und Niklas Herbert und einer traditionsreichen Brauerei. Im Weiterschenken dieses lebendigen Reichtums an das Land und seine Menschen kann die Einzigartigkeit des Allgäus auch für weitere Generationen bewahrt werden.

RESTAURANT MAREND

Restaurant Marend
Besitzer: Alexander Müller

Richard-Wagner-Straße 18
D-87527 Sonthofen

Telefon 00 49 (0) 83 21 / 78 89 99
Telefax 00 49 (0) 83 21 / 78 04 60
www.restaurant-marend.de

Ruhetage: Sonntag und Montag

Marend ist das alte allemanische Wort für Brotzeit. Sich Zeit nehmen, vom Kopf auf die Sinne umschalten und mit einem guten Stück dunklen Brotes und frischer Butter darauf einfach schmecken!
Das Restaurant Marend im Herzen von Sonthofen ist die schönste Steigerung, die zu einer Brotzeit vorstellbar ist, Marendissimo gewissermaßen. Küchenchef Alexander Müller betrachtet sein Handwerk so wie der Großvater, Schuhmachermeister und Mundartdichter, einst seine Maßschuhe betrachtete: Unprätenziös, fein und geschmackvoll soll es sein. Im entspannten Ambiente des Marend dürfen seine Gäste das Ergebnis dieses anspruchsvollen Konzeptes genießen.
Der gebürtige Oberstdorfer kochte sich auf seinem Weg durch Häuser mit klangvollen Namen. Nach der Lehrzeit im Hotel Exquisit in Oberstdorf waren weitere Stationen das Sonnenalp-Restaurant Silberdistel in Ofterschwang, das Hotel Excelsior in Arosa, das Landhaus Hubli-Alder in Davos, das Villino in Lindau sowie die Hotels Albergo Losone und Asco Lago in Ascona am Lago Maggiore. Eine Saison als Gourmetkoch auf einer privaten Segelyacht im Mittelmeer gab den letzten Schliff in feiner Küchenarbeit selbst unter schwierigsten Bedingungen. Doch irgendwann kam mit Macht die Sehnsucht nach dem Allgäu – und das eigene Restaurant Marend, wo er seit 2004 seine Philosophie einer exzellenten Küche verwirklicht. Dies wurde bald von den wichtigen Gastro-Führern entdeckt und mit Wertungen von 1 1/2 Feinschmeckerpunkten vom renommierten Feinschmecker bis 6 1/2 Gusto-Pfannen vom Restaurantführer Gusto bedacht.
In der Küche werden nur frische Zutaten verarbeitet, wenn möglich aus der heimischen Region; alles wird selbstgemacht, auch Brot, Teigwaren und Eis. Auf der wandlungsfähigen Karte findet sich das Carpaccio vom Rind mit schwarzen Trüffeln neben gebackenem Ochsenschwanzragout auf Belugalinsen; rosa Thunfisch im Brickteigmantel mit Wasabi konkurriert mit Crepinette vom Kalbsfilet und Taubenbrust mit Portweinschalotten. Beständiger Spitzenreiter sind Alexander Müllers Variationen von der Gänseleber und seine

liebevoll arrangierten Menüs, deren Angebot vom regional inspirierten Marend-Menü über das asiatische bis zum international gefärbten Degustations-Menü reicht.
Auch Desserts sind für den gelernten Patissier Alexander Müller Chefsache und für den Gast eine süße Qual der Wahl zwischen karamellisierter Passionsfruchttarte mit Salat von Zitrusfrüchten und Zitroneneis, Törtchen von Schokolade und Mango mit Glühweinspitzen oder lauwarmem Mohnkuchen mit Vanilleschaum und Quitteneis.
Das Team des Marend ist elementarer Bestandteil des erfolgreichen Konzeptes und für den Küchenchef genauso wichtig wie das Kochen selbst. Seine Frau Claudia hilft vor allem bei kaufmännischen Inhalten; alle anderen, Kathleen und Marion, die beiden Service-Kräfte, und Sous-Chef Björn meistern sämtliche Tätigkeiten zwischen Küche und Tisch, stets wohlgestimmt für ihre Gäste, die, oft von weither angereist, eines der herausragendsten kulinarischen Erlebnisse im Oberallgäu entspannt erleben – und ihre Marend-Zeit genießen!

Walnusskrokantparfait mit Dörrzwetschgenschaum

Zutaten

Dörrzwetschgenschaum

150 g Dörrzwetschgen
750 ml Wasser
150 g Zucker
je 1 Stück Zimtstange, Vanille und Sternanis
2 1/2 Blatt Gelatine
5 cl alter Balsamico

Walnusskrokantparfait

3 Eier
500 ml Sahne
200 g Zucker
100 g Walnüsse
1 Blatt Gelatine
4 cl Noccino

Zubereitung

Für den Dörrzwetschgenschaum Wasser mit Gewürzen und Zucker aufkochen, Zwetschgen beigeben und 24 Stunden ziehen lassen. 3 Zwetschgen mit 200 ml Fond pürieren und passieren. Balsamico und aufgelöste Gelatine beigeben, den Schaum 2 Stunden kalt stellen. Die Masse aufrühren und in den Sahnebläser abfüllen, unter Druck setzen und 1 Stunde kalt stellen.
Für das Parfait die Hälfte des Zuckers karamellisieren, Walnüsse beigeben und untermischen, die Masse auf ein Backpapier geben und auskühlen lassen.
Die Eier mit dem restlichen Zucker auf dem Wasserbad aufschlagen. In der Küchenmaschine kalt schlagen. Gelatine mit Noccino auflösen und unter die Ei-Zuckermasse rühren. Das abgekühlte Walnusskrokant klein hacken und zugeben. Rahm halbfest schlagen, unterheben und die Masse in eine Form füllen. Das Parfait sollte 4 Stunden durchfrieren.

HOTEL LANIG

Hotel Lanig Resort & Spa
Inhaber: Peter Lanig

Ornachstraße 11
D-87541 Oberjoch

Telefon 00 49 (0) 83 24 / 7 08-0
Telefax 00 49 (0) 83 24 / 7 08-2 00
www.hotel-lanig.de

Mehr als 30 Millionen Jahre Schöpfungskraft stecken in der Landschaft rund um das Oberallgäuer Örtchen Oberjoch. Das Feuer der Sonne, das kristallklare Bergwasser, die reine Luft und die felsentiefe Kraft der Erde haben eine Landschaft von urgewaltiger Schönheit herausgeformt.

Erholungssuchende und Sportler werden so nah am Himmel gleichermaßen fündig. Das ganze Jahr über wirkt das Reizklima auf 1200 Metern über dem Meeresspiegel ausgleichend auf Körper und Seele; der Sommer lockt mit Ausflügen ins Umland und Wanderungen quer durch die würzigen Wiesen, hinauf in die herbe Schönheit des Steins. Der Winter berauscht mit Weiß, wilden Jagden über die Skipisten und verträumten schneeflockigen Spaziergängen.

Das Hotel Lanig Resort & Spa hat aus all diesen Elementen geschöpft und noch ein weiteres hinzugefügt, das Holz von uralten Alphütten, das – zu unzähligen Brauntönen verbrannt und ausgewaschen – sich kraftvoll mit naturgewachsenem Fluss-Granitstein und eleganten Designer-Stoffen zu einem unvergleichlichen Ambiente verbindet, das nur noch von der Sicht aus den Panorama-Fenstern übertroffen wird: Weit springt der Blick ins Tal hinunter oder fliegt hinauf zu den Bergspitzen des Iseler-Massivs.

Die großzügigen Zimmer und zweigeschossigen Stadlsuiten für insgesamt 120 Gäste laden zum anspruchsvollen Aufenthalt. Die einstige kleine Pension von Skilehrer Hannes Lanig, 1935 erbaut, ist höchstens noch in der rustikalen Note der Wohn-Landschaften zu finden, reines Understatement, das sich selbst luxuriös und genießerisch ad absurdum führt, durch beste Materialien und hervorragendes Handwerk. Nachhaltig geprägt haben das Erscheinungsbild die heutigen Eigentümer Hanspeter und Silvia Lanig, er direkter Nachfahre von Hannes Lanig und Silbermedaillen-Gewinner der Olympiade 1960, sie Journalistin und Skirennfahrerin, beide mit stilsicherem Geschmack und kompromisslosem Qualitätsbewusstsein.

Das höchste Gut, Gesundheit, ist im hoteleigenen Edelweiß Alpenspa zu finden. Auf 1200 Quadratmetern breitet sich eine Wellness-Oase aus, geprägt vom reizvollen Kontrast zwischen Naturmaterialien und maximalem Luxus. Sonne, Wolken und Berge spiegeln sich in Felsenhallenbad, Freibad, diversen Pools und Whirlpools. Gletscherwasser lässt den Atem beim ersten Schritt im Tretbe-

cken stocken, Bachwasser-Gumpen erfrischen beim mutigen Untertauchen bis in die feinste Pore und hauchen auf den ganzen Körper einen rosigen Schimmer. Wem die traditionelle finnische Stadlsauna zu heiß ist, der fühlt sich in der Sole-Felsgrotte wohl, die mit feuchter Hitze bei 50 bis 60 Grad für Haut, Atemwege und Gelenke wohltuende Wirkung entfaltet. Das Aromadampfbad lässt mit warmem Nebel und ausgewählten Düften die Welt hinter duftigen Schleiern verschwinden. Danach im warmen Entspannungsbecken mit Massagedüsen entspannen, über sich einen uralten Schindelhimmel als Dach und vor den Augen das grandiose Alpenweltpanorama – das lässt Frieden einziehen in Körper, Geist und Seele.
Die Wellness-Philosophie des Edelweiß Alpenspa ist auf den fünf Elementen Feuer, Wasser, Holz, Metall und Erde aufgebaut; die alpenspezifischen Behandlungen verbinden sich mit der klaren Bergluft und der Höhenlage zu einem ganz besonderen Elixier.
Ein wesentlicher Bestandteil des Spa-Angebotes sind Anwendungen und Produkte von Fermes de Marie, einer hochwertigen französischen Wellness-Philosophie, die ihre Heilsamkeit aus den Bergregionen schöpft. Das Herz der Methode ist Edelweißextrakt, gewonnen aus Kulturpflanzen, ein wirksames Antioxidanz, das die Pflanze in der rauen Umwelt der Hochgebirgswelt überleben lässt. In der Hautpflege schützt dieses Extrakt vor Alterungsprozessen und Reizungen. Zusammen mit der Kraft von Steinen und klarer Höhenluft ergibt sich eine naturreine Ganzheitskosmetik, die auch von Allergikern vertragen wird und in der Bol D'Air Pur-Behandlung ihren Höhepunkt findet: Von Kopf bis Fuß wird die revitalisierende Kraft der Berg-

luft und jene von heißen und kalten Natursteinen und Edelsteinen zur Körpermassage eingesetzt. Für die Gesichtspflege wird es darüber hinaus mit hoch konzentrierten Pflanzenextrakten und synergetisch wirkenden Ölen kombiniert.

Die ganze Kraft der Alpen konzentriert sich in den Rezepturen von Alpienne; wild gesammelte Gebirgspflanzen wie Enzian, Schafgarbe, Arnika, Melisse und Minze entfalten ihre wohltuende und verjüngende Wirkung im ganzen Körper und auf der Haut. Geschmeidiges Murmeltieröl dringt wärmend tief ins Gewebe und lindert mit einem hohen Anteil natürlichen Kortisons Gelenk- und Muskelschmerzen.

Versteinerungen in den Allgäuer Alpen zeugen heute noch vom Urmeer, aus dem sich die Berge erhoben haben. Mit der Thalasso-Kur ist die heilende Kraft des lebendigen Meeres zurückgekehrt. 1000 Liter Meerwasser, verdichtet in einem Kilogramm mikropulverisierter Algen, entfalten gelöst als Körperpackung oder Badewasser die darin enthaltenen Mineralien, Spurenelemente und Vitamine für ihre stoffwechselanregende Wirkung. Der Rolls Royce unter den Badewannen, die Hydroxeurwanne mit 255 Düsen sprudeliger Kraft, steht für Massagebäder bereit, ergänzt durch Jetstrahl-Duschen mit warmem Quellwasser, deren Tiefenwirkung das Gewebe von innen her aufbaut und strafft. Ganzkörperpackungen, ob rosa Tonerde für babyzarte Haut oder Chardonnay-Trester mit der Fruchtsäure von Weintrauben für ein sanftes Peeling, werden auf der Softpackliege verabreicht, einem wohltemperierten Wasserbett, auf dem sich ein Gefühl wie im freien Flug einstellt.

Ob Individualtherapie oder Paket-Angebot – bei allen Anwendungen sind umsichtige und bestens geschulte Therapeuten beständig an der Seite des Erholungssuchenden. Erfrischt, entschlackt und in sich ruhend darf sich der Gast auf einen genussreichen Abend im Restaurant des Hotel Lanig freuen.

Der Sohn des Hauses, Peter Lanig, hat in der ältesten Hotelfachschule der Welt, der berühmten École Hotellerie Lausanne, seinen Abschluss gemacht und danach im Olivella au Lac bei Dario Ranzo das Kochen von der Pike auf gelernt. Er ist Hotelier mit allen Fasern seines Seins, und gleichzeitig der Küche und dem ausgezeichneten Essen eng verbunden. Qualitätsbesessen und mit Liebe zum Detail plant er gemeinsam mit seinem ambitionierten Küchenteam die Kreationen für die Gäste. Täglich bespricht er das Angebot an frischen einheimischen Produkten, die Gewürze und Aromen dafür und die individuelle Zubereitung. Der Gast darf das Ergebnis dieses En-

Lammrücken mit Kräutern im Heubett

Zutaten

1 kg Lammrücken am Stück oder 2 Lammrücken mit 6–8 Knochen
frisch getrocknetes Heu
2 dl Rinderbrühe
2 dl Kalbsjus
Salz, Pfeffer
2 Knoblauchzehen, fein gehackt
1 TL Lavendelblüten, gehackt
1 EL Thymianblätter, gehackt
1 EL Majoran, gehackt
2 EL Olivenöl

Zubereitung

Den Lammrücken mit Olivenöl und der Hälfte der Gewürze 24 Stunden marinieren. Den Bräter mit dem Heu auslegen und restliche Gewürze darauf verstreuen. Mit der Rinderbrühe aufgießen und erhitzen. Den Lammrücken mit Pfeffer, Salz und Thymian würzen und von beiden Seiten in heißem Olivenöl anbraten. Auf das Heu im Bräter legen und zugedeckt etwa 20 Minuten im vorgeheizten Ofen bei 220 °C garen, dann aus dem Ofen nehmen und 15 Minuten ruhen lassen.

gagements abends auf den kunstvoll angerichteten Tellern aus erlesenem Porzellan genießen, als Gourmet-Menü mit sechs oder sieben Gängen. Auch der Wein dazu ist Chefsache, höchstpersönlich verkostet er direkt beim Winzer, um später seine Gäste an den edlen Rebsäften teilhaben zu lassen.
In den vorzüglichen Genuss von Küche und Keller des Hotel Lanig kommen ausschließlich Hausgäste, und das aus gutem Grund: Auf diese Weise müssen sich Einkauf und Team nicht auf die üblichen Schwankungen der Besucherzahlen einstellen und können so bezüglich Frische und Geschmack beständig hohes Niveau garantieren.
Wellness, das ist im Hotel Lanig eine Lebensphilosophie, ein Rundum-Programm. Schönes Wohnen, genussvolles Essen, unverfälschte Natur, reine Bergluft und dazu das Spa – diese einzelnen Säulen tragen erst in der Summe dazu bei, dass der Mensch als Ganzes harmonisch ins Gleichgewicht kommt.

KÖNIGLICHES JAGDHAUS

Königliches Jagdhaus
Pächter: Peter A. Strauss

Ludwigstraße 13
D-87561 Oberstdorf

Telefon 00 49 (0) 83 22 / 98 73 80
www.koenigliches-jagdhaus.de

Ruhetage:
Gourmetrestaurant: Montag und Dienstag
Prinzregenten- und Jagdstube: Dienstag
Biergarten: kein Ruhetag, Oktober bis April geschlossen

Mitten in Oberstdorf ist noch der Herzschlag des Königs zu spüren – im Restaurant Königliches Jagdhaus nahe dem Kurhaus. Der urwüchsige Blockbau wurde 1856 erbaut und diente Prinzregent Luitpold von Bayern, dem passionierten Jäger und Kunstfreund, und später seinem Sohn König Ludwig III. als kleine Residenz für die Hochwildjagd in den Allgäuer Alpen. Bis zur Jahrtausendwende blieb das Haus, nahezu durchgängig bewohnt, im Besitz der Königsfamilie, dann wurde es als Ausgangspunkt für gastronomische Streifzüge entdeckt und aufwändig saniert. Die denkmalgeschützten Stuben durften dabei die authentische Ausstrahlung und ihre königliche Gemütlichkeit bewahren.

Ende 2006 ist nun Vollblutkoch Peter Strauss in die moderne Küche eingezogen, um Gastronomie vom Feinsten zu zelebrieren. Der Küchenkünstler versteht sich dabei als Handwerker, als Bildhauer gewissermaßen, der den guten Geschmack seines erstklassigen Rohproduktes herausarbeitet und dann künstlerisch verfeinert, am liebsten mit dem Aromenreichtum von Wildkräutern wie Edelrauke, Lavendel, Zitronenthymian, Bärlauch und Bergschnittlauch. Allgäuer Gebirgsheu bedeutet ihm einen Höhenflug aus wilden Kamillenblüten,

Schafgarbe und Bergkräutern; ein pochiertes Kalbsfilet aus solch einem Sud mit grobem Salz und zerstoßenem chinesischen Pfeffer, das ist Tuning pur für die Geschmacksnerven! Inmitten seiner Allgäuer Heimat will Peter Strauss seiner Verehrung der ursprünglich gewachsenen regionalen Küche wie auch der klassisch-französischen Haute Cuisine Ausdruck verleihen und das Königliche Jagdhaus zu seinem alten Glanz erwecken.

Wo früher die Jagdgesellschaften des Prinzregenten ihren Jagderfolg feierten, im schönen Biergarten, findet sich unter den uralten Kastanien für jeden ein Schattenplätzchen; bei knusprigem Schweinebraten, frischen Salaten, allerlei regionalen Schmankerln und frischem, schäumendem Bier lässt sich selbst ein ausgewachsener Hunger bestens vertreiben. Die sonnenbeschienene Terrasse blickt auf die herrliche Kulisse der Oberstdorfer Bergwelt und lädt ein zum nachmittäglichen Müßiggang. Drinnen findet sich in der Prinzregentenstube und in der Jagdstube eine frische regionale Küche auf gehobenem Niveau bei einem gepflegten Schoppen Wein oder einem guten Bier.

In der Gourmetstube residiert die feine Gastronomie, mit ihren Wurzeln tief in der klassisch-französischen Küche verankert. Fisch aus allen Weltmeeren, Schalentiere, Wild aus dem königlichen Jagdrevier gleich vor den Toren Oberstdorfs, feines Gemüse, saftige Früchte und beste Produkte von regionalen Erzeugern adeln die Speisekarte im Jahresreigen.

Der Weinkeller singt das Hohelied der Alten Welt. Deutsche Weingüter strotzen geradezu mit einem exzellenten Sortiment an Riesling und einer überraschenden Klasse bei neuen, prämierten Rotweinen; die besten Tropfen aus Frankreich, Österreich und Italien ruhen und reifen in den Regalen und warten auf ihre Entdeckung.

Damit die Gäste die Schätze des Kellers bis in den letzten Winkel erkunden können, komponiert der Küchenmeister regelmäßig ein Degustationsmenü rund um ausgesuchte Weine oder Champagner. Begleitet werden die Abende von den Winzern persönlich, die die Früchte ihrer Arbeit vorstellen. Auch Käsepapst Bernard Anthony, Hoflieferant aller namhaften Sterneköche und des europäischen Hochadels, gibt sich die Ehre und kredenzt den Gästen von Peter Strauss ausgesuchte Käseraritäten.

Ehre, wem Ehre gebührt: Strauss' Team in der Küche ist dem Gast kein unbeschriebenes Blatt, dafür sorgen regelmäßig stattfindende Gourmet-Events mit offenen Türen und immer wieder auch Kochkurse.

Seine Begabung zum Kochen hat Peter Strauss in die Wiege gelegt bekommen. Bereits in der dritten Generation haben sich mit ihm die gastronomischen Gene der aus dem Allgäu stammenden Familie Bahn gebrochen. Beide Großmütter, die Eltern und auch der ältere Bruder sind Köche. So reichen die ersten Kindheitserinnerungen von Peter Strauss allesamt in die Restaurantküche der Eltern Peter und Sieglinde Strauss, eine Welt aus wabernden Dämpfen, zarten Düften, symphonischen Geräuschen und dichtem Geschmack. Erst zehn Jahre jung kochte er seine ersten Gerichte, für zahlende Gäste des Hauses wohlbemerkt, und stand im Service seinen ganzen Mann.

Doch dies war nur der Auftakt: Mit 15 Jahren schaute er sich das beste Haus im Allgäu als selbsterwählten Lehrmeister aus, die Sonnenalp; nur zwei Jahre später gelang ihm der Sprung ins weltberühmte Palace in St. Moritz. Mit 18 Jahren heuerte er auf dem Luxusliner Queen Elisabeth II. an und arbeitete im schiffseigenen Gourmetrestaurant unter der Leitung eines Bocuse-Schülers. Danach zog er durch die Sternegastronomie, vom Münchner Platzl und dem Königshof bis nach Jamaika und wieder zurück, an den Tegernsee zum Bachmair. Eine seiner Glanzleistungen der letzten Jahre bestand darin, das Gourmetrestaurant Windspiel im Schloss Hubertushöhe in Brandenburg wieder in die Oberliga zurückzukochen, mit zwei Hauben von Gault Millau und einer Auszeichnung für ihn als Aufsteiger des Jahres 2007 in Brandenburg.

Maßgeblich für Strauss' Arbeit sind der eigene Erfahrungsschatz und die Hochachtung für seine Lehrmeister. Inspiration und Kraftquelle zugleich ist ihm dabei das Rezeptbuch seiner Großmutter Martina Caser, ein fast 100 Jahre altes Kompendium bester französischer Küche. Im Hier und Jetzt zählen für ihn die kompromisslose Suche nach Qualität und der Wille zum Besonderen, genauso wie die Menschlichkeit und das Miteinander. Immer noch ist es sein Schönstes, wenn Gäste kommen – und wiederkommen. Als Kontrast zu seinen intensiven Arbeitstagen braucht er seine Familie – und Natur pur in den Bergen. Und so oft die Zeit es erlaubt, kehrt er mit Genuss bei anderen Köchen ein, um deren Tafelfreuden und Gastlichkeit zu genießen.

Bresse-Taube in Brickcrepinette mit eingelegten Nüssen und Topinambur-Mousseline

(für 2 Personen)

Zutaten

Tauben-Crepinette

1 Taube
50 g Geflügelbrät
10 g Trüffel, ersatzweise Shiitake
1 Wirsingblatt, blanchiert
2 Brickblätter
1 Eigelb
Salz, Pfeffer
Rosmarin, Wacholder, Lorbeer, Piment
20 ml Wildgeflügeljus
100 ml Rapsöl zum Ausbacken

Topinambur-Mousseline

150 g Topinambur
20 g Schalotten, fein gewürfelt
150 ml Milch
1 Zweig Thymian
Salz, Pfeffer, Muskat
10 g gebräunte Butter
20 g Schlagsahne

Beilagen

100 g Rosenkohlblätter
15 g Butter
1 Prise Zucker
1 Schalotte, gewürfelt
Salz, Pfeffer
etwas Brühe

100 g frische (z.B. Steinpilze, Seitlinge oder Pfifferlinge)
20 g Butter
1 Schalotte, gewürfelt
etwas Majoran und Blattpetersilie, fein geschnitten
Salz, Pfeffer
60 ml Wildgeflügeljus

Garnitur

1 schwarze Nuss, süß eingelegt und mariniert

Zubereitung

Taubenbrust auslösen, Haut entfernen und in wenig Rapsöl mit Kräutern und Gewürzen kurz anbraten, bis die Poren geschlossen sind.
Brickblätter mit Eigelb einpinseln, Wirsingblatt (5 x 5 Zentimeter) darauflegen, mit Geflügelfarce bestreichen. Die Taube mit Küchenpapier abtupfen, auf die Farce legen, mit Trüffelscheiben belegen, zusammenklappen und zu einer Brickrolle formen. Das Tauben-Crepinette 2 Minuten bei 160 °C im Fettbad ausbacken und bei 80 °C im Ofen 5 Minuten ruhen lassen.
Topinambur schälen, fein würfeln und mit Schalotten anschwitzen. Mit Milch aufgießen, Thymian beigeben und weich kochen. Im Ofen ausdampfen lassen, fein pürieren, mit Nussbutter, Salz, Pfeffer, Muskat und geschlagener Sahne verfeinern.
Für die Beilage Rosenkohlblätter vom Strunk schneiden. Kurz mit Butter, Zucker, Schalottenwürfeln, Salz, Pfeffer und etwas Brühe karamellisieren und durchschwenken.
Pilze mit Butter, Schalotten und Kräutern glasig anbraten, mit Salz und Pfeffer aus der Mühle abschmecken. Wildgeflügeljus mit etwas kalter Butter aufmontieren.
Auf warmem Teller die aufgeschnittene Taube mit den Beilagen und der Soße anrichten, mit frischen Kräutern und schwarzen Nussscheiben ausgarnieren.

KLEINWALSERTAL

Ifen

Im südlichsten Teil Deutschlands, hinter Oberstdorf, führen die Wege nur noch in eine Richtung: hinauf – in die wilde und liebliche Schönheit einer hochalpinen Landschaft mit schroffen Felswänden, tiefen Tobeln und schottergefüllten Karen. Von hier aus führt auch die einzige Straße zur hoch gelegenen Enklave des österreichischen Kleinwalsertals. Gleich am Eingang zum Hochtal führt die Natur ein tosendes Spektakel auf; die Breitach hat sich über Jahrtausende die tiefste Felsenschlucht Mitteleuropas als Bett für ihre schäumenden Wasser gegraben. Der Große Widderstein mit 2536 Meter Höhe ist das Wahrzeichen des Tales und riegelt es doch gleichzeitig am südlichen Ende vom Mutterland Österreich ab. Die Geschichte des Kleinwalsertales begann im ausgehenden 12. Jahrhundert, als die ersten Oberwalliser die gefährlichen Pässe überwanden, um sich jenseits der Schweizer Grenze in benachbarten Bergtälern niederzulassen. Heute sind aus den Wallisern die Walser geworden, 5000 von ihnen leben im Kleinwalsertal – viele noch immer in den traditionellen Walserhäusern aus dicken Holzbohlen – und pflegen als einstige Schweizer auf österreichischem Boden ihr ursprüngliches Brauchtum, ihre Walsertracht und ihre kleinen sprachlichen Eigenheiten, die sogar ein Dorf vom anderen unterscheiden.

Bei einer Höhenlage von 1000 Meter und mehr über dem Meeresboden wundert es nicht, dass der Skiclub im Kleinwalsertal, gegründet 1906, einer der ältesten in Österreich ist. Seit 1940 dürfen Skifahrer ihre Felle zu Hause lassen und sich komfortabel mit einem Skilift in luftige Höhen transportieren lassen – dieser sportliche Luxus führte zu einem beständigen Strom an Gästen, die bald auch die sommerlichen Schönheiten des Tales entdeckten. Die Berge Ifen, Walmendingerhorn und Kanzelwand sind bei Wanderern, Mountainbikern und Skifahrern gleichermaßen beliebt. Ein breites Angebot an Unterkünften von der einfachen und gepflegten Privatpension bis zum Sternehotel hält für jeden das passende Bett bereit. Auch ohne Sport kann man sich hier die Tage wunderbar vertreiben, beim Spaziergang durch duftende Wiesen, beim Picknick mit Aussicht, beim Lauschen auf Vogelgesang und Insektengebrumm. Und an vielen Stellen verweist der Walser Kulturweg auf wichtige kulturhistorische Stätten des Tales und lädt ein zum Nachspüren einer bewegten Geschichte.

Riezlern

In Riezlern gleich am Taleingang sind im Walsermuseum viele Artefakte aus dem weltlichen und religiösen Leben der Walser zu besichtigen, sogar eine stilechte Walserstube ist dort eingerichtet. Und abends bietet das hell erleuchtete Casino Austria stilechte Atmosphäre, mit oder ohne Herzklopfen.
In Mittelberg, dem ältesten Ort des Tales, zeugt die Kirche St. Jodok mit einem Erbauungsdatum um 1302 von der frühen Erschließung durch die Walser; sehenswerte spätgotische Fresken schmücken die Wände. Funde aus der Steinzeit sind im Walserhaus von Hirschegg zu besichtigen.
Im Kleinwalsertal zu leben, das heißt langfristig denken, im Zyklus der Jahreszeiten leben, eine Landwirtschaft zu betreiben nach der Art der Vorväter, immer das Wohl aller im Blickfeld, mit Respekt vor den Kräften der Natur. Vor allem das Milchvieh bestimmt den Rhythmus des Lebens, hält im Winter die Walser im Tal und zieht sie im Sommer hoch hinauf auf die grünen Alpen, wo der hochwertige Kleinwalsertaler Bergkäse in alter Handarbeit entsteht. In diesem Kreislauf zwischen Wachstum und Ruhen haben Mensch und Tier zu einer Symbiose gefunden, die den Erhalt der alpinen, naturbelassenen Landschaft fördert und zahlreiche Biotope schützt. Dieses gesunde Gleichgewicht macht das Kleinwalsertal ganzjährig zu einem hochwertigen Erholungsgebiet. Aktiver Umweltschutz wie der Walserbus zum Nulltarif sorgt für reine Luft, Stille – und genügend Raum, um der Stille zuzuschau'n.

ALPAHOTEL WALSER STUBA

Alpahotel Walser Stuba
Inhaber: Ulrike, Jodok und Jeremias Riezler

Eggstraße 2
A-6991 Riezlern

Telefon 00 43 (0) 55 17 / 5 34-60
Telefax 00 43 (0) 55 17 / 5 34-6 13
www.walserstuba.at

Das Rauschen und Gurgeln der Breitach weist den Weg talaufwärts und wer die Brücke als Wegweiser nimmt, der findet ein Leuchten. Grün im Sommer, weiß im Winter, vom blauen Himmel überwölbt strahlt das Alpahotel Walser Stuba und lädt seit Mitte des letzten Jahrhunderts Fremde und Einheimische gleichermaßen in seine Stuben ein. Uralte Hölzer, bis zu 300 Jahre alt, sonnenverbrannt, wettergegerbt und wie Preziosen gesammelt, schmücken Decken und Wände und geben dem Enzianstüble seine rustikale, urige Walsergemütlichkeit. Auch im Malerwinkel, Jagdstüble oder in der Arbogaststube, selbst in der Stube mit dem kühl klingenden Namen Almrausch und Pulverschnee wärmen Holz und Gastfreundschaft die Gemüter der Gäste.

Die Familiengeschichte der Gastgeber ist so windungsreich wie die alten Walserwege. Einst wanderte ein Urgroßvater aus, um dem harten Leben im Kleinwalsertal zu entkommen und sein Glück woanders zu suchen. Nach langer Wanderschaft fand er in Niederbayern einen Schatz – eine niederbayerische Brauereitochter –, bekam mit ihr sieben Kinder und lebte mit ihr für den Rest seines Lebens glücklich dahin ... Nicht ganz. Überraschend wurde er in seine alte Heimat zurückgerufen, um ein Erbe anzutreten. Bis der alte Hausstand aufgelöst war und er sich mit Frau und Kinderschar auf den beschwerlichen Weg gemacht hatte, war das Erbe längst veräußert. So blieb ihm bei der Rückkunft ins Tal nichts anderes übrig, als mit seiner Familie in die Notunterkunft über dem Kuhstall, einen alten Heuboden, zu ziehen und noch einmal ganz von vorne zu beginnen.

Die Schaffenskraft und Ausdauer aller, einschließlich einiger Wilderer-Gene aus dem Südtiroler Zweig der Familie, haben letztlich doch dazu geführt, dass einer seiner Nachkommen, Malermeister Johann-Baptist Riezler mit Frau Margarethe, 1955 seinen Traum vom eigenen Gasthaus erfüllen konnte. Zahlreiche Malereien an den Wänden, traditionelle Walsermotive aus dem 17. und 18. Jahrhundert, zeugen heute noch von Johann-Baptists künstlerischem Talent. Inzwischen dienen bereits drei Generationen dem Wohlgefühl des Gastes: immer noch der Künstler und Gründer Johann-Baptist, seine Nachfolger Ulrike und Jodok und deren Sohn Jeremias.

Letzterer hat seine Berufung als Koch gefunden. Ganze fünf Tage verbrachte Jeremias einst im Kindergarten, dann hatte er genug und wollte lieber wieder in die Küche der Walser Stuba. Fern blieb er diesem Lieblings-

platz nur während seiner Wanderjahre, die er unter anderem im sternengekrönten Landgasthaus Henze beim renommierten Küchenchef Frank Aldinger verbrachte, mit dem er sich heute noch leidenschaftlich kulinarische Koch-Duelle liefert. Kein Wunder, dass er sich seit 2004 zur renommierten Eurotoques Gilde zählen darf!

Die Speisekarte bietet traditionelle Walsergerichte wie Ochsenschwanz mit Schmorgemüse und Enziankartoffeln, aber auch Gourmetküche. Die Wilderer-Gene der Familie hinterlassen überall deutliche Spuren: Wild ist des Küchenchefs Spezialität, ob als Wildsülze, Wildschaumsüppchen mit Rehnockerln, Hirschrückensteak mit Kürbiskernkruste oder Crepinette vom Rehrücken an Gänseleber-soße auf Walnussschupfnudeln mit Feigenkompott. Gourmetklassiker der Walser Stuba sind das Riz Kolonial, ein Reisgericht mit Rindsfiletstreifen, Garnelen, Früchten, Paprika, Knoblauch und Currysoße, und ein unvergleichliches Rindsfiletgröscht'l mit Trüffeln und Gänseleber.

Das Fleisch für diese Köstlichkeiten stammt fast ausschließlich von den Wilden Walser Jägern und Freien Walser Bauern im Tal, alle persönlich bekannt und einer wie der andere engagiert in Heimat- und Landschaftspflege.

Auch der größte Teil aller anderen Produkte stammt von den Erzeugern der Region und wird vom jungen Küchenteam jeden Tag frisch in selbstgemachte Nudeln, Suppen und Soßen verwandelt. Alle Gewürzkräuter, auch jene für die Pestozubereitungen, stammen aus dem eigenen, gut sortierten Garten.

Die Weinkarte konzentriert sich auf die traditionellen Anbaugebiete der Alten Welt, mit einem wunderbaren Schwerpunkt österreichischer Gewächse. Die Kunst des Sommeliers wird gleich von beiden Hausherren, Jodok und Jeremias Riezler, beherrscht. Besonders gerne präsentieren sie die Kostbarkeiten aus ihrem Keller in der eigens hergerichteten Weinstube, im Walser Dialekt „Wiistüble" genannt. Edelbrände gehören quasi zur Familientradition, immerhin war der letzte Schnapsbrenner im Walsertal ein Onkel der Riezlers namens Seppl.

Kulinarisch besonders interessierte Gäste können beim Küchenchef einen Kochkurs belegen. Auch experimentierfreudige Kinder finden hier selbstvergessene Beschäftigung; sie schwelgen in Kräutern, braten Kürbisschnitzel, erkunden neugierig alle Töpfe, probieren wie die Weltmeister und verputzen alles bis auf den letzten Krümel. Wenn alle Mägen dann herrlich befriedet sind und der

letzte Tropfen genossen ist, dürfen sich müde Häupter weich und warm in einem der 22 großzügigen, alpenländisch eingerichteten Zimmer betten, Kinder bis zehn Jahre übrigens völlig kostenfrei! Bis am nächsten Morgen die Sonne zum Fenster hineinscheint und Philosophen, Abenteurer, Sportler und Genießer gleichermaßen vor die Haustüre lockt, zum Wandern, Spazierengehen oder Langlaufen. Der erste Weg allerdings führt zum Frühstück mit schwarzbraunem Kaffee, kräuterigen Tees, selbstgemachter Marmelade und gut gelaunten Servicegesichtern.

Die Teemischungen stammen überwiegend aus dem Kräutergarten von Ulrike Riezler. Sie sammelt und pflegt mit Hingabe allein über 30 Sorten Minze, die um die Wette duften und blühen, und mischt schließlich aus diesen und vielen anderen Kräutlein die leckeren Tees, füllt Blüten in selbstgemachte Duftkissen oder setzt Lavendelblütensirup an, den Sohn Jeremias in Eisköstlichkeiten verwandeln darf.

Mittagessen, das ist für die Riezlers in der Walser Stuba Familienzeit! Einmal am Tag versammeln sich alle um einen Tisch herum, genießen gemeinsam, tauschen neue Ideen aus und besprechen alles Wichtige. Sind die Tage eines jeden noch so ausgefüllt, das klappt fast immer. Wenn Jeremias Riezler

dann seinen Blick auf die Gesichter am Tisch richtet, lässt er ihn gerne auch noch ein Stück weiter schweifen, hinaus aus dem Fenster, hinüber zum Riezler Hof. Gleich seinem urgroßväterlichen Vorbild schlägt sein Herz dort für Niederbayern, gewissermaßen. Wer weiß, vielleicht schließt sich hier ein großer Kreis.

Hirschsteak mit Kürbiskernkruste und Pfeffermarillen

Zutaten
800 g Hirschrücken
3 EL Olivenöl
1/4 l Wildjus
1/4 l roter Portwein
1/8 l Sahne

Kürbiskernkruste
100 g Butter
3 EL geriebenes Weißbrot
6 EL Kürbiskerne
1 TL Wildgewürz, Salz, Pfeffer

Pfeffermarillen
6 Marillen (Aprikosen), geviertelt
1 EL Weißweinessig
3 TL Marillensaft
2 EL Zucker
1/2 TL bunter Pfeffer

Gemüsebeilagen
1 Knolle Sellerie
1/2 l Sahne
1/2 l Fleischbrühe
Salz
1 Kopf Romanesco
100 g Butter

Zubereitung
Aus dem Hirschrücken 4 Steaks schneiden, mit Salz und Pfeffer würzen. In Olivenöl von beiden Seiten je 1 Minute lang scharf anbraten, dann mit der Pfanne ins vorgeheizte Backrohr geben und bei 220 °C 8 Minuten braten. Nach der Hälfte der Garzeit wenden, dann herausnehmen und kurz ruhen lassen.
Das Fett aus der Pfanne abgießen, Bratensatz mit Portwein ablöschen, mit Wildjus aufgießen und um die Hälfte einkochen; Sahne zugeben, die Soße leicht binden und abschmecken.
Zimmerwarme Butter mit den übrigen Zutaten grob pürieren, mit Salz und Pfeffer abschmecken. Die Kürbiskruste auf den Steaks verteilen und unter dem Grill goldbraun überbacken.
Für die Pfeffermarillen Zucker karamellisieren, mit Essig und Marillensaft ablöschen, Marillenviertel und Pfeffer zugeben, kurz einkochen.
Sellerieknolle schälen, grob würfeln, mit Sahne und Fleischbrühe in einen Topf geben, salzen und um die Hälfte einkochen, bis der Sellerie weich ist; fein pürieren.
Romanesco in kleine Röschen teilen, 6 Minuten in kochendem Salzwasser garen, danach in kaltem Wasser abschrecken; Butter in einer Pfanne aufschäumen, Romanesco zugeben und auf kleiner Flamme goldbraun schmoren.
Die Steaks auf dem Selleriepüree anrichten, mit Soße umgießen und rundherum abwechselnd Pfeffermarillen und Romanesco-Röschen anrichten.

NATURHOTEL CHESA VALISA

Naturhotel Chesa Valisa
Inhaber: Familie Kessler

Gewerbeweg 18
A-6992 Hirschegg

Telefon 00 43 (0) 55 17 / 54 14
Telefax 00 43 (0) 55 17 / 51 08
www.naturhotel.at

Die Straße hinter Oberstdorf windet sich entlang der tosenden Breitach hinauf ins Kleinwalsertal, einem Hochtal der Alpen. Eine Welt leuchtender Farben, reiner Luft und wohltuender Stille tut sich auf, fast in Augenhöhe mit den Gipfeln von Großem Widderstein, Kanzelwand und Fellhorn. Noch ein Stück abseits wird der Weg zum Naturhotel Chesa Valisa eine Zeitreise durch die Historie des Straßenbelags vom Asphalt zu Holz und Stein, von der Hast des Habens zur Langsamkeit des Seins. Bereits seit einem halben Jahrtausend befindet sich das Stammhaus des Naturhotels im Familienbesitz. Nur 200 Jahre nach der ursprünglichen Besiedelung durch die Schweizer Walser, als Kolumbus den Horizont der Welt erweiterte, bauten die Urahnen der Familie Kessler ihr traditionelles Walserhaus. Viele Wandlungen vermochten das Haus im Kern nicht zu verändern, Holz bleibt Holz. Doch der heutigen Generation mit Klaus und Sieglinde Kessler ist mit Architekt Hermann Kaufmann eine besondere Verschmelzung von Tradition und Moderne geglückt.

Zuvor war Klaus Kessler jahrelang im Ausland, doch als er seine heutige Frau kennen lernte, entschloss er sich zur Rückkehr in die Heimat. Ihr gemeinsames Spektrum an Fähigkeiten – er Doktor der Betriebswirtschaft, sie in der Gastronomie und Touristik zu Hause – bildete die ideale Grundvoraussetzung, um in über 20 Jahren das Chesa Valisa zu vervollkommnen, mit erstklassigen natürlichen Materialien drinnen und jeder Menge Natur draußen – und in den Köpfen: Gegen Abgabe des Autoschlüssels wird kostenlos ein Mountainbike zur Verfügung gestellt.
Vollwertig, zu 80 Prozent Bio und auch biovegetarisch beweist die Küche, dass gesundes Essen vorzüglich schmecken und dem Gaumen schmeicheln kann. Nur das Beste kommt in die Töpfe, vieles aus dem Kleinwalsertal und der umliegenden Region. Eine Besonderheit sind die verschiedenen Apfelbrände aus der Steiermark, alle sortenrein und aus kleinen Brennereien. Der Weinkeller hat durchweg österreichisches Profil. Jede Rebsorte, die in Österreich wächst, ist dreifach vertreten, zu

unterschiedlichsten Weinen ausgebaut. Für eine genussreiche Entdeckungsreise empfiehlt sich ein längerer Aufenthalt in einem der fast 50 behaglichen und stilvoll eingerichteten Zimmer.
Luxuriös ist auch das Angebot für aktive und passive Entspannung. Ob Mountainbiken oder Schneeschuhwandern, Tai Chi oder Qi Gong, Ayurveda oder physiotherapeutische Massage, die Bandbreite ist groß und gut durchdacht. Eltern sind im Chesa Valisa gleichberechtigt – die fachkundige und naturnahe Kinderbetreuung macht's möglich!
Wer viel bewegt, braucht auch Zeit, um Atem zu schöpfen. Für die Pausen im Kopf und in der Seele wandert Klaus Kessler mit den vier Kindern auf die Alp; und Sieglinde geht walken oder unternimmt einen meditativ-sportlichen Ausflug. Beide freuen sich, dass auch in den Adern der Kinder Gastronomen- und Hoteliersblut zu fließen scheint: Die nächsten 500 Jahre im Chesa Valisa können beginnen.

Hirschmedaillons mit gefülltem Preiselbeer-Rotkraut-Apfel und Pilz-Gnocchi

(für 6 Personen)

Zutaten

Hirschmedaillons

1,5 kg Hirschrücken
1/4 l Rotwein
1/4 l Wildfond
Salz, Pfeffer
Öl, Butter
Thymianzweig, Wacholderbeeren, Lorbeerblatt
Mehl zum Bestäuben
Butterflocken

Gnocchi

600 g frische Gnocchi
2 EL Olivenöl
150 g Steinpilze
2 EL Butter
Parmesan, Salz

Preiselbeer-Rotkraut-Apfel

6 kleine Äpfel
1 Kopf Rotkraut
2 Schalotten
120 g Preiselbeeren
1/4 l Rotwein
Koriander-Honig

Zubereitung

Hirschrücken in Medaillons schneiden, mit Salz und Pfeffer würzen, in der Pfanne anbraten, Thymian, Wacholderbeeren und Lorbeerblatt zugeben, dann 8 bis 12 Minuten bei 160 °C ins vorgewärmte Rohr stellen. Fleisch warm stellen, den Bratenrückstand leicht mit Mehl bestäuben, mit Rotwein ablöschen. Fond auffüllen, auf die Hälfte einreduzieren und mit Butterflocken montieren. Öl erhitzen, fein geschnittene Schalotten und Rotkraut zugeben, mit Salz und Koriander würzen, 3 bis 4 Minuten dünsten lassen. Honig und Preiselbeeren beifügen, mit Rotwein ablöschen, 30 bis 40 Minuten leicht kochen. Pilzscheiben in Butter und Öl anschwenken, etwas Sahne zugeben und die gekochten Gnocchi dazu schwenken. Äpfel aushöhlen, mit Rotkraut füllen, 10 Minuten bei 160 °C ins vorgewärmte Rohr stellen.

DAS UNTERALLGÄU: LIEBLICHES KNEIPPLAND

Wörishofer Stausee

Kurorchester

Zwischen den Flüssen Iller und Wertach breitet sich die sanfte grüne Hügellandschaft des Unterallgäus aus; weite blumengetupfte Wiesen und lichte Wälder bestimmen das Bild, hinten am Horizont leuchten die weißen Gipfel der Berge.

Urbanes Zentrum der Region ist das mittelalterlich geprägte Memmingen, das schon zur Römerzeit als Kastell die Via Decia an den Bodensee sicherte. Urkundlich erwähnt wurde „Mammingin“ zum erstenmal um 1128; im Hochmittelalter kreuzten sich hier die Salzstraßen aus Reichenhall und Hall in Tirol und brachten wertvolle Waren und Reichtümer mit sich; in der Blütezeit der Stadt reichten die Handelsbeziehungen bis nach Indien und Südamerika. Sicherheit und Wohlstand sind der Raum, in dem auch frische Gedanken gedeihen: Die erste Menschenrechtserklärung Europas, die Zwölf Artikel der Bauernschaft, wurde in Memmingen von Sebastian Lotzer verfasst, die Fassadenmalereien in der Kramerzunft am Weinmarkt erinnern daran. Mittelpunkt der Stadt ist nach wie vor der Marktplatz mit dem Rathaus aus der Renaissance, einem prachtvollen Steuerhaus und der Großzunft. Das Siebendächerhaus, in dessen Dachgauben früher die Felle und Häute der Gerber trockneten, steht markant am Gerberplatz. Und überall in der Stadt findet man Zeugnisse der berühmten Memminger Künstlerfamilie Strigel, so etwa die Fresken an den Wänden und Decken der Frauenkirche; das Strigel-Museum präsentiert Exponate aus drei Generationen. In einen historischen Schauplatz verwandelt sich die Stadt alljährlich beim Wallensteinfest mit alten Trachten und Kostümen zu Ehren des Herzogs Albrecht von Wallenstein und seiner Truppen, die während des Dreißigjährigen Krieges hier lagerten. Die mächtige Stadtmauer und Türme sind abschnittsweise noch erhalten, die alten Stadttore öffnen sich auf ein verträumtes Land, das mit Muße entdeckt sein will.

bei Hartental

Nur einen Katzensprung entfernt gen Westen liegt Buxheim mit seinem 1402 gegründeten Kartäuserkloster. Die Klosterkirche wartet mit einem Meisterwerk der Schnitzkunst auf, einem prächtigen Chorgestühl mit herrlichen Akanthusranken und Figuren. Im Illerwinkel bei Illerbeuren liegt idyllisch das Schwäbische Bauernhofmuseum, von einer fernen Anhöhe überblickt die Wallfahrtskirche Maria Steinbach das friedliche Treiben, meisterlich ausgeschmückt im Stile des Rokoko und Barock. Kulturhistorisch gibt es im Unterallgäu viele Schätze zu heben; Kirchen, Klöster, Burgen und Schlösser harren der Bewunderung. Eine besondere Perle ist die Basilika der Benediktinerabtei in Ottobeuren. Das Kloster im lauschigen Günztal mit einer über 1000-jährigen Geschichte wird bis heute aktiv vom Orden genutzt. Die barocke Klosterkirche, weithin sichtbar durch ihre 82 Meter hohen Zwillingstürme, wird ehrenvoll als schwäbischer Escorial bezeichnet und ist ein Rausch in Weiß und Gold. Das Kloster selbst wartet mit einer reich geschmückten und ausgezeichnet erhaltenen Bibliothek auf.

Wer dem Verlauf der Günz Richtung Norden folgt, erreicht an den äußeren Grenzen des Unterallgäus den Markt Babenhausen, einstiges Zuhause der Fugger. Die ursprüngliche Tuchhändlerfamilie baute ihr Vermögen mit Bergbau und Erzhandel konsequent aus und stieg zur mächtigsten Kaufmannsfamilie der Welt auf. Dabei stellte sie ihre legendäre Finanzkraft nicht nur in den Dienst von Königen und Päpsten, sondern förderte auch die Künste. Sichtbares Zeugnis dieses Engagements ist einer der prächtigsten Renaissance-Säle Europas im über 500 Jahre alten Fuggerschloss in Kirchheim; in der Schlosskirche St. Peter und Paul fand der Bauherr Hans Fugger seine letzte Ruhe. Bis heute bewohnt von der Familie ist das Neue Schloss in Babenhausen, im Gegensatz zum Alten Schloss mit dem Fugger-Museum, das der Öffentlich-

Stefanskirche Mindelheim

Mindelheim

keit zur Besichtigung offen steht und sechs Jahrhunderte Familiengeschichte dokumentiert.
Wenige Kilometer außerhalb von Babenhausen steht im Dorf Kirchhaslach die von den Fuggern gestiftete Wallfahrtskirche Maria-Himmelfahrt mit überwältigender Innenausstattung aus Gold, Marmor, Alabaster und Wessobrunner Stuck. Einer der Seitenaltäre birgt das Gnadenbild der Muttergottes mit Kind, der so genannten Rosenkranzkönigin, das der Legende nach im nahen Wald gefunden wurde und zur Errichtung der Kirche führte.
Weiter östlich liegt die Stadt Mindelheim, die im Schutz der Mindelburg aus dem 12. Jahrhundert wuchs und gedieh. Die Frundsberger Rittersleute waren hier zu Hause, zu deren Ehren die Stadt jeden Sommer das Frundsbergfest feiert und sich für zehn Tage in ein mittelalterliches Landsknechtlager verwandelt. Innerhalb der gut erhaltenen Stadtmauer mit den Tortürmen lässt es sich schön bummeln, über den Marienplatz, vorbei am Bronzestandbild des Georg von Frundsberg in Richtung Turmuhrenmuseum im Kappelturm, das ein Streifzug durch die Welt der Zeitmesser eines halben Jahrtausends ist.
Die Jesuitenkirche Mariä Verkündung des Jesuitenkollegs macht mit ihren reichen Ornamenten und Goldverzierungen die gestrengen Ordensregeln vergessen, ein stiller Ort zum Sitzen und Betrachten.
Das Gesundheitszentrum des Unterallgäus liegt in Bad Wörishofen, wo Pfarrer Sebastian Kneipp seine Lehre vom gesunden Leben und die Wasserkur entwickelte und von dort in die ganze Welt hinaustrug. Das heilsame Nass lässt sich in zahlreichen Kurhäusern am eigenen Leib erproben, als kalter Guss, als Wickel, beim Wassertreten oder – am schönsten – beim Spaziergang durch eine Wiese, wenn der zarte Morgentau noch an den Gräsern hängt. Der weite Blick in die grüne Natur, entspanntes Genießen und Selbstbesinnung tun das ihrige dazu, um Leib und Seele wieder in Einklang zu bringen.

SCHLOSSHOTEL EROLZHEIM

Schlosshotel Erolzheim
Inhaber: Thomas Reichert

Schlossstraße 6
D-88453 Erolzheim

Telefon 00 49 (0) 73 54 / 93 31-10
Telefax 00 49 (0) 73 54 / 93 31-29
www.hotel-schloss-erolzheim.de

Ruhetage: Freitag Mittag und Samstag

Dort, wo das Illertal am weitesten und am schönsten ist, erhebt sich das denkmalgeschützte Schloss Erolzheim über dem tiefen Grün der Wälder. Sein Ursprung ist in den Tiefen der Geschichte versunken; im Spätmittelalter jedenfalls erweckte die Adelsfamilie Bemmelberg die uralte Burg zu neuem Glanz. In den Nachkriegswirren von 1945 brannte der Kulturschatz vollständig aus, erst über 50 Jahre später haben mit Thomas Reichert wieder Licht, Wärme und stilvolles Ambiente in den historischen Mauern Einzug gehalten.
Der heutige Schlossbesitzer kommt aus einer Unternehmerfamilie mit Kfz-Werkstatt, an sich eine klare berufliche Perspektive. Doch das Schicksal hatte andere Pläne und so fand er sich bald nach der Lehre in der Gastronomie wieder. Das Schlosshotel Erolzheim ist der Höhepunkt einer Reihe von erfolgreichen Unternehmungen – und eine Liebe auf den ersten Blick.
Die Schlossküche gibt sich herrschaftlich; da locken Pizza-Ecken mit Jakobsmuscheln auf Salsa aus Pfirsich und Paprika, Seeteufel in einer Senf-Kräuterkruste auf sautiertem Lauch in Rieslingsoße und Würfelkartoffeln oder Carne vom Allgäuer Almochsen mit Karottengemüse und wilden Kartoffeln. Regionale Spezialitäten würdigen den sportlichen Hunger. Die Weinkarte bietet eine gut sortierte Auswahl europäischer und internationaler Anbaugebiete mit einem schönen deutschen Schwerpunkt.
Der alte Gewölbekeller bietet 25 Gästen Raum zum geschichtsträchtigen Speisen, für Gesellschaften ist der Zwiefaltensaal mit bis zu 60 Sitzplätzen ein eleganter Rahmen, gemütlich sitzt es sich in der Bemmelbergstube. Einen besonders lauschigen Aussichtsplatz mit Blick auf den Sonnenuntergang bietet die windgeschützte Terrasse; die meterdicken Schlossmauern geben noch Wärme ab, wenn längst die Sterne am Himmel stehen.
Inmitten dieser ländlichen Idylle laden zwölf hochwertig ausgestattete Zimmer zu Entspannung und Ruhe; beim Candle Light Dinner schaut nur der Mond durch die Fenster

der vier Turmsuiten. Im Service ist so manches inbegriffen, das man woanders vergeblich sucht: Internet, Minibar, Shuttle Service und vor allem Freundlichkeit, alles kostenfrei, gewissermaßen als Gruß des Hauses. Anregung für kulinarische und unternehmerische Visionen gibt es vor Ort bei Kochkursen mit Altmeister und Fernsehkoch Armin Moser oder bei Leadership-Trainings.
Bei einem so breit gefächerten Angebot ist der Hausherr, ein Mann der Tat, meist in Anzug und Krawatte vorzufinden. Nur wenn Ruhe herrscht, kann man ihn beim eigenhändigen Ausbau der Bar oder des Außenbereichs vorfinden oder, schon seltener, im Schlossgarten lustwandelnd, statt Werkzeug ein Glas Rotwein in der Hand, und im Kopf das nächste Oldtimer-Treffen oder ein ausgeklügeltes Event für anspruchsvolle Zweiradfahrer.

Erolzheimer Saiblingsröllchen mit Basilikum-Ricottafüllung und Zucchini-Tomatenragout

Zutaten
2 Saiblinge à 500–600 g
Saft von 1/2 Zitrone
Mehl

Füllung
100 g Ricotta
8 Basilikumblätter
Salz, Pfeffer

Zucchini-Tomatenragout
1 Zucchini
2–3 Tomaten
Kerbel, Zitronenpfeffer
1 EL Tomatenmark
100 ml Fleischbrühe

Soße
125 g Crème fraîche
200 ml Sahne
1 EL Balsamicoessig
Salzkartoffeln
30 g Trüffelbutter

Zubereitung
Saiblinge filetieren, trocken tupfen, längs einschneiden, mit Zitronensaft beträufeln und salzen. Ricotta und gehackte Basilikumblätter mit etwas Salz glatt rühren, die Saiblinge damit bestreichen, rollen, in Mehl wenden und von beiden Seiten leicht anbraten. Im Backofen bei 100 °C 5 bis 6 Minuten ziehen lassen. Jedes Filet in vier Teile schneiden.
Zucchini klein würfeln, Tomaten enthäuten, entkernen und in Würfel schneiden. Zucchini in einer Pfanne mit etwas Butter etwa 5 Minuten gehen lassen, Tomatenwürfel zufügen. Nach 8 Minuten Tomatenmark und Fleischbrühe zugeben, leicht köcheln. Mit Zitronenpfeffer und Kerbel abschmecken. Sahne erhitzen, Crème fraîche zugeben, mit Salz, Pfeffer und Balsamicoessig abschmecken, leicht einkochen. Gekochte Salzkartoffeln in Trüffelbutter anschwenken.

LANDGASTHOF WEIHERHAUS

Landgasthof Weiherhaus
Inhaber: Helmut Kaufmann-Epple

Am Weiherhaus 13
D-87740 Buxheim

Telefon 00 49 (0) 83 31 / 7 21 23
Telefax 00 49 (0) 83 31 / 7 39 35
www.weiherhaus-buxheim.de

Ruhetag: Montag (außer nach Voranmeldung)

Ohne die Kartäuser wäre in Buxheim zwischen der Allgäuer Metropole Memmingen und der beschaulich dahinfließenden Iller so manches anders gekommen. Vor über 500 Jahren gründeten sie die Kartause in Buxheim und legten nach und nach die künstlichen Weiher für die Fischzucht an. Das Kloster wurde längst in ein Museum umgewandelt; das alte Gerätehaus des Schweigeordens hat sich jedoch zu einem Hort der Kommunikation verwandelt und ist heute als Landgasthof Weiherhaus einer der ältesten und bekanntesten Betriebe im Unterallgäu.

Bald 100 Jahre befindet sich das historische Gemäuer im Besitz der Familie Kaufmann; seit 1976 bestimmt Helmut Kaufmann die Geschicke des Weiherhauses und hat aus einem landwirtschaftlichen Betrieb mit gelegentlichen Ausflugsgästen eine gut gehende Gastronomie mit acht Hotelzimmern gemacht. Sein Beruf war ihm durch die Familientradition in die Wiege gelegt, Wirt sollte es sein, mit einer soliden Ausbildung als Koch und Metzger.

Vom Meridian zu einem der 200 schönsten Gasthäuser gekürt, präsentiert sich das Wirtshaus klassisch mit schönen alten Hölzern, originalgetreuen Holzdecken und historischem Mobiliar. In der Wirtsstube tafeln bis zu 50 Gäste, weitere 80 Plätze bietet der Festsaal. Auf der großzügigen Terrasse mit romantischem Blick auf den Weiher legen viele Ausflügler vom nahen Iller-Radwanderweg eine kulinarische Erholungspause ein. Auf der Speisekarte stehen Allgäuer Spezialitäten und – wie könnte es anders sein – Fisch an erster Stelle. Die Zulieferer sind regionale Betriebe; Schweinefleisch kommt direkt vom Bauern und wird von Helmut Kaufmann persönlich in saftige Bratwürste und deftigen

Leberkäse verwandelt. Seine sonntäglichen Braten-Buffets sind ein echter Tipp für Familien. Spätzle bieten im Weiherhaus so manche Überraschung; variantenreich gibt es sie mit Bärlauch oder Rucola, mit Kalbfleisch und sogar nach thailändischer Art.
Vor allem Süßwasserfische wie den feinen Bodensee-Felchen und die Forelle schätzt Chefkoch Helmut Kaufmann. Das Forellenfilet mit Hummersoße und grünen Nudeln oder mit Flusskrebschen zergeht geradezu auf der Zunge. Im Winter ist traditionell Karpfenzeit. Die Weinkarte spannt einen Bogen von Südafrika bis Franken; die Boxbeutel harmonieren wunderbar mit dem Fischangebot.
Mit den früheren Herren des Klosters hat der heutige Inhaber durchaus Gemeinsamkeiten. Autark will er sein und nutzt deshalb Fotovoltaik und Wasserkraft zur Stromerzeugung. Und die einfachen Dinge gut zu machen, das ist ihm wichtig. Für den Austausch mit der nachfolgenden Generation wählt Helmut Kaufmann-Epple allerdings einen anderen Weg. Beredt und praktisch vermittelt er die aus dem Kochen resultierende Lebensfreude und engagiert sich auch im Prüfungsausschuss der IHK Bad Wörishofen für sein Handwerk.

Forellenfilet mit Hummersößle auf grünen Tagliatelle
(für 2 Personen)

Zutaten
2 frische Forellen oder Filets
je 100 g Hummerbutter (Paste)
grüne Tagliatelle
50 ml Sahne
50 ml Fischfond
3 cl Weinbrand
wenig Weißwein

Zubereitung
Forellen filetieren, aus den Gräten ohne Haut und Kopf mit Weißwein einen Fischfond zubereiten. Nudeln al dente kochen, abschrecken. Hummerbutter in kleiner Kasserole angehen lassen, mit Weinbrand ablöschen, Fischfond und Sahne zugießen, einreduzieren lassen. Nach Bedarf binden – je nach Möglichkeit mit Béchamelsoße oder einer Liaison aus Eigelb und Sahne oder etwas Stärke. Forellenfilets sparsam salzen, leicht mehlieren, in Butter schonend braten. Nudeln anschwitzen, Hummersößle aufmixen und schön auf den Nudeln anrichten.

GASTHOF ZUR POST

Gasthof Zur Post
Inhaber: Michael Scheppach

Stadtgasse 1
D-87727 Babenhausen

Telefon 00 49 (0) 83 33 / 13 03
www.post-babenhausen.de

Ruhetage: Montag und Dienstag

Gegenüber vom alten Rathaus im Stadtkern von Babenhausen steht schmuck der liebevoll erhaltene Gasthof Zur Post. Urkundliche Erwähnung fand die einstige Posthalterei schon zu Beginn des 19. Jahrhunderts. Seitdem wurden viele knurrende Mägen in der Gaststube befriedet, doch bei keinem lernten sie so das Schnurren wie bei Michael Scheppach, dem heutigen Küchenmeister.
London, Ascona, Arosa, Lugano, Stuttgart, München, Babenhausen – die Kochstationen von Michael Scheppach lesen sich wie eine Rundreise durch Europa. Tatsächlich war auch eine frühe Reise für seine Berufswahl schicksalhaft. Auf einer Bahnfahrt sah er in der Obhut seiner Großmutter den Köchen im Speisewagen zu und beschloss mit gerade einmal vier Jahren: Das will ich auch werden. Selbst gebürtiger Babenhausener, kehrte er zurück, als sich die Gelegenheit ergab, den Gasthof zu übernehmen.

Obwohl der Postwirt seit über 20 Jahren eine Institution am Ort ist, lädt seine Speisekarte die Gäste täglich zu Entdeckungsreisen ein. Vom bayerisch-schwäbischen Schmankerl-Eck geht das hungrige Auge über Lammkarree in Estragonjus zum zarten Schweinefilet „Vieille Prune“ mit einer pikanten Pflaumensoße, oder von der Brust von der Maispoularde „Caol Ila“ in einer leichten Whiskysoße zur Blanquette von Atlantik-Fischen in einer Hummersoße. Wer sich nicht entscheiden mag oder kann, sollte unbedingt ein Menü probieren. So vortrefflich setzt Michael Scheppach seine Devise „frische regionale Zutaten frisch gekocht“ in die Tat um, dass alle namhaften Restaurantführer auf ihn aufmerksam wurden.
Seine Vorliebe – wie auch die seiner Gäste – gilt heimischen Spezialitäten. Dazu gehören sorgfältig ausgewählte deutsche Rebsäfte wie Silvaner, Riesling und Müller-Thurgau, Trollinger, Lemberger und Dornfelder. Liebhaber von weiter gereisten Weinen aus den traditionellen Anbaugebieten der Alten Welt oder aus Südafrika und Kalifornien werden ebenso fündig.

Ratsstube, Gaststube und Nebenzimmer bieten reichlich Platz und Ambiente, auch für Gesellschaften bis zu 70 Personen ist genug Raum. Die 35 Plätze auf der Sonnenterrasse eröffnen unterschiedliche Ausblicke auf das pittoreske Babenhausen. Damit der Genuss schon vor der Tür beginnt, ist das Parken kostenfrei. Seit einem Vierteljahrhundert genießt Michael Scheppach inzwischen die hungrige Unterstützung der Einheimischen. Zu seiner besonderen Freude kommen inzwischen auch immer mehr junge Gäste nach, die seine Küche mögen. Da fällt es ihm leicht, dass er als Wirt ständig anwesend sein muss. In der kurzen verbleibenden Freizeit kommen gute Freunde des Hauses gelegentlich sogar in den Genuss einer Kochschule. Und zu ganz besonderen Gelegenheiten verlässt er schon mal den heimischen Herd und kocht, ausnahmsweise, mit fremden Töpfen.

Fein gefüllter Bachsaibling mit Grünkern auf Peperonisoße

(für 6 Personen)

Zutaten

4 Bachsaiblinge, filetiert
100 g Grünkern
1/2 Zwiebel
1dl Sahne
Gemüsebrühe
Kerbel, Petersilie, Dill, Estragon
Salz, Pfeffer, Zitrone
2 cl Noilly Prat (trockener Wermut)
Butter
je 1 gelbe, rote und grüne Peperoni
1 Zwiebel
100 g Butter

Zubereitung

Bei 2 Saiblingsfilets die Haut vollständig entfernen, das Fleisch in feine Würfel schneiden, mit Salz, Pfeffer und Zitrone würzen, im Mixer mit Sahne zu einer feinen, glatten Farce verarbeiten. Noilly Prat und fein gehackte Kräuter untermischen.

Die anderen Filets mit der Haut nach unten auslegen, mit der Farce bestreichen, einrollen, in einer gebutterten Sauteuse in Form bringen und abgedeckt bei 180 °C etwa 12 Minuten im Ofen garen.

In der Zwischenzeit für die Soßen die Peperoni getrennt nach Farbe mit etwas Zwiebel anschwitzen, mit Brühe aufgießen, weich kochen und mit dem Stabmixer zu Soße verarbeiten. Die Soßen mit Salz und Pfeffer abschmecken und mit Butter aufmontieren. Eine halbe Zwiebel anschwitzen, den eingeweichten Grünkern dazugeben und mit Brühe etwa 30 Minuten weich kochen.

Die bunten Soßen gefällig auf einen Teller geben, die Saiblingsfilets auf dem Grünkern anrichten, mit Kräutern garnieren.

ERKHEIMER LANDHAUS

Erkheimer Landhaus
Inhaber: Brigitta und Jürgen Wörle

Färberstraße 34
D-87746 Erkheim

Telefon 00 49 (0) 83 36 / 8 13 97-0
Telefax 00 49 (0) 83 36 / 8 13 97-20
www.erkheimer-landhaus.de

Ruhetag: Donnerstag

Mitten auf der stillen grünen Wiese liegt unprätenziös das Erkheimer Landhaus wie ein Veilchen im Moose, das entdeckt sein will. Brigitta und Jürgen Wörle haben die kleine verschlafene Frühstückspension in ein gut besuchtes Hotel mit Restaurant verwandelt. Davor sind die beiden jahrelang mit den Jahreszeiten zwischen Italien und der Schweiz gependelt, unterbrochen nur durch eine Zeit in Österreich und durch die Hotelfachschule, in der Jürgen Wörle seinen Meister machte. Bis 2001 das Erkheimer Landhaus die Gelegenheit bot, sich selbstständig zu machen. Seitdem warten geräumige Zimmer mit moderner Ausstattung einladend auf die Gäste; 13 Blumen haben für ihre Namen Pate gestanden, darunter Rose, Gänseblümchen, Löwenzahn und Sonnenblume. Familien freuen sich besonders über den Spielplatz, Geschäftsleute schätzen das Schwimmbad, und der große Garten lädt alle zu einem beschaulichen Spaziergang ein. Selbst wenn das Erkheimer Landhaus inzwischen ein richtiges Hotel geworden ist – das Frühstück wird heute noch groß geschrieben. Die hausgemachten Marmeladen sind mehr als eine Sünde wert. Erdbeere, Pfirsich, Johannisbeere, alles selbst eingekocht und mit herrlichen Aromen. Wilde Heidelbeeren färben die Zähne noch richtig blau und machen auch im Heidelbeerpfannkuchen Furore. Nur die Walderdbeeren schaffen den Weg nicht mehr in die Küche, seit der Nachwuchs die winzigen Kostbarkeiten entdeckt hat.

Das Küchenkonzept des Restaurants war angesichts der Lage ein Wagnis, ist aber voll aufgegangen. Die zweiwöchig wechselnde Speisekarte, ergänzt durch Tagesmenüs, ist klein, aber oho. Taleggio-Ravioli mit Ochsenschwanzragout, Duo vom Lamm mit weißer Polenta oder Feldsalat mit geräuchertem Wildhasenrücken an Granatapfelsoße sind dafür nur einige verlockende Beispiele. Neben Fisch von Saibling bis Seeteufel ist

Wild der große Renner; die beste Quelle ist Brigitta Wörles Vater in Österreich, ein passionierter Jäger. Kenner fahren auf dem Heimweg extra am Landhaus vorbei und schauen nach, ob sein Auto vor der Tür steht. Was nicht vom österreichischen Zweig der Familie kommt, stammt vom Erzeuger um die Ecke, sei es Bäcker, Molkerei, Hühnerhof, Gärtnerei, Fischer oder Hobbybauer mit Galloway-Rindern.
Ob 30 oder 50 Gäste – Küchenmeister Jürgen Wörle ist Solist, immer im Team mit seiner Frau Brigitta und unterstützt von nur einem Küchenlehrling. Vor allem seine Themenabende wie Candle Light Dinners oder Wein-Degustationen mit Vier-Gänge-Menü und Weinempfehlungen aus Deutschland, Österreich und Italien werden von den Gästen gut angenommen. Kein Wunder, dass immer mehr Anfragen für Catering und Kochkurse an ihn gestellt werden. Oder wie ein Gast kürzlich beklagte: Schade, dass wir nur einmal im Jahr Hochzeitstag haben!

Beerensülze mit Vanillesoufflee und Zitronenjoghurteis
(für 8 Personen)

Zutaten

Beerensülze

500 ml Apfelsaft, naturtrüb
500 g frische gemischte Beeren
50 ml Himbeerlikör
60 g Rohr-Rohzucker, gemahlen
6 g Agar-Agar

Vanillesoufflee

250 ml Milch
63 g Mehl 405
33 g Butter
30 g Zucker
1 Vanilleschote
50 g Vollei
20 g Eigelb
45 g Eiweiß
35 g Zucker
Butter und Zucker für die Förmchen

Zubereitung

Für die Beerensülze Saft und Zucker aufkochen, Agar-Agar mit Likör glatt rühren, gemischte Beeren in den heißen Saft geben, mit Agar-Agar bei etwa 40 °C binden, sofort abfüllen.
Für das Soufflee Milch, Butter, Zucker, Vanille und Mehl zu einem kompakten Brandteig kochen, leicht abkühlen lassen. Eigelb und Vollei unterrühren und passieren, Eiweiß und Zucker zu festem Schnee schlagen und unter die Brandteigmasse rühren. In gebutterte und gezuckerte Förmchen füllen und etwa 20 Minuten bei von 160 auf 200 °C steigender Hitze backen.
Mit frischem Zitronenjoghurteis servieren.

HOTEL ALTE POST

Hotel Alte Post
Inhaber: Dr. Klaus Berchtold

Maximilianstraße 39
D-87719 Mindelheim

Telefon 00 49 (0) 82 61 / 7 60 76-0
Telefax 00 49 (0) 82 61 / 7 60 76-76
www. hotel-alte-post.de

Im schönen Mindelheim blickt das stattliche Gasthaus Alte Post auf 380 Jahre Geschichte zurück. Unter dem Schutz der Mindelburg an der alten Salzhandelsstraße gelegen, war der einstige Gasthof Hecht mit seiner Landwirtschaft, den Ställen und Gästezimmern zur Posthalterei prädestiniert und wurde so zum Brennpunkt der Geschichte: Kurfürsten und Könige stiegen auf ihren Reisen hier ab – und die couragierte Posthalterin Cäcilie von Dreer rettete die Stadt vor Plünderung und Brandschatzung mit einem Kniefall vor dem französischen Revolutionsgeneral Ferino. Über 200 Jahre lenkten die von Dreers die Geschicke der Alten Post, bis das Erbe 1996 an den verwandten Familienzweig der Berchtolds ging. Eine Lebenswende für Dr. Klaus Berchtold und seine Frau Lisa, die nach ihren bisherigen Berufswegen als Halbleiterspezialist und Studienrätin hier ein neues Leben begannen: er als Initiator der grundlegenden und großzügigen Restaurierung des Gebäudes, sie als Retterin des antiken Mobiliars und als Schöpferin des stilvollen Ambientes.

Der elsässische Chefkoch Gérard Schwartz wirkt in der Küche. Ehrlichkeit, Klarheit und ein guter Eigengeschmack, das zählt für ihn. Bei aller Regionalität mit echten Kässpätzle und Klassikern wie dem Allgäuer Schlemmerteller mit Spätzle und guten Stücken von Schwein und Pute will er doch seine französische Herkunft nicht verleugnen. Die Highlights aus der gehobenen Küche wie Seeteufelbacken und Nieren in Cognacsoße haben schon manchen Gaumen verzückt. Anhänger der leichten Kost freuen sich über seine leichten, knackigen Salate und manch vegetarische Delikatesse. Regelmäßige Köstlichkeiten auf der Speisekarte sind frischer Seefisch und einheimische Sorten aus den Fischteichen der Region.

Sommelière Senta Schwartz, auch an der Rezeption anzutreffen, ist sich mit Patron Dr. Berchtold einig, die Lieblingsweine der Alten Post vom prämierten Weingut Dautel in Bönnigheim und vom elsässischen Winzer Valentin Zusslin zu empfehlen.

Historische Räume durchweht vom Hauch europäischer Geschichte, das ist ein stilvoller Rahmen für zahlreiche Veranstaltungen und Feste. Tagungsgäste, Rotarier, Hochzeiter und Parteien treffen sich im intimen Rahmen des Cäcilienzimmers oder im großzügigen Postcafé mit Ausklang in der gediegenen Weinstube. In den 42 persönlich gestalteten Zimmern träumen sich die Gäste dann komfortabel durch die Nacht. Ein Geheimtipp für Frühaufsteher ist der duftende Morgenkaffee weit vor der Öffnungszeit!

Wo auch immer die Handelswege in die Zukunft laufen, die Alte Post bleibt wo sie ist, an der Wegkreuzung zwischen Historie und Moderne und in guten Händen.

Filets von der Dorade im Kartoffelmantel an Rieslingschaum, dazu Gemüsebouquet

Zutaten

4 Filets von der Dorade à 140 g
4 große Kartoffeln
125 ml Riesling
125 ml Sahne
125 ml Fischfond
Karotten, Speckrübchen, Zucchini
1 Zitrone
20 g Butter
Salz, Pfeffer, Öl

Zubereitung

Kartoffeln schälen und in dünne Streifen hobeln, mit etwas Salz und Pfeffer würzen. 2 EL dieser Kartoffelmasse pro Dorade in eine Pfanne mit etwas Öl geben, Doradenfilets darauf setzen und mit dem Rest der Kartoffelmasse bedecken. Beide Seiten in jeweils 3 Minuten knusprig braten.

Karotten, Speckrübchen und Zucchini in Scheiben schneiden. Das Gemüse in kochendem Salzwasser bissfest kochen, dabei die kurze Garzeit der Zucchini beachten. Mit Zitrone und Butter abschmecken.

Für die Rieslingschaumsoße den Fischfond mit dem Riesling einreduzieren lassen und dann vorsichtig die geschlagene Sahne unterziehen.

DIE KNEIPPSTADT BAD WÖRISHOFEN

St. Justina

Weit draußen im sanften Alpenvorland mit einem weiten Panoramablick auf die Galerie der Alpenkette und der Allgäuer Berge schmiegt sich Bad Wörishofen in ein idyllisch-grünes Hügelmeer.

Die einstige Herrschaft Werenshova wurde etwa 1000 n. Chr. zum ersten Mal erwähnt; 200 Jahre später ging sie wegen Kinderlosigkeit der Besitzerin an die Dominikaner. Bis zur Säkularisation wurde die Herrschaft von den Klosterherren in Augsburg verwaltet, die auch das Patronat über die Wörishofener Kirche St. Justina innehatten. Die Kirche wurde 1243 zum ersten Mal erwähnt, ihr heute noch erhaltener Turm ist mit 700 Jahren das älteste Bauwerk von Bad Wörishofen.

Auch der Weg des Schwaben Sebastian Kneipp führte nach Augsburg, wo er vor gut 150 Jahren zum Priester geweiht wurde. Im Dominikanerinnen-Kloster von Bad Wörishofen trat er sein Amt als Spiritual und Beichtvater an und entwickelte dort seine Kneippkur, durch die das 1719 erbaute Kloster zur Wiege eines der bekanntesten Naturheilverfahren der Welt wurde.

Auch heute ist die Kneippstadt Trendsetter im Bereich Medical Wellness; die bewährte Kneipptherapie ist eine ganzheitliche Präventivmaßnahme mit Langzeitwirkung, die dazu führt, dass man gesund bleibt und bewusster lebt. Diese Bad Wörishofener Kompetenz für Gesundheit wird von einem weit gefächertem Spektrum an Hotels und Sanatorien mitgetragen. Die Kombination aus Entspannungsurlaub, klassischer Therapie und natürlichen Heilmitteln, hochwertigem Wellness-Angebot und hoch qualifizierten medizinischen Maßnahmen in stilvollem Ambiente hat dem Kurort zu Weltruhm verholfen. Das begehrte Gütesiegel des Deutschen Heilbäderverbandes ist Bad Wörishofen ebenso verliehen worden wie die renommierte Auszeichnung Premium-Class Kneippheilbad. Die Historie der Stadt wurde wesentlich vom Wirken Kneipps ge-

Kurdirektion Bad Wörishofen

Luitpold-Leusser-Platz 2
D-86825 Bad Wörishofen

Telefon 00 49 (0) 82 47 / 99 33 55
Telefax 00 49 (0) 82 47 / 99 33 59
www.bad-woerishofen.de

prägt. Sein Pfarrhof, in dessen Waschküche er seine ersten Güsse verabreichte, die historische Wandelhalle, in der er seine Vorträge hielt, ein Museum im Dominikanerinnenkloster mit Erinnerungsstücken aus seinem Leben und seine Grabkapelle – all dies steht Besuchern der Kneippstadt zur Besichtigung offen. Die ehrwürdige Klosterkirche der Dominikanerinnen, vom Bregenzer Barockbaumeister Franz Beer erbaut, besticht mit herrlichen Stukkaturen und Deckengemälden der berühmten Gebrüder Dominikus und Johann Baptist Zimmermann.

Europaweit neue Maßstäbe setzt die Südseetherme von Bad Wörishofen mit ihrem imposanten Glastempel. Ein Solebecken mit 20 Prozent Soleanteil lässt die Badegäste schweben wie im Toten Meer und ermöglicht sogar das sinnbildlich-berühmte Zeitunglesen im Wasser. Weitere Becken innen und außen, wahlweise mit 34 Grad warmem Thermalheilwasser oder jod-, selen- und schwefelhaltigem Wasser sorgen für ausgiebige Entspannung.

Über das ganze Jahr hinweg sorgt ein buntes Kaleidoskop von Aktivitäten für einen abwechslungsreichen Aufenthalt. Hunderte Kilometer Rad- und Wanderwege mäandern durch die sanfte Hügellandschaft. Ob Reiten, Golfen, Segeln oder Nordic Walking – hier kommen Anfänger und Anspruchsvolle auf ihre Kosten. Ein maßgeschneidertes Programm für die individuelle Konstitution stellen auf Wunsch professionelle Berater zusammen. Speziell für Kurgäste wurden in Zusammenarbeit mit dem Institut für Balneologie und medizinische Klimatologie der Universität München Terrainkurwege entwickelt, die ein dosiertes Kreislauftraining auf eigens dafür vermessenen und bezeichneten Wegen unter Einbeziehung des positiven heilkräftigen Klimas ermöglichen.

Ein Kleinod und eine der schönsten Parkanlagen Europas ist der 160 000 Quadratmeter große Kurpark. Im Frühjahr feiern Abertausende Narzissen, Tulpen und Maiglöckchen ein Fest für die Sinne und verströmen verschwenderisch ihre zarten Düfte. Der Sommer berauscht sich an der Schönheit hunderter verschiedener Rosenarten. Ein umfangreicher Kräutergarten mit Küchenkräutern, Heilkräutern und Zierpflanzen führt den Besucher in die Pflanzenwelt des Mittelalters und der frühen Neuzeit zurück. Keine Frage, dass hier der ländlich-bäuerliche Kneipp-Garten nicht fehlen darf, mit allen Pflanzen der Kneipp'schen Hausapotheke, ergänzt um die Arzneipflanzen, die in seiner Heilkunde eine zentrale Rolle spielen.

Kurpark

Therme

KNEIPP-WERKE

Kneipp-Werke
Inhaber: Kneipp-Werke GmbH & Co KG

Leonhard-Oberhäußer-Straße 3
D-86825 Bad Wörishofen

Telefon 00 49 (0) 82 47 / 96 59-0
Telefax 00 49 (0) 82 47 / 96 59-5 21
www.kneipp.de

Besichtigungen in Gruppen nach Vereinbarung

Bad Wörishofen ist wie keine andere Stadt geprägt von Sebastian Kneipp. Das Kurhaus, die Kneipp-Apotheke und der Kurpark mit Aromagarten und Heilkräutergärten zeugen bis heute vom Wirken des berühmten Priesters und Heilers. Auf fünf Säulen ruht die seinerzeit revolutionäre, heute längst wissenschaftlich bestätigte Lehre, nämlich Wasseranwendungen, Heilpflanzen, Bewegung, gesunde Ernährung und die rechte Ordnung im Innen und Außen.

Begründet durch Verträge zwischen Kneipp und seinem Freund Leonhard Oberhäußer, dem Inhaber der Würzburger Engel-Apotheke, entstand 1891 das Haupthaus der Kneipp-Werke in Würzburg. 1980 gab es dann eine Rückkehr der besonderen Art in das traditionsreiche Zentrum der Kneipp-Kur in Bad Wörishofen: ein neu gegründetes Kneipp-Werk, eigens erbaut zur Herstellung von Tees und Badesalzen.

Die Düfte von Heilpflanzen und ätherischen Ölen schweben durch die Produktionsräume; es riecht nach unverfälschter, gewachsener Natur. Die Rezepturen sind komplex und wurden über Jahrzehnte aus den ursprünglichen Kräutermischungen von Kneipp weiter entwickelt. Und bei aller Wirkung auf die Gesundheit soll es auch gut schmecken!

Der Botanica® 7-Kräutertee etwa bietet eine herrlich frische Komposition für gesunden Genuss, ob heiß oder kalt getrunken. Hibiskusblüten und Hagebuttenschalen für die feine Säure und für Vitamin C, Brombeerblätter als ausgezeichneter und gesunder Schwarztee-Ersatz, Rosenblüten, Orangenblüten und Lindenblüten für Geschmack und Duft, Pfefferminzblätter für die Frische.

Echte Klassiker sind Husten- und Bronchialtee, Nerven- und Schlaftee, Blasen- und Nierentee und Brennnesseltee zur Entschlackung. Letzterer zeichnet sich zusätzlich durch eine vorbeugende Wirkung gegen rheumatische Beschwerden aus; Kneipp selbst war ein großer Verfechter der Prävention und vertrat nachdrücklich die Ansicht, dass die Menschen

nicht erst dann aktiv werden dürfen, wenn sie schon krank sind, sondern weit im Vorfeld für ihre Gesundheit Sorge tragen sollen. Insgesamt werden über 40 verschiedene Heilkräuter verarbeitet. Für jedes einzelne Kraut gibt es Anbaurichtlinien: Angefangen von der Auswahl des Saatgutes über den Nährstoffbedarf der Pflanze und die Pflanzenpflege bis zur richtigen Ernte und Trocknung wird alles dokumentiert. Der Anbau erfolgt auf der ganzen Welt, aber auch mittelständische Betriebe in Bayern, Hessen, Rheinland-Pfalz und Thüringen wirken dabei mit. Die Qualitätskontrollen nach modernsten Maßstäben übernimmt nach wie vor das werkseigene Labor. Von der Anlieferung eines Rohstoffes bis zum Endprodukt, dem Kräutertee, sind teilweise 40 Laborkontrollen nötig!

Für die Badesalze wird hochwertiges Pfannensiedesalz verarbeitet, aus der europaweit einzigen Pfannensiederei in Bad Luisenhall. 250 Millionen Jahre alt ist der unterirdische Salzstock, entstanden aus den Urmeeren der Erde. Zur Salzgewinnung wird Wasser durch den Salzstock gepumpt und danach in Siedebecken langsam erhitzt, damit das Wasser verdampft. Dabei kristallisiert ein grobkörniges Salz aus; seine spezielle Kristallform, ein Hohl-Tetraeder, ist mit vielen Höhlungen und Gängen ideal zur Aufnahme der ätherischen Öle geeignet. Das Salz enthält wichtige Spurenelemente, ist völlig frei von schädlichen Rückständen und wird auch als Speisesalz vermarktet.

So kann sich jeder eine Kneipp'sche Wasserkur der besonderen Art ins eigene Badezimmer holen. Ob mit klassischem Badesalz oder dem „kleinsten Whirlpool der Welt" in Form einer Sprudeltablette – im Handumdrehen verwandeln sich die Wanne oder das Fußbad in ein Wellness-Paradies. Müde Geister, angespannte Muskeln und überreizte Nerven finden im duftenden Wasser mit ätherischen Ölen aus Ingwer, Wacholder und Vetivergras Linderung und Entspannung; für freie Atemwege sorgen Eukalyptus oder Fichte.

Und wer jetzt noch eine Kerze vor den Spiegel stellt und eine Tasse wohlschmeckenden Tee in Reichweite hat, der darf sich bei sanftem Wasserplätschern und herrlichen Wohlgerüchen in einen 20-minütigen Kurzurlaub verabschieden.

FISCHZUCHT EBERLE

Fischzucht Eberle
Inhaber: Ernst Eberle

Fischerweg 1 c
D-86825 Dorschhausen

Telefon 00 49 (0) 82 47 / 3 20 08
Telefax 00 49 (0) 82 47 / 3 34 98 97
www.marktplatz-allgaeu.de

Ruhetage: Samstag Nachmittag, Sonntag

„Nomen est Omen" möchte man denken im wasserreichen Dorschhausen – und hat recht. Die glitzernden Wasserbewohner fanden 1924 hier eine kühle Wohnstatt, als der angehende Landwirt Martin Eberle von seinem ersten selbstverdienten Taschengeld Forellen in den Dorfteich einsetzte. Die winzigen Fischchen wuchsen zu schönen Speiseforellen heran, die Vater Thomas Eberle in seiner Gaststätte Zur Kalten Quelle den Kurgästen servierte, die zahlreich zum Wassertreten in der kältesten Wassertretstelle Schwabens anreisten.

Mit der Zeit wandelte sich das Berufsbild von Martin Eberle zunehmend vom Bauern zum Fischer. Dabei hatte er es im Allgäu mit dem Fisch keineswegs leicht. Fischtag war Freitag, basta. In der ersten Hälfte des 20. Jahrhunderts blieben unter der Woche die Kunden oft aus, erst mit dem Wirtschaftswunder der 1960er Jahre wurde es dann besser, und die Nachfrage nach den köstlichen Forellen stieg so stark, dass immer mehr Teiche angelegt wurden. Inzwischen hat sein Sohn Ernst Eberle die Nachfolge angetreten und unter seinem fürsorglichen Blick tummeln sich heute neben Forellen auch Bachsaiblinge, See- und Lachsforellen, Huchen, Karpfen und Schleien. Im Grunde stand für Ernst Eberle schon mit sieben Jahren fest, dass er Fischwirt werden wollte. Da war ihm der Umweg über eine Elektrikerausbildung nicht zu weit, bis er endlich seinen Traum leben durfte und nach einem vierjährigen Praktikum die Gesellenprüfung und nach weiteren drei Berufsjahren die Meisterprüfung als Fischwirt in Fischhaltung und Fischzucht erfolgreich ablegte.

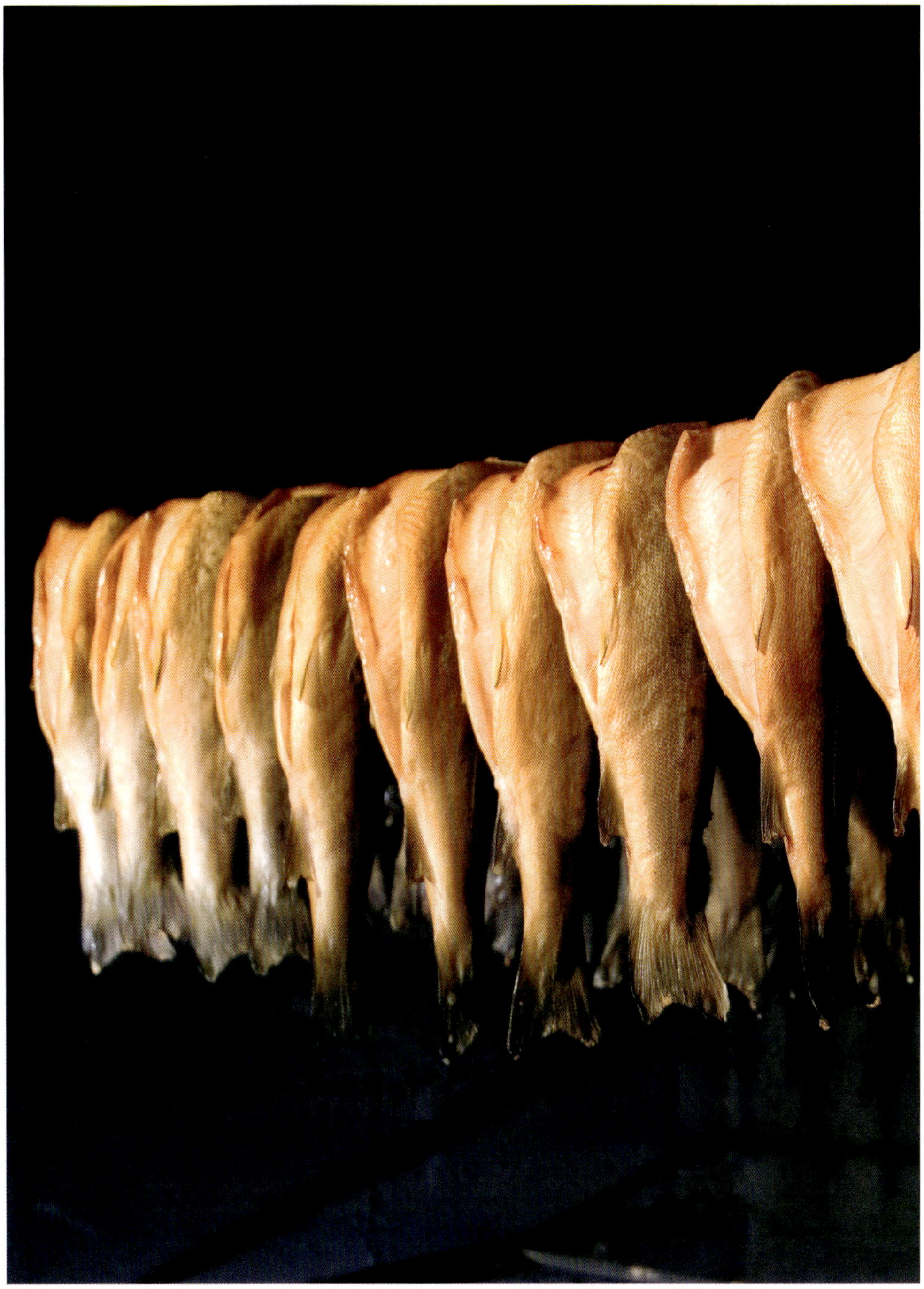

Seitdem zieht er vom Ei bis zum Fisch alles im eigenem Betrieb; das ist heutzutage selten! Engagiert und fachkundig bietet er daher Führungen für Besucher an, um Aufklärung zu betreiben – und die tut Not! Noch wissen viel zu wenige, wie eng der Zusammenhang ist zwischen einem hochwertigen und zarten Fischfleisch und einer ausgezeichneten Zucht.

Die Qualität seiner Speisefische verdankt er auch dem guten Quellwasser, das nah bei seinen Fischteichen frisch aus dem Boden entspringt. Forellen und Saiblinge brauchen für Gesundheit, Wohlbefinden und gutes Wachstum fließendes, kühles und vor allem sauberes Wasser. Die Quelle wird von eisigem Gletscherwasser gespeist; die Reinheit des Wassers ist weithin bekannt. Bei allem scheinbaren Überfluss des kühlen Nass macht sich der Klimawandel auch hier bemerkbar: Der stete Strom von kaltem, sauerstoffreichem Wasser lässt nach; die extrem heißen Sommer sorgen im folgenden Winter für Wasserknappheit. Dann muss für einen ausreichenden Sauerstoffgehalt in den Fischweihern zusätzlich belüftet werden.

Insbesondere das Bruthaus ist von exzellenter Wasserqualität abhängig. Eine halbe Million Eier reifen hier jedes Jahr heran. Wie Trauben liegen die Fischeier in viereckigen Unterstromkästen und werden von Frischwasser gleichsam zart umweht. Der Wasserstrom verläuft von unten nach oben, damit auch jeder einzelne der winzigen Lebensträger für seine Entwicklung optimal mit Sauerstoff versorgt wird. Ständig werden die Gelege sorgfältig begutachtet, unbefruchtete Eier werden täglich mit einem kleinen Schlauch in akribischer Feinarbeit abgesaugt. Nach etwa vier Wochen verrät sich zum ersten Mal die Anwesenheit des kleinen Fischwesens durch zwei kleine schwarze Punkte im Ei, die Augen.

Noch einmal 14 Tage weiter später schlüpfen sie dann, winzige Fischchen wie kleine Fäden von etwa zwei Zentimetern Länge. Fast durchsichtige Augentiere mit einem Rucksack am Bauch, dem so genannten Dottersack, sinken sie auf den Boden der Kästen und ernähren sich drei Wochen lang von ihrem nahrhaften Gepäck. Erst

wenn der Dottersack fast aufgebraucht ist, steigen sie langsam nach oben, um neugierig und hungrig nach einem speziellen, schwimmfähigen Futter zu schnappen. Sorgsam umhegt dürfen sie dann noch zwei Monate weiter im Bruthaus wachsen, bis sie als Fingerlinge von sechs Zentimetern Länge für einen neuen Lebensabschnitt bereit sind.

Die große Wende für die kleinen Fische ist gekommen, wenn Ernst Eberle sie im Sortierkasten begutachtet. Er liebt diese Augenblicke seiner Arbeit besonders, sich in Größe, Farbe und Art zu versenken, ihre Lebendigkeit zu spüren und sich die eine oder andere besondere Zeichnung zu verinnerlichen.

Dann werden sie in die verschiedenen Naturteiche umgesetzt und dürfen drei Jahre lang ein nasses, wohlversorgtes Leben führen, bis sie die rechte Größe für den Verkauf erreicht haben. In diesem Zeitraum hält der Fischzüchter immer wieder Ausschau nach geeigneten Fischen für die Zucht; sein erfahrenes Auge erkennt die besonders schönen und gut gewachsenen Exemplare, die die rechte Grundlage für seinen Laichstamm bilden.

Ernst Eberle hat eine besondere Beziehung zu seinen Fischen; er hat Freude daran ihren Werdegang mitzuerleben, er liebt die Überraschung, wenn einer viel schneller wächst als alle anderen, er bewundert die schöne Färbung der Saiblinge während der Laichzeit. Ein ausgiebiger Blick in den Teich offenbart ihm schnell den körperlichen Zustand seiner Schützlinge. Und so

manch einen kennt er über die Jahre, insbesondere seine Laichfische, die hat er schließlich jedes Jahr einmal in der Hand.
Bis ein Fisch ernsthaft etwas zum Fortbestand der eigenen Art beitragen kann, das dauert. Die Laichreife allein genügt nicht, meist braucht es zwei weitere Jahre, bis sich die Brut richtig entwickelt. Welch langfristige Investition! Fast sechs Jahre ist der Fisch bei Ernst Eberle gewesen, bis der die Früchte seiner Arbeit ernten darf. Und wenn solche Laichfische in die Jahre kommen, dann bekommen sie ihr wohlverdientes Gnadenbrot.
Um den Genpool aufzufrischen, kauft er in großen Abständen Eier zu. Doch am liebsten ist ihm sein eigener Nachwuchs, widerstandsfähige, gesunde Fische, die natürlich und langsam herangewachsen sind und unabhängig von Alter und Größe ein zartes Fleisch haben.
Die Theke im hofeigenen Fischladen birgt alle Schätze, die in seinen Teichen zu finden sind. Jeden Donnerstag ist Besuch von frischem Seefisch angesagt; der Aal reist vom Bodensee an. Direkt aus dem eigenen Ofen kommen die Räucherfische täglich frisch aufs Holzbrett. Auch eigene Entwicklungen wie Schwedenhappen aus Forelle, zarte Forellenmatjes oder, für die Grillsaison, fertig eingelegter Fisch in einer würzigen Lake mit wenig Zitrone und viel frischen Gartenkräutern und Knoblauch sind im vielseitigen und saisonalen Angebot enthalten. Ein Fest für die Augen und die Sinne sind die Räucherfischplatten für besondere Anlässe. Jeder Feinschmecker findet hier etwas Passendes für seinen Gaumen. Seine Stammgäste bis nach München, Günzburg und Kaufbeuren wissen das zu schätzen. Und auch Kurgäste dürfen seinen Fisch genießen; nur eine halbe Stunde braucht er vom Fischteich bis in die Restaurantküche in Bad Wörishofen und landet dann frisch, zart und silbrig auf den Tellern, geradeso wie seinerzeit in der Gaststätte Kalte Quelle.

Dreierlei Matjes mit Buttermilchsoße und Pellkartoffeln

Zutaten

4 Doppelmatjes von der Forelle
festkochende Kartoffeln
1/4 l Buttermilch
2–3 EL Crème fraîche
1 kleine Zwiebel
2–3 Essiggurken
Salz, Pfeffer, Petersilie
rote Beeren nach Belieben

Zubereitung

Buttermilch und Crème fraîche in eine Schüssel geben und zu einer glatten Konsistenz verrühren. Zwiebel fein hacken, Essiggurken fein würfeln und zufügen. Mit Salz und Pfeffer würzen. Mit gehackter Petersilie bestreuen.
Die Forellenmatjes auf den Teller geben, mit der Buttermilchsoße nappieren und mit roten Beeren dekorieren, dazu Pellkartoffeln reichen.

DAS OSTALLGÄU: LAND DER SCHLÖSSER UND SEEN

Weißensee

Schloß Neuschwanstein

Wo Bayern am schönsten ist, dort liegt das Ostallgäu, eingerahmt von den mehr als 2000 Meter hohen Ammergauer, Lechtaler und Tannheimer Alpen im Süden und umsäumt vom hügeligen Voralpenland. An die 50 Seen und Weiher spiegeln glitzernd das Himmelsblau; die Wasser des Lechs toben wild durch den Lechfall und rollen dann immer gemächlicher an der malerischen Landschaft vorbei, um sich im Forggensee zu verlieren – bewacht von der geschichtsträchtigen Stadt Füssen.

Die Bayerischen Monarchen entdeckten das Füssener Land und seine Schönheit schon im 19. Jahrhundert und genossen dort ihre Sommerfrische fernab von den lästigen Pflichten eines streng reglementierten Hoflebens in der Residenzstadt München. König Maximilian II. erlag den Reizen der Burgruine Schwanstein und baute sie im neugotischen Stil als Schloss Hohenschwangau wieder auf. Die Helden der deutschen Sagen und die ruhmreichen Taten der Wittelsbacher an den Wänden des Som mersitzes waren für König Ludwig II. die geistige Nahrung, aus welcher er bei der Planung seiner Schlossbauten schöpfte, gekrönt vom märchenhaften Neuschwanstein.

In über 20-jähriger Bauzeit ließ er Neuschwanstein auf einem Felsvorsprung als mittelalterliche Ritterburg errichten; das große Vorbild war die 1000 Jahre alte Wartburg bei Eisenach. In den prunkvoll ausgestatteten Räumen feiert die alte Sagenwelt von Lohengrin, Parsival und Tannhäuser bis heute ihre Wiederauferstehung. Das königliche Herzblut, die Kraft seiner Fantasie und das Drama seines Lebens strahlen bis heute von den Turmspitzen der Schlösser weit hinaus ins Land.

König Ludwig ist allgegenwärtig, vor allem auch als Musical, das vor der beeindruckenden Kulisse rund um das Festspielhaus Neuschwanstein das regionale und internationale Publikum begeistert.

Mit diesem Spektakel in der Erinnerung lässt sich das schöne Umland am besten genießen. Manch alte Burgruine wartet auf eine andachtsvolle Begehung und eine ganze Reihe Schlösser harrt noch der Bewunderung. Ein prachtvolles Naturdenkmal ist die Lindenallee in Marktoberdorf, deren 200 Jahre alten Bäume über eine Entfernung von zwei Kilometern das schlichte Jagdschloss des Augsburger Fürstbischofs Wenzeslaus mit der Stadt verbinden. Der Prälatenweg beginnt hier, ein Fernwanderweg, der sein Ende nach 140 Kilometern in Kochel am See findet.

Der Luftkurort Pfronten überrascht mit Ritterromantik, spektakulärem Blick von der Burgruine Falkenstein und mit seiner weithin bekannten Heukur, bei der Körperwickel aus Heu von kräuterreichen Bergwiesen verabreicht werden – ebenso gesund und schweißtreibend wie eine Tour durch die Reichenbachklamm hinauf auf den Pfrontener Hausberg Aggenstein.

Weiter im Norden liegt die Hauptstadt des Ostallgäus und ehemals freie Reichsstadt Kaufbeuren mit ihrem historischen Stadtkern und der alten Stadtmauer mit dem Wahrzeichen der Stadt, dem Fünfknopfturm. Sie lädt ein zu einem Ausflug ins Mittelalter. Historische Häuser mit reich verzierten Fassaden reihen sich an der Kaiser-Max-Straße auf; die Fenster blicken hinunter auf das geschäftige Treiben, das sich in den kleinen Gassen verliert und an lauschigen Plätze in Stille verstummt. Ein besonderer Ort der Besinnung ist die Kapelle St. Blasius, die angelehnt an die schützende Stadtmauer völlig unverändert die Jahrhunderte überdauerte und ein Schatzkästlein der Spätgotik ist. Nur wenige Kilometer vor den Stadttoren liegt im grünen Seitental der Wertach der kleine Ort Irsee mit dem ehemaligen Benediktinerkloster und seiner barocken Kirche mit einer in Schiffsform beeindruckend gestalteten Kanzel.

Konzentrate der Geschichte und des Handwerks, so liegen die Orte des Ostallgäus verstreut zwischen Wäldern und Wiesen, eingebettet in Täler, hingegossen auf Hügel. Dazwischen herrscht Weite und Raum, Platz für Besinnung abseits jeden Trubels. Der Weg dorthin beginnt einen Schritt vor der Stadt und führt durch beschauliche Dörfer, vorbei an bootbetupften Seen, durch blühende Haine und mit immer neuen Blickwinkeln auf die majestätische Kulisse der Berge.

Seeg

Weißensee

FÜSSEN

Blick auf den Forggensee

Wer der Romantischen Straße Richtung Süden folgt, darf nach der Lechbrücke einen Bilderbuchausblick auf Füssen genießen. Das Hohe Schloss, die Basilika und das ehemalige Kloster St. Mang erheben sich über die verwinkelten Dächer der Altstadt und zeigen sich von ihrer schönsten Seite. Rund um die höchstgelegene Stadt Bayerns hat sich die letzte Eiszeit als Landschaftskünstler erwiesen; die Urkraft hat den Allgäuer Königswinkel in die Berge hineingeschliffen und mit lockerer Hand die vielen blitzenden Seen und Moore in den weiten, grünen Auen verstreut.

Die reine Höhenluft, das gesunde Reizklima, die Mineral- und Moorheilbäder machen den Kneippkurort und seine Ortsteile Hopfen am See, Weißensee und Bad Faulenbach zu einem begehrten Ziel für Urlauber und Kurgäste.

Bereits die Römer wussten im 4. Jahrhundert „Foetibus" als Militärposten zu schätzen, wie die älteste Nennung auf dem Grabstein eines Kommandanten der Füssener Truppe beweist. Die Magnus-Vita aus dem 9. Jahrhundert bezeichnet den Ort als „fauces", ein Hinweis auf den Schlund des Lechfalls. Der deutsche Name Füssen – als Mehrzahl von Fuß – taucht erstmals Ende des 12. Jahrhunderts auf; die namengebenden Füße sind bis heute im Stadtwappen erhalten.

Heute wandelt man in der verwinkelten Füssener Altstadt auf den Spuren der historischen Römerstraße Via Claudia Augusta. Die heutige Reichenstraße, gesäumt von prächtigen Bürgerhäusern, erzählt beredt von der Blütezeit im 15. und 16. Jahrhundert, als die Stadt als Stapelplatz für einen schwunghaften Handel zwischen Italien und Augsburg diente. In dieser goldenen Zeit residierte auch Kaiser Maximilian I. häufig und gerne in der Stadt. Die Füssener Lautenmacher legten 1562 die älteste europäische Zunftordnung ihres Handwerks fest und machten die Stadt damit zur Wiege des europäischen Lauten- und Geigenbaus.

Das Hohe Schloss, einst Zentrum der weltlichen Macht, wurde Ende des 13. Jahrhunderts von Herzog Ludwig dem Strengen erbaut und rund 200 Jahre später von Bischof Friedrich II. von Zollern zu einer der bedeutendsten spätgotischen Schlossanlagen Deutschlands umgestaltet, mit pittoreskem Innenhof und Fassaden mit einzigartiger Illusionsmalerei. Seine Mauern beherbergen heute die Filialgalerie der Bayerischen Staatsgemäldesammlung und die Städtische Gemäldegalerie mit einer umfänglichen Sammlung von Kunstwerken vor allem aus der Spätgotik. Ein besonderes Augenmerk verdient die reich geschnitzte spätgotische Kassettendecke im Rittersaal.

Als mit der Säkularisierung von 1802 Füssen unter bayerische Oberhoheit kam, begann Mitte des 19. Jahrhunderts eine neue Blütezeit für die Stadt. Der Bau der Schlösser Hohenschwangau und Neuschwanstein machte Füssen zum Eingangstor des Königswinkels und zog den europäischen Hochadel an. Der neue Bahnhof brachte einen Strom von Waren und Besuchern in die Stadt, der bis in unsere Zeit anhält.

Im ehemaligen Benediktinerkloster St. Mang lässt sich eindrucksvoll die 1000-jährige Geschichte Füssens nachvollziehen. Das 840 vom St. Galler Mönch Magnus zur Missionierung des Allgäus gegründete Kloster wurde vom hervorragenden Barockkünstler Johann Jakob Herkomer gestaltet und ausgeschmückt. In den liebevoll restaurierten Räumen befinden

Füssen

sich das Museum der Stadt Füssen und eine bedeutende Sammlung historischer Streich- und Zupfinstrumente der Füssener Meister; sehenswert sind auch die historische Bibliothek und der reich ausgestattete Fürstensaal. Die Krypta der Klosterkirche ist das älteste Bauwerk Füssens; der Überlieferung nach soll der Heilige Magnus hier seine letzte Ruhestätte gefunden haben. Die Mauern der Annakapelle sind von Jakob Hiebeler (1602) mit Bayerns ältestem Totentanz geschmückt, der eindrucksvoll an den Kreislauf des Lebens erinnert.

Hineingeschmiegt in die sanften Kurven des Lechs, wo vor 100 Jahren noch die Flößer und Leinweber ihr tägliches Brot verdienten, mäandern die Spazierwege der Stadt Füssen am Fluss entlang zum Forggensee. Mit Blick auf den Königswinkel erhebt sich kühn der moderne Palast des Festspielhauses Neuschwanstein. Einerseits Denkmal für das historische Leben und Wirken König Ludwigs II., bietet es andererseits mit seinen Musical-Inszenierungen gleichsam einen magischen Schlüssel zu seiner märchenhaften Traumwelt.

Klosterhof St. Mang

Forggensee

FESTSPIELHAUS NEUSCHWANSTEIN

Festspielhaus Neuschwanstein
Musiktheater Füssen Verwaltung GmbH

Im See 1
D-87629 Füssen

Telefon 00 49 (0) 83 62 / 50 77-0
Telefax 00 49 (0) 83 62 / 50 77-2 98
www.festspielhaus-neuschwanstein.de

Auf seinem Weg von den Vorarlberger Alpen zur Donau schäumt der noch junge Lech über den Lechfall bei Füssen und ergießt sich in den Forggensee, menschgemachter Nachfahre eines eiszeitlichen Ursees, Spiegel von Bergkronen und Königsträumen.

Die Region um den See wurde tief geprägt vom Leben und Wirken König Ludwigs, und schrieb ihre Erinnerungen mit dem Bau des Festspielhauses Neuschwanstein gleichsam in Stein. Diese moderne, meisterliche Nachempfindung eines Schlosses liegt vor den Toren der Stadt Füssen an den Ufern des Forggensees und ist architektonisch präzise auf Schloss Neuschwanstein ausgerichtet.

Wie ein großes Sammelbecken nahm das Festspielhaus alle Mythen und Wirklichkeiten um den Märchenkönig auf und verschmolz sie zu dem schillernden und dramatischen Musical, das am 11. März 2005 im Festspielhaus Neuschwanstein uraufgeführt werden konnte. Wer die Welt der Festspielhausbühne einmal aus der Sicht eines König sehen möchte, der kann dies vortrefflich von der Königsloge aus tun. Exquisit ausgestattet empfängt die Loge ihre Gäste inmitten orientalischer Träumereien Ludwigs, dem Maurischen Pavillon von Schloss Linderhof nachempfunden.

Doch das Festspielhaus versteht sich längst nicht mehr nur als Hommage an König Ludwig; das kulturelle Selbstverständnis ist zu jenem einer internationalen Bühne gewachsen und sendet seine Impulse, kreativ und wirtschaftlich, weit ins Allgäu und darüber hinaus.

Kultur, das war schon den alten Lateinern klar, ist die Pflege des Geistes und des Körpers. Wo könnten die Grundvoraussetzungen dazu besser sein als im Festspielhaus mit seinen ausgewählten Veranstaltungen und einer Restaurantwelt, die von erfahrenen Gastronomen geleitet wird. In der Küche ist mindestens ein Jahrhundert Kocherfahrung versammelt, das so einen Besuch im Festspielhaus zu einem Fest für alle Sinne macht. Die Küche verfolgt eine klare Linie jenseits aller Schnörkel. Frisch und schmackhaft muss bereits das Grundprodukt sein; die Hand der Köche arbeitet die Essenz weiter heraus und veredelt zurückhaltend mit Kräutern und Gewürzen. Oberste Messlatte ist und bleibt dabei das gute Bauchgefühl – nach dem Essen! Ein kompromissloser Einkauf sichert die beständig hohe Qualität der vielfach regionalen Produkte.

Der rechte Gast im Festspielhaus ist einfach nur eines – hungrig! Die Wahl des Transportmittels ist der eigenen Vorliebe überlassen; das Ruderboot findet hier genauso leicht einen Hafen wie das Radl oder die Nobelkarosse einen Parkplatz. Ob Krachlederne, Wanderstiefel oder Abendgarderobe – jeder findet in einem der eigenständigen Restaurants seinen Wohlfühlplatz. Und zum Sinnieren oder Lustwandeln bietet sich der barocke Garten am Seeufer an.

Bayern und solche, die es werden wollen, genießen im Wirtshaus und im Biergarten am See frische Brezen und Weißwürste, Schweinsbraten mit Semmelknödeln, Leberkäse mit Kartoffelsalat und Wurstsalat. Dazu ein frisch gezapftes Bier vom Faß – und das Glück ist perfekt!

Im Romantik Restaurant hat die bayerische Küche ihr Festtagskleid an. Der weiß getäfelte Spiegelsaal und die fein eingedeckten Tische laden zum eleganten Speisen. Die Porzellanteller präsentieren einen Reigen von drei Gängen: Zanderfilet auf Melonen-Avocadosalat an Himbeervinaigrette, Rinderfilet rosé mit Rotweinglace und Kartoffelgnocchi sowie Mousse von der weißen Schokolade mit Rhabarber und Erdbeersorbet. Komponiert wird die Menü-Auswahl mit jahreszeitlichem Esprit; die Weinkarte bietet dazu eine ausgewogene Selektion an klassischen Weinen.

Ein Stockwerk höher wölbt sich die Kuppel des Festspielhauses weit über den Panorama-Saal, der mit grandiosem Blick auf die Naturkulisse der Allgäuer Alpen prädestiniert ist für Feste und private Veranstaltungen. Edle Speisen wie Kürbis-Lemon-Süppchen mit Flusskrebsen, Strudel von Zander und Saibling auf Rieslingschaum, Französische Perlhuhnbrust an zweierlei Soßen und als Dessert Mandelparfait an Orangenragout bereichern jede Feier, danach fällt die Wahl schwer zwischen Walzer und Mondscheinspaziergang. Akustische Faszination ist geboten, wenn ein Sänger direkt unter der riesigen Kuppel ein Lied anstimmt!

Davor, danach oder anstatt führt der Weg in Ludwigs Lounge & Bar. Endlose 22 Meter poliertes Holz schwingen sich harmonisch im weiten Bogen durch den offenen Raum. Die längste Bar Deutschlands bereitet die Bühne für exotische Cocktails, scharfe Drinks und würzig-milde Havannas; Live-Musik wabert durch die Luft und umgarnt gedämpfte Stimmen, und die allgegenwärtigen Lichtreflexe des Sees tauchen durch die Fenster zurück in die stimmungsvolle Atmosphäre.

Längst wurde das Festspielhaus auch von renommierten Firmen und Konzernen als Kulisse für ihre Präsentationen und Events entdeckt. Die Kapazität von Bühne und Küche ist beachtlich, über 1000 Menschen können hier gleichzeitig anspruchsvoll speisen. Das Erfolgsrezept für derlei Herausforderungen ist schlicht die perfekte Vorbereitung.

Hinter den Kulissen des neuzeitlichen Märchenschlosses arbeiten täglich über 100 Mitarbeiter für ein größtmögliches Maß an Annehmlichkeiten und Vergnügen des Gastes. Dies kann auch seinerzeit König Ludwig nicht besser angetroffen haben. Und so ist der Lech, wenn er aus den Wassern des Forggensees neugeboren wird und in sanftem Grün der Donau entgegenstrebt, um einige gelebte Träume reicher geworden.

Lammkarree an Rotweinglace

Zutaten

600 g Lammkarree mit geputzten Knochen
Olivenöl zum Anbraten
20 g Butter
Salz, Pfeffer, Rosmarin, Thymian, Knoblauch

Rotweinsoße

1/2 l kräftiger Rotwein
1/2 Knoblauchknolle
1 Lorbeerblatt
3 Nelken
3 Wacholderbeeren
10 Korianderkörner
3 Scheiben Ingwer
4 Pfefferbeeren
Orangen- und Zitronenschale
1 l kräftiger Kalbsfond, auf 1/2 l reduziert

Paprikacoulis

2 EL Olivenöl
1 EL Butter
3 Schalotten, fein gewürfelt
2 EL Wasser
1 Knoblauchzehe
2 rote Paprika
2 gelbe Paprika
Rosmarin, Thymian
Salz, Pfeffer aus der Mühle, Zucker
Backpapier
400 ml Geflügelfond

Zubereitung

Fleisch pfeffern, in Olivenöl von allen Seiten anbraten, im Ofen bei 100 °C 12 bis 15 Minuten auf einem Gitter garen. Warm stellen und nochmals mindestens 15 Minuten ruhen lassen.
Für die Soße Rotwein mit Gewürzen reduzieren, bis nichts mehr im Sautoir ist, mit reduziertem Kalbsfond ablöschen bzw aufgießen, bis zum gewünschten Geschmack einköcheln. In den letzten 5 Minuten Orangen- und Zitronenschale zugeben, mit Zucker, Salz, Pfeffer nachschmecken, evtl. mit eingeschwenkter kalter Butter etwas Glanz und Bindung beibringen, passieren.
Für die Paprikacoulis Olivenöl mit Butter leicht erhitzen, Schalotten und Knoblauch zugeben, 2 Minuten bei leichter Hitze braten, dann Paprikawürfel, Kräuter und bei Bedarf 2 EL Wasser zugeben und mit Backpapier abdecken. Bei ganz kleiner Hitze 30 bis 40 Minuten garen, mit Geflügelfond aufgießen, noch einmal aufkochen, pürieren und abschmecken. Etwas kalte Butter einmontieren.
Dazu breite Bohnen und einen gepflegten kräftigen Rotwein reichen.

TREFF HOTEL LUITPOLDPARK

Treff Hotel Luitpoldpark
Hotelleitung: Uwe Strompf

Bahnhofstraße 1-3
D-87629 Füssen

Telefon 00 49 (0) 83 62 / 9 04-0
Telefax 00 49 (0) 83 62 / 9 04-6 78
www.luitpoldpark-hotel.de

In herrschaftlicher Lage schaut das Treff Hotel Luitpoldpark auf die beschaulichen Winkel der Füssener Altstadt und das bunte Treiben in den Gassen. Seit über einem Jahrzehnt empfängt das Vier-Sterne-Haus im historischen Stadtkern nun sein anspruchsvolles internationales Publikum; in schlichter Großzügigkeit und mit edlen Materialien nimmt die Lobby die Gäste auf und entlässt sie in die gepflegte Ruhe und den gediegenen Komfort der über 100 Hotelzimmer. Gäste mit ausgeprägtem Wunsch nach Privatsphäre schätzen die eleganten Suiten des Hauses mit eigener Sauna. Begehrter Treff für Geschäftsleute ist der wandlungsfähige Tagungsbereich des Luitpoldpark, der für Seminare und Bankette bis 100 Personen geeignet ist.
Herzklopfen, von sanft bis wild, ist für Allgäubesucher immer inklusive, im Hochseilgarten, bei der herbstlichen Viehscheid, beim Bergsteigen, Radwandern oder Flanieren. Wer seinen Kreislauf lieber auf andere Weise in Schwung bringt, geht ins LöWe, das ist der 1500 Quadratmeter große Fit- & Wellness-Park des Hotels. Auf drei Ebenen breitet sich eine Landschaft aus Saunen, Dampfbädern und Whirlpools aus, mit mediterranem Ruheraum zum Träumen, Kneipp-Station für anregend-kalte Güsse und Ayurveda für Verwöhnkultur. Modernste Cardio- und Trimmgeräte warten unter fachkundiger Aufsicht auf ausgiebige Betätigung; Muskeln dürfen im Athletikcenter aufpoliert und gestählt werden, damit danach umso kultivierter gespeist werden kann. Die Restaurants des Hauses spiegeln die Klientel aus allen Teilen der Welt wider. Abwechslungsreich von regional bis international bietet die Küche eine große Auswahl an Speisen mit saisonalen Highlights. Zum anspruchsvollen Tafeln bei Kerzenlicht lädt elegant das Restaurant Kurfürst von Bayern, während es sich im sonnigen Hofgarten mit Bier und Biergartenschmankerln

Schweinemedaillon auf Morchelrahmsoße an tourniertem Gemüse

Zutaten
480 g Schweinefilet
4 Scheiben Speck
80 ml Bratenjus

Gemüse
4 Artischockenböden
4 Blumenkohlröschen
4 Broccoliröschen
4 Romanescoröschen
4 Stangen grüner Spargel
4 Kirschtomaten
8 Kaiserschoten
4 halbe Köpfchen Rosenkohl
4 Karotten
4 gelbe Zucchini
80 g Butter
Salz, Pfeffer, Muskat

Morchelrahmsoße
40 g getrocknete Morcheln
20 g Schalotten
20 g Zwiebellauch
40 g Butter
4 cl Limonensaft
60 ml Sahne
40 ml Bratenjus
4 cl Cognac

Zubereitung
Schweinefilet in Medaillons schneiden, mit Speckstreifen umwickeln. Mit Jodsalz und frisch gemahlenem Pfeffer würzen. Beidseitig leicht anbraten, dann im Backofen bei 180 °C 9 Minuten garen.
Das Gemüse in Form bringen (tournieren) und in Salzwasser bissfest kochen. In zerlassener Butter schwenken, leicht mit Pfeffer, Salz und Muskat würzen.
Für die Morchelrahmsoße Morcheln in Wasser 30 Minuten einweichen, in einem Tuch trocknen, zerkleinern. Zerlassene Butter und Schalotten in einen Topf geben, leicht glasierte Morcheln beifügen, mit Cognac ablöschen. Bratenjus, Sahne, Limonensaft und in feine Röllchen geschnittenen Zwiebellauch hinzugeben. Mit Salz und Pfeffer abschmecken.
Morchelrahmsoße auf den Teller geben, Schweinemedaillon aufsetzen, mit Bratenjus überziehen, mit Gemüse umlegen. Dazu schmecken Eierspätzle.

zünftig Brotzeit machen lässt. Genüsse für Gaumen und Ohren gibt es im Wiener Café, stilecht mit Pianist am Klavier, und im rustikal gehaltenen El Bandito sind Salsa-Klänge das Salz und Pfeffer der mexikanischen Küche. Die Würze eines jeglichen Besuches im Hotel sind die strahlenden, freundlichen Gesichter des 60-köpfigen Teams, das den Besuchern einen herzlichen Empfang bereitet. Dies ist die Handschrift von Hotelier Uwe Strompf, der als Mann der ersten Stunde das Hotel Luitpoldpark nachhaltig geprägt hat. Seiner Überzeugung nach ist selbst das beste Hotel-Konzept erst dann dauerhaft von Erfolg gekrönt, wenn die Mitarbeiter die Zeit und den Raum zur Selbstentfaltung nutzen und den Gast unmittelbar daran teilhaben lassen – durch Freundlichkeit und Aufmerksamkeit. Und darum gehen Gäste des Luitpoldpark eben nicht nur an die Bar – sondern gerne zu dem Menschen dahinter!

HOTEL RESTAURANT FRÜHLINGSGARTEN

Hotel Restaurant Frühlingsgarten
Inhaber: Bruno und Irene Weyerer

Alatseestraße 8
D-87629 Füssen-Bad Faulenbach

Telefon 00 49 (0) 83 62 / 91 73-0
Telefax 00 49 (0) 83 62 / 91 73-40
www.hotel-fruehlingsgarten.de

Ruhetag Restaurant: Dienstag

Im geruhsamen Kurort Bad Faulenbach haben seinerzeit schon die Römer gebadet, auch die bayerischen Herzöge und Könige wussten landschaftliche Schönheit und gesunde Verwöhnkultur zu schätzen. Und während im Kloster zu ihren Füßen fromm gebetet wurde, wurde im kirchlichen Fronhof hart gearbeitet, um das leibliche Wohl der geistlichen Herren zu sichern. Dieser vornehmen Aufgabe geht man hier noch heute nach, wenn auch die Fronarbeit und die alten Klosterherren längst Vergangenheit sind. Als Hotel Restaurant Frühlingsgarten erstrahlt der alte Fronhof in neuem Glanz und mit den Gastgebern Bruno und Irene Weyerer ist eine herzliche Atmosphäre eingezogen.

Schon die Eltern von Bruno Weyerer waren Gastronomen und haben ihre berufliche Leidenschaft an alle drei Kinder weiter vererbt. Nach Jahren des Wanderlebens als Koch machte Weyerer sich 1986 mit seine Frau Irene selbstständig; seit bald zwei Jahrzehnten erfreuen sie die Gäste des Frühlingsgarten. Des Küchenchefs wichtigste Zutaten sind Herz, Liebe und frische Produkte. Er greift sich aus dem Schatz der traditionellen Küche immer neue Schwerpunkte heraus: bayerische Jungente, Schweinebraten mit Bayrischkraut und Knödeln oder Sauerbraten, tagelang eingelegt, mit Preiselbeeren, Apfelblaukraut und hausgemachten Spätzle. Der jahreszeitliche Reigen beschenkt die Küche mit deutschem Spargel, frischen Steinpilzen, Pfifferlingen, Wild und vielem mehr.

Und Freitag ist Fischtag – mit Barsch, Saibling, Zander oder Seeteufel, je nachdem, was den Fischern in die Netze geht. Deutsche Weine, einige italienische Klassiker, selbst angesetzte Schnäpse und Allgäuer Bier sorgen allemal für die rechte Stimmung.

Auf der Speisekarte und auch vor der Haustüre ist so viel zu entdecken, dass mancher Stammgast sich gleich drei Wochen Zeit lässt für eine gründliche Erkundung. Auch Tagesgäste schätzen Küche und Gastfreundschaft – gut, dass drinnen und draußen weit mehr als 100 Plätze zur Verfügung stehen. Gemütlich im ländlichen Stil präsentieren sich die elf Hotelzimmer. Die verkehrsberuhigte Zone bietet Erholung wie in alten Zeiten; die Natur beginnt fast vor der Haustür, und wer auf Schusters Rappen unterwegs ist, den locken der verwunschene Alatsee, der romantische Maxsteg über dem Lechfall oder die grüne Grenze nach Tirol.
Ihr Glück ist vollkommen, meinen die Weyerers jedenfalls, auch weil die beiden Söhne Ferdinand und Timotheus die Koch-Gene mitbekommen haben und dereinst den Frühlingsgarten übernehmen werden. Dann dürfen endlich die Eltern genussvoll zum Essen gehen, am liebsten mittags und mit viel, viel Zeit.

Bauernente
(für 2 Personen)

Zutaten
2 kg Bauernente
2 Äpfel
2 Zwiebeln
1 kleine Knolle Ingwer
1 TL Tomatenmark
Salz, Pfeffer, Zucker
Beifuß, Majoran
Gemüsebrühe

Zubereitung
Äpfel und Zwiebeln in 1 Zentimeter große Würfel schneiden und mischen. Die gewaschene Ente trocken tupfen, innen und außen mit Salz, Pfeffer, Majoran und Beifuß würzen und mit der Hälfte der Apfel- und Zwiebelwürfel füllen.
Den Elektroherd auf etwa 220 °C vorheizen. Die Ente auf der Brustseite in den Bräter legen, 1 Tasse Wasser zugeben, dann 45 Minuten braten, gelegentlich mit Bratenfett übergießen. Nach Ablauf der 45 Minuten die restlichen Apfel- und Zwiebelwürfel und den in Scheiben geschnittenen Ingwer zugeben, die Ente auf den Rücken drehen. Weitere 45 bis 60 Minuten braten und gelegentlich übergießen. Dann die Ente aus dem Rohr nehmen, halbieren und warm stellen. Tomatenmark und die Füllung aus der Ente in den Bräter geben, mit dem Bratensatz verrühren und im Rohr noch kurz weiter rösten. Zum Schluss mit Gemüsebrühe aufgießen, mit Salz, Pfeffer, Majoran und etwas Zucker abschmecken. Vor dem Servieren das Entenfett abschöpfen, die Soße durch ein Sieb geben. Als Beilage passen rohe Klöße, Blaukraut und karamellisierte

HOTEL SOMMER

Am türkisblauen Wasser des Forggensees, nur einen Steinwurf vom Füssener Festspielhaus Neuschwanstein entfernt, liegt seit zwei Jahrzehnten das Hotel Sommer. In den 1990er Jahren von Barbara und Wilhelm Sommer erbaut, wird das heutige Hotel von Sohn Wolfgang, einem erfahrenen Betriebswirt und Hotelier, engagiert und umsichtig geführt. Seine Frau Annette, ausgebildete Masseurin, hat die professionelle Leitung des eleganten Wellness-Bereiches mit TÜV-geprüfter Qualität übernommen.

Auf 1500 Quadratmetern finden sich sanft prickelnde Solebäder, unterschiedlich temperierte Saunen und ein abwechslungsreiches Fitnessangebot, das weit mehr als nur Raum für Entspannung bietet. Mit einem ganzheitlichen Konzept, intensiv betreut von Masseuren, Sporttrainern und lokalen Ärzten, werden die Gäste hier zu einer neuen Vitalität und Lebensfreude inspiriert. Im Gleichklang von Freude an Bewegung, einer harmonischen Atmosphäre und gesundem biologischen Essen wird das gesamte Wohlbefinden gefördert – und das neue Lebenskonzept später nach Hause mitgenommen. Einen besonders leichten Schritt über die Schwelle in ein entgiftetes und gesundes Leben verheißen die Früchtefastentage mit Biofrüchten und täglichen Wanderungen; für ein Mehr an persönlicher Leistungsfähigkeit und Lebensfreude sorgt die Gesundheitswoche.

In den 70 komfortablen Hotelzimmern dürfen alle später zur Ruhe kommen, ob Vitalurlauber, Festspielgäste oder Geschäftsleute; bei Familien sorgen eigene Kinder-Schlafzimmer für friedliche Nächte. Tagungsteilnehmer freuen sich über moderne Technik, inspirierende Aussicht und die herausragende Lage inmitten einer herrlichen Ferienregion!

Küchenchef Herbert Butzyk sorgt einfallsreich für eine täglich wechselnde Karte mit Fisch, Fleisch und vegetarischen Gerichten. Aromatische Apfel-Paprikasuppe, saftiger Wildschweinbraten in Pfifferlingsoße, feine Rotbarbe mit Risotto, eine herzhafte Schlachtplatte oder ein exotischer Papaya-Tomateneintopf – das Angebot lässt nichts zu wünschen übrig. Dazu schmecken ein runder Wein oder ein süffiges Bier.

Im Restaurant Schwanenritter findet sich Platz für ausladende Buffets und Küchenkunst am mobilen Herd. Die rustikale Füssener Stube und die gemütliche Wagner Stube laden zum Speisen in kleiner oder großer Gesellschaft, die Ludwig Stube ist der rechte Ort für feine Bankette. Gesellschaftlicher Mittelpunkt des Hotels ist die Bar mit Espresso, frisch gezapftem Weizenbier oder köstlichen Cocktails.

Die Gastgeberrolle übernimmt im Hotel Sommer jeder der Mitarbeiter; 60 Menschen geben täglich ihr Bestes für die Gäste. Auch wenn das Team sie mit vollem Einsatz unterstützt – die Tage von Wolfgang und Annette Sommer sind intensiv und lang. Innere Ruhe findet sich da am besten durch äußere Bewegung, auf Mountainbiketouren oder beim Wandern, am liebsten mit den beiden Kindern Katharina und Konstantin.

Hotel Sommer
Inhaber: Wolfgang Sommer

Weidachstraße 74
D-87629 Füssen

Telefon 00 49 (0) 83 62 / 91 47-0
Telefax 00 49 (0) 83 62 / 91 47-14
www.hotel-sommer.de

Kleines Ragout von Reh und Waldpilzen auf Rotkraut-Jelly

Zutaten
400 g Rehgulasch aus der Keule
Erdnussöl
100 g Zwiebeln, fein gewürfelt
0,1 l Rotwein
0,2 l Bratensaft
Stärkemehl
4 Blätterteigpastetchen
100 g Pfifferlinge
100 g Steinpilze
100 g Champignons
20 g Morcheln
1 EL Preiselbeeren

Rotkraut-Jelly
50 g Zwiebeln, fein gewürfelt
100 g Rotkraut
25 g brauner Zucker
0,1 l Rotwein
0,1 l Wasser
1 EL Preiselbeeren

Zubereitung
Das geschnetzelte Fleisch in Erdnussöl anbraten, mit Rotwein ablöschen, einreduzieren lassen und mit Bratensaft aufgießen, weich garen und mit Stärkemehl binden. Eingeweichte Morcheln und Pilze in Erdnussöl schwenken und mit Kräutersalz und weißen Pfeffer würzen.
Für das Rotkraut-Jelly die Zwiebeln in Erdnussbutter glasig schwitzen und das geschnittene Rotkraut mit braunem Zucker leicht karamellisieren. Mit Salz und Zimt würzen, Preiselbeeren zugeben. Mit Rotwein und Wasser aufgießen und um die Hälfte einreduzieren lassen, mit Stärke binden und mit dem Mixstab aufmixen. Mit Balsamico-Essig verfeinern.
Ragout in Pastetchen anrichten, dann Pastetchen auf das Rotkraut-Jelly setzen und mit rosa Pfefferbeeren, frittierter Petersilie und Schnittlauchröllchen garnieren.

HOTEL MÜLLER

Hotel Müller
Inhaber: Familie Müller

Alpseestraße 16
D-87645 Hohenschwangau

Telefon 00 49 (0) 83 62 / 81 99-0
Telefax 00 49 (0) 83 62 / 81 99-13
www.hotel-mueller.de

Im herrlichen Königswinkel und zu Füßen der Schlösser residiert stilvoll das Hotel Müller. Schloss Hohenschwangau, das geliebte Zuhause des jungen Ludwig, ist nur einen Spaziergang entfernt; Schloss Neuschwanstein, des Königs Märchentraum, erreicht man standesgemäß mit der Pferdekutsche.

Schon im 17. Jahrhundert waren die Müllers in der Region ansässig und ließen sich dann 1820 zu Füßen des Schlosses Hohenschwangau als Landwirte nieder. Es entstand ein Fuhrunternehmen, das mit Pferdekutschen Beförderungen in die nähere und weitere Umgebung ermöglichte, und das später auch Waren sowie Baumaterialien transportierte für den Schlossbau der Neuen Burg zu Hohenschwangau, dem inzwischen legendären Neuschwanstein.

Hohenschwangau war ein sehr beliebtes Sommerdomizil in jenen Tagen; dies veranlasste Urgroßvater Josef Müller zuerst zum Bau eines Gästehauses und schlussendlich zur Aufgabe der Landwirtschaft. Anstelle des alten Bauernhauses errichtete er 1910 ein gediegenes Hotel, das heute bereits in vierter Generation geführt wird.

Der Ausblick aus fast allen Fenstern geht hinaus über den sommerlich grünen, leuchtend bunten oder winterweiß verzauberten Wald und die Königsschlösser. Die Hotelzimmer sind mit allen Annehmlichkeiten ausgestattet und bieten besten Komfort. Fast wie zu Zeiten König Ludwigs glänzt die internationale Gästeklientel in den letzten zwei Septemberwochen, wenn in Schloss Neuschwanstein die alljährlichen Schlosskonzerte gegeben werden. Als Krönung des musikalischen Genusses wartet die Küche danach mit einem ausgezeichneten Diner auf, je nach Wunsch im eleganten Barockzimmer, im Oktogon-Restaurant mit Blick zum Schloss oder der heimeligen Stube am Ofen. Speisen an frischer Luft und Ausblick ohne Grenzen gibt es auf der Sonnenterrasse und im Wintergarten.

Für die kulinarischen Freuden sorgt ein Stab von langjährigen und bewährten Mitarbeitern. Seit mehr als einem Vierteljahrhundert prägen Küchenchef Klaus Petelski und Sous-Chef Klaus Bühring den feinen Stil des Hauses.

Als Vorspeise locken Tartar von Räucherlachs auf Dillcreme oder ein appetitanregendes Oxtail-Süppchen mit Chesterstange, danach ein zart-wilder Hirschrücken in Pfifferlingrahmsoße mit Schupfnudeln oder, etwas deftiger, der Allgäuer Lendentopf auf Kässpätzle mit Salat.

Ein fast historischer Klassiker ist das Kalbsfilet Gabriele in Morchelrahmsoße mit hausgemachten Eierknöpfle, das Graf von Pocci sich seinerzeit als Stammgast bei jedem Besuch auf der Zunge zergehen ließ. Für einen gut sortierten Weinkeller und erstklassigen Service sorgt Sommelier und Oberkellner Ralph Hoffmann. Hausgemachte Kuchen, Torten und Desserts wie Pfirsich-Sahnereis auf Orangensoße als luftiger Traum aus Kinderzeiten sind das Ressort von Chef-Patissier Christian Braun. Bei aller Noblesse sind im Hotel Müller auch Kurzbesucher für Kaffee und Kuchen jederzeit willkommen. Ob im Café, dem Gartenlokal oder dem Bistro im Eingangsbereich – hier fühlen sich Gäste bei kleinen Zwischengerichten oder einfach einer Tasse Kaffee wohl.

Bayerische Creme
(für 6 Personen)

Zutaten
500 ml Milch
100 g Zucker
1 Vanilleschote
4 Eigelb
4 Blatt Gelatine
500 ml Schlagsahne

Zubereitung
Milch, Zucker und die Vanilleschote in einem Topf aufkochen. Währenddessen die Gelatine in kaltem Wasser einweichen. Eigelb in einer Schüssel verrühren, die heiße Milch ohne Vanilleschote zugeben und so lange rühren, bis eine cremige Masse entsteht. Die Gelatineblätter ausdrücken und in die warme Creme einrühren, bis sie vollständig aufgelöst sind. Schlagsahne steif schlagen und unterziehen, bevor die Creme geliert. Im Kühlschrank kalt stellen.

BURKARD BOVENSIEPEN

Burkard Bovensiepen GmbH & Co. KG
Inhaber: Burkard, Andreas und
Florian Bovensiepen

Alpenstraße 35–37
D-86807 Buchloe

Telefon 00 49 (0) 82 41 / 50 05-0
Telefax 00 49 (0) 82 41 / 50 05-1 55
www.alpina.de

Unweit des emsigen Betriebs der Autobahn A 96 von Lindau nach München liegt der Autohersteller Alpina, eingebettet in seine Hausfarben Grün und Blau inmitten der Friedlichkeit von Ostallgäuer Einfamilienhäusern. Schlichte Industriehallen spannen sich über das Gelände und umhüllen die Fertigung der Alpina Fahrzeug-Familie. Ein weiteres, komplexes Tätigkeitsfeld des Firmengründers Burkard Bovensiepen ist der Import und Vertrieb von Spitzenweinen. Mehr als 1 Million Flaschen schlummern in den Kellern und klimatisierten Lagerhallen von Alpina einer großen Zukunft entgegen, ein Schatz, der eines Schlosses würdig ist.

Eine rare Kombination, schnelle Autos und Wein. Für Burkard Bovensiepen hat sich dies ganz selbstverständlich entwickelt. Seine entbehrungsreiche Kindheit hat ihn nicht etwa hart, sondern besonders empfänglich gemacht für den hohen Wert des Schönen. Seine Lehre als Werkzeugmacher, das Studium von Maschinenbau und Betriebswirtschaft, sie waren die Grundlage zu seiner lebenslangen Abenteuerreise durch eine Welt konzentrierter Kraft und Verdichtung, Haftung und Fliehkräfte, Funktion und Design. Der Wein war eine logische Begegnung auf dem Weg, packte den erfolgreichen Tourenwagen-Sportler mit der konzentrierten Kraft seiner Aromen, seiner Verdichtung von Sonne, Holz und Erde, irgendwo zwischen einem Autorennen und dem nächsten, und ließ ihn nicht mehr los.

In einem Restaurant in Südtirol stieß er 1978 auf einen roten Tafelwein aus der Toskana, dessen Geschmack ihn völlig verblüffte. Hersteller war das renommierte Weingut Antinori, das sich von den vorgeschriebenen Rebsorten für Chianti losgesagt hatte und mit der Einbindung von Cabernet Sauvignon einen erstklassigen Wein mit rarem Potential schuf – der prompt zum Tafelwein deklassiert wurde. Tignanello hieß der Wein und wird längst als hervorragender ‚Blue Chip' der obersten Kategorie gehandelt. Eine Entwicklung, an der Burkard Bovensiepen maßgeblich beteiligt war, denn der Vertrieb dieser neuen Generation von Weinen, darunter auch Ornellaia und heute weiterhin Sassicaia, lag lange Zeit bei ihm.

Bereits zuvor war ein Chianti Classico Riserva 1975 des renommierten Weinguts Villa Vignamaggio im Alpina-Werk eingetroffen. Die langfristige Denkweise des Alpina-Chefs zeigte sich in der Bestellmenge: 30 000 Flaschen – genug um 80 Jahre lang täglich eine Flasche zu trinken! Nur ein professioneller Vertrieb konnte noch für eine standesgemäße Dezimierung sorgen. Doch sah Burkard Bovensiepen sich nie in der Rolle des klassischen Weinhändlers, sondern als Bewahrer großer Weine und guter Jahrgänge bis zum Zeitpunkt der Trinkreife.

Solches Weininvestment bedarf ausgezeichneter Marktkenntnis, Kapitalkraft, Weitsicht – und eines unbestechlichen Gaumens. Nur ein Prozent der Weine weltweit sind als kapitale Wertanlage geeignet, der Aufbau eines angemessenen Bestands kostete Alpina jahrzehntelange Arbeit gepaart mit einer zurückhaltenden Verkaufspolitik. Der Lohn ist heute eine Kollektion von Raritäten und Jahrgän-

gen, die auf der ganzen Welt gesucht sind und als letzte ihrer Art in Buchloe gehütet und bewahrt werden.
Beim Einkauf verließ sich Bovensiepen von Beginn an auf die eigene Nase und auf eine Handvoll Mitarbeiter. So baute er in den 1980er Jahren ein Alpina-eigenes Handelhaus in Bordeaux auf – ein echtes Meisterstück, bedenkt man, dass die Weinschlösser seit dem 17. Jahrhundert ausschließlich an Bordelaiser Großhändler verkaufen. So entstand eine ausgezeichnete Kollektion von Spitzenbordeaux durch 20 Jahrgänge, die weit ins letzte Jahrhundert zurückreicht!
Rare Tropfen adeln besondere Gelegenheiten; für die anderen Tage im Leben bietet Alpina eine umfangreiche Sammlung Zweitweine der renommierten Chateaux und Weingüter, die einen Bruchteil der großen Brüder kosten. Auch im preisgünstigen Segment besteht der unbedingte Wille, der beste zu sein. Das Resultat ist ein durchweg ausgezeichnetes Preis-Leistungsverhältnis und Weine, die bereits im einstelligen Bereich zu haben sind! Für Überraschung sorgt die bodenständige Kalkulation der Champagner, darunter ein fabelhafter Jahrgangschampagner von 1990.
Das Angebot von Alpina erstreckt sich auch auf Übersee, konzentriert sich jedoch auf die traditionsreichen Weinbaugebiete Europas. Italien, wo die Geschichte von Alpina und Wein einst ihren Anfang nahm, ist mit einer wunderbaren Auswahl toskanischer Weine vertreten, darunter immer noch die Chiantis der Villa Vignamaggio. Und – legendär und nachgefragt wie nie – der Traumwein Sassicaia, im Exklusivvertrieb.
Wächter all dieser Pretiosen ist Markus Geigle, der ursprünglich in ganz anderer Absicht bei Alpina anklopfte, nämlich um Unterstützung für seine Diplomarbeit über Wein und Investment anzufragen. Bereits nach dem ersten Gespräch mit Alpina-Chef Burkard Bovensiepen engagierte der ihn vom Fleck weg. Bevor der studierte Betriebswirtschaftler und Fahrzeugtechniker Geigle sich dann endgültig um das Weininvestment kümmern durfte, stand für ihn als erste Herausforderung die Einführung des CAD, des computergestützten Designs, im Entwicklungsbereich der automobilen Meisterwerke Alpinas an. Auch hier, in der Automanufaktur, bereits 1983 mit Hersteller-Status versehen, steht das Bewahren mit an erster Stelle. Betriebsbedingte Kündigungen kamen für Burkard Bovensiepen nie in Frage, auch nicht in Zeiten wirtschaftlicher Engpässe. Sein wertvollstes Potential sind die Mitarbeiter, sie kennen auch nach 20 Jahren einen Motor, wenn er zur Generalüberholung ins Werk zurückkommt. Wo ist das sonst noch so zu finden?
Die offizielle Gründung von Alpina wurde 1965 verzeichnet, der tatsächliche Beginn des Unternehmens lag einige Jahre davor, als der krisengeschüttelte Hersteller BMW sein Modell 1500 neu auf den Markt brachte. Ein Auto mit modernem Motor, aber behäbiger Leistungsentwicklung durch den recht klein bemessenen Vergaser. Burkard Bovensiepen konzipierte eine 4-Vergaseranlage und holte sich gleichzeitig Rückendeckung von BMW: beim Einbau blieb die Werksgewährleistung

erhalten, ein echtes Novum! Dies war der Grundstein zu einer einzigartigen Zusammenarbeit in der Automobilbranche, die sich inzwischen fast ein halbes Jahrhundert bewährt.
Auf der Basis von Werks-BMWs entwickelt Alpina seit den 1970er Jahren völlig eigenständige Fahrzeuge. Bereits das erste komplett montierte Auto, der Alpina B6, unverwechselbar mit Alpina-typischen Felgen und Zierstreifen in Grün und Blau, wurde ein Renner in mehr als einem Sinn. Die 6-Zylinder-Maschine von Alpina mit 2,8 Litern Hubraum brachte dem Auto auf der Basis des ersten 3er BMWs nahezu das Fliegen bei. Diese Kombination, kleines Auto und großer Motor, bildete den Startschuss für ein völlig neues Fahrzeugsegment.
Leichtfüßig, sportlich, sicher im Handling, mit Fahrwerken, die komfortabel auch lange Distanzen zum Vergnügen machen, die Charaktereigenschaften der Alpinas sind Legende. Passt das zu einem Diesel? Und wie! Der Alpina D3 leistet 200 PS bei nur 2,0 Liter Hubraum, sensationell für einen Diesel. Der Einsteigerpreis bei einem umweltfreundlichen Verbrauch von 5,9 Liter bei gemischter Fahrweise bringt auch Dynamik-Liebhaber ins Rechnen, die von Alpina bisher nur träumten.
Exklusive Limousinen, Roadster, Coupes, Cabrios, knapp 1000 Neufahrzeuge verlassen jedes Jahr das Werk in Buchloe, Tendenz steigend. Der internationale Markt interessiert sich für die automobilen Meisterwerke von Alpina ebenso wie für die großen Weine. Das Leben hat es gut gemeint mit Burkard Bovensiepen und seinen Söhnen Florian und Andreas, die längst als Mitinhaber in der Geschäftsführung Verantwortung tragen. Doch bei aller Wertschätzung seiner Pretiosen aus Frankreich und Italien, die deutschen Weine bleiben für ihn einzigartig in Geschmack und Aromenfülle. Zu besonderen Anlässen holt er am liebsten eine Flasche alten Rieslings, vielleicht sogar einen Mosel-Riesling von 1959, aus dem Keller, noch aus den Beständen seines Vaters.

LANDGASTHOF HUBERTUS

Landgasthof Hubertus
Inhaber: Thomas Petrich

Wenglinger Straße 2
D-87674 Apfeltrang

Telefon 00 49 (0) 83 41 / 8 19 76
Telefax 00 49 (0) 83 41 / 1 27 47
www.hubertus-apfeltrang.de
www.apfeltranger-bier.de

Ruhetage: Montag, Dienstag Mittag

Nur ein paar Kilometer jenseits der Stadttore von Kaufbeuren, immer Richtung Süden, wo die Gletscher der letzten Eiszeit den Bergen sanfte Rundungen verliehen haben, liegt in der Stille von Wiesen und Wäldern das Dörfchen Apfeltrang, mittendrin der Landgasthof Hubertus, seit Jahrzehnten ein Zuhause von Handwerkskunst und Gastlichkeit. Ursprünglich beherbergte das Anwesen, das die Eheleute Willibald und Franziska Petrich 1938 erworben hatten, eine Schreinerei. In den harten Jahren nach dem Krieg richtete Franziska zusätzlich eine Brotniederlassung und Bierhandlung ein, der Beginn einer großen Leidenschaft mit weit reichenden Folgen. Der passionierte Jäger Willibald verlagerte im Laufe der Jahre sein Tätigkeitsfeld von der Schreinerei in den Bereich der Gastronomie und sorgte für einen standesgemäßen Namen und für bestes Wildbret in den Speisekammern: am 3. November 1955, am Namenstag des heiligen Hubertus, Schutzpatron aller Jäger, wurde das Café Hubertus eröffnet und erwarb sich fürderhin mit ausgezeichneten Wildspezialitäten einen Namen.
Der guten Küche und dem Schutzpatron sei Dank wird der Landgasthof Hubertus nun bereits in dritter Generation betrieben. Nach den Gründern prägte Sohn Richard mit Frau Roswitha den Familienbetrieb nachhaltig, und seit 1997 hat mit Thomas Petrich der Enkel die Führung des Hauses übernommen. Koch, nichts anderes wollte er jemals werden; konsequent schloss er die Lehrzeit im Gasthof Löwen in Oy mit Bravour ab, seine Meisterprüfung absolvierte er mit der Note eins. Nach erfahrungsreichen Jahren im Goldenen Hirsch in Obergünzburg und der Zwei-Sterne-Küche des Restaurant Bareiss in Baiersbronn kehrte er mit wertvollem kulinarischem Wissen ausgestattet zurück ins Hubertus.
Helle Hölzer und eine traditionelle Kassettendecke betonen den gemütlich-rustikalen Stil des Restaurants; schön gedeckte Tische emp-

fangen bis zu 100 Gäste zum anspruchsvollen Speisen. Das Studium der Speisekarte, das knisternde Feuer im Kamin, all dies regt die Sinne an und versetzt die Geschmacksnerven in gespannte Erwartung. Cappuccino vom Kohlrabi mit Kräuterklößchen, gebratene Kalbsleber auf Apfel-Chutney, Lammrücken mit Pestokruste auf Ratatouille an Knoblauch-Thymiansoße oder Bachsaiblingsfilets auf Steinpilznudeln mit Brunnenkressesoße sind der Lohn der Vorfreude. Gekrönt wird der Genuss durch sündige Desserts wie Erdbeersorbet auf Rhabarber-Vanillekompott, Lebkuchenmousse auf Punschsoße oder Toblerone-Rahmeis im Kakao-Marzipanmantel. Der ausgezeichnete Service unter der Regie von Bettina Petrich, gelernte Köchin und Hotelbetriebswirtin, steht der Küche in nichts nach.

„Fein – und bezahlbar", so lautet Thomas Petrichs Devise, und doch vergisst er seine Wurzeln nicht. Der Einfluss der Jahreszeiten reicht bis in die Kochtöpfe und auch die traditionelle Küche des Ostallgäus hat ihre Spuren hinterlassen. Wild ist und bleibt ein Schwerpunkt, Hubertus sei Dank. Interessierten Gästen steht die Küchentür jederzeit offen, zum Zuschauen und Abgucken, sogar Rezeptanfragen aus dem Internet werden umgehend beantwortet. Geschmack, den dürfen im Hubertus auch schon Kinder haben: Auf Nachfrage gibt es alle Gerichte auch in kleinen Portionen!

Deutsche Weine, allen voran der Riesling, schmücken die Weinkarte, ergänzt durch ein internationales Sortiment. Edelbrände, ein Steckenpferd des Küchenmeisters, beeindrucken mit großer Auswahl und reichhaltigen Aromen. Eine besondere Überraschung hält das Hubertus seit 2006 für Biertrinker bereit: ein selbstgebrautes Apfeltranger Bier. Braumeister ist Thomas Petrich höchstselbst. Reinstes Apfeltranger Wasser, Hopfen, Malz und Hefe, dazu eine Portion Braukunst geben dem Bier seinen unverwechselbaren Geschmack, Apfeltranger Geschmack eben. Zwei Sorten Bier werden derzeit gebraut, beide naturbelassen und obergärig. Ein Helles, das bernsteinfarben in den Gläsern leuchtet; angenehm malzig kommt es in der Nase an, rollt weich über die Zunge und hinterlässt eine aromatisch bittere Note im Abgang. Und ein Land-Weizenbier, das angenehm voll und weich nach dunklem Weizenmalz schmeckt, abgerundet durch eine zartherbe Note. Angemessen genießen lässt sich das Apfeltranger Bier im preisgekrönten Biergarten. In großem Bogen ordnen sich dort die Tische um einen zentralen Quellstein; bis zu 100 Gäste genießen unter der großzügigen und grün umkränzten Überdachung ihre Privatsphäre, begleitet vom sanften Plätschern des kleinen Wasserfalls.

Im klassischem Landhausstil, modern und mit neuester Technik ausgestattet, laden die zehn Hotelzimmer zu längerem Aufenthalt

ein, seit der letzten Modernisierung mit einem Umweltsiegel ausgezeichnet. Mountainbiker und Genussradler schätzen die kostenfreie Einstellmöglichkeit für ihre Fahrräder und das abwechslungsreiche Tourenangebot. Wer lieber auf Schusters Rappen unterwegs ist, kann auf dem Crescentia-Pilgerweg dem Himmel ein Stück näher kommen oder auf einem der vielen Ostallgäuer Wanderwege losmarschieren. Sportliche Alternativen bieten sich, je nach Alter, mit zwei Kegelbahnen und einem Spielplatz direkt auf dem Gelände des Familienbetriebs; ein Wellnessbereich ist in Planung. Familie, das sind bei den Petrichs mindestens neun Menschen. Die Eltern, die immer noch voll mitarbeiten, die Hausherrin Bettina Petrich, die jenseits ihrer Pflichten im Restaurant noch fünffach eingespannt ist mit der wirbelnden Kinderschar Julia, Sabine, Alexandra, Markus und Michaela. Und der Hausherr, der sich im Prüfungsausschuss von Bad Wörishofen für die Nachwuchsköche engagiert. Obendrauf gibts einen ganzen Sack voller Pläne: für ein weiteres Gebäude, zusätzliche Zimmer und mehr Platz für Tagungsgäste.

Hirschrückenmedaillons in süßer Nusskruste überbacken, mit in Honig glasierten Karotten, Maiswaffeln und Rahmwirsing

Zutaten

Nusskruste

30 g Rosinen
80 g Haselnüsse, gemahlen
100 g Butter
120 g gemischte Nüsse
Kristallsalz, Pfeffer

Karotten

2 mittelgroße Karotten
20 g Honig
50 ml Gemüsebrühe
25 g Butter
Kristallsalz

Maiswaffeln

450 g Maiskörner
100 g Mehl
3 Eier
Kristallsalz, Pfeffer, Muskatnuss

Rahmwirsing

1/2 Kopf Wirsing
200 ml Sahne
1 Zwiebel
25 g Speck
Kristallsalz, Pfeffer, Muskatnuss

Fleisch und Soße

1 kg Hirschrücken ohne Knochen (oder Filet)
100 ml trockener Rotwein
1 Zwiebel
100 ml Sahne
50 g Preiselbeeren
Kristallsalz, Pfeffer, Wachholderbeeren

Zubereitung

Die Rosinen sehr fein hacken und mit der weichen Butter und den gemahlenen Haselnüssen vermischen. Die gemischten Nüsse fein hacken, ebenfalls zufügen, mit Salz und Pfeffer würzen.
Die Karotten in etwa 30 Stäbchen von 5 Zentimeter Länge und etwa 0,5 Zentimeter Kantenlänge schneiden und in Gemüsebrühe mit Butter und Honig kochen, dabei die Brühe auf eine sirupartige Konsistenz einreduzieren, damit die fast garen Karotten einen schönen Glanz bekommen. Mit Salz abschmecken.
300 Gramm Maiskörner mit Mehl und Eiern im Mixer zu einer homogenen Masse verarbeiten. In das gebutterte Waffeleisen einfüllen und die restlichen Maiskörner darauf streuen, auf Stufe 3 bis 4 in 4 Minuten fertig backen.
Den Wirsing putzen und ohne Strunk in Rauten mit 0,5 Zentimeter Kantenlänge schneiden. In kochendem Wasser 2 bis 3 Minuten garen, dann abschrecken und beiseite stellen. Den Speck und die Zwiebeln in etwas Fett und Wasser kräftig andünsten, mit Sahne aufgießen und reduzieren. Den gekochten, gut ausgedrückten Wirsing zugeben, mit der eingedickten Sahnesoße kurz kochen und abschmecken.
Den Rücken in 12 gleich große Medaillons schneiden und leicht klopfen. Mit Salz und Pfeffer würzen, dann von beiden Seite jeweils 2 Minuten anbraten. Das Fleisch aus der Pfanne nehmen und die gewürfelte Zwiebel hineingeben, kurz andünsten, mit Rotwein ablöschen, die zerstoßenen Wacholderbeeren zufügen. Sahne und Preiselbeeren zugeben und einkochen lassen, bei Bedarf abbinden. Zum Schluss die Soße durch ein Sieb passieren und abschmecken.
Die Medaillons mit der Nusskruste bestreichen und im Backofen bei 200 °C mit Oberhitze in etwa 7 Minuten fertig garen.

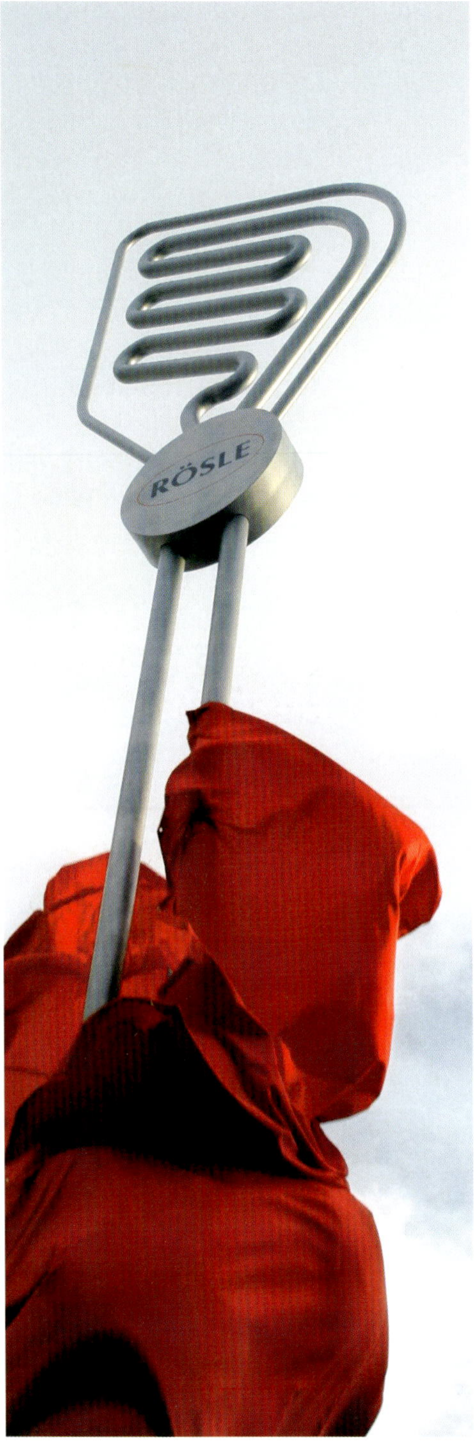

Rösle GmbH & Co. KG
Geschäftsführer: Michael Fridrich

Johann-Georg-Fendt-Straße 38
D-87616 Marktoberdorf

Telefon 00 49 (0) 83 42 / 9 12-0
Telefax 00 49 (0) 83 42 / 9 12-1 90
www.roesle.de

Vom Einhängestutzen für die Dachrinne zum Designerkochlöffel ist der Weg nur scheinbar weit: Bei der Firma Rösle in Marktoberdorf wird beides seit über 100 Jahren unter ein und demselben Dach produziert.

1888 gründete ein Spenglermeister aus Schwabmünchen, Karl Theodor Rösle, einen eigenen Betrieb, um spezielle Produkte, Zubehör und Accessoires für die Bedachung mit industriellen Fertigungsmethoden herzustellen, die den traditionell handwerklichen Ausführungen in nichts nachstanden. Dies gelang ihm so vortrefflich, dass er bereits nach kurzer Zeit mit seinem Unternehmen in diesem Segment Marktführer wurde.

Doch Häuser werden in der Regel nur in der trockenen, warmen Jahreszeit gebaut und als die Söhne Karl und Georg den Betrieb um 1900 übernahmen, suchten sie nach Wegen, die vorhandenen Produktionskapazitäten auch im Winter sinnvoll zu nutzen. Sie entdeckten das Kochgeschirr als ideale Ergänzung zur bisherigen Fertigung. Schon bald wurde Rösle zum Markenzeichen für Qualität in der professionellen Gastronomie; der konsequente Einsatz des 1950 entwickelten Werkstoffs Edelstahl rostfrei 18/10 (18 Prozent Nickel, 10 Prozent Chrom) als hochwertiges Basismaterial für das gesamte Sortiment setzte Rösle schnell von anderen Herstellern ab und bildete auch die Grundlage für den Einzug in anspruchsvolle Privathaushalte.

Die Führung der Firma lag vom ersten Tag an in Familienhänden. Für die Hauptgesellschafterin, Frau Irene Hörmann-Rösle, ist der Erhalt des Standortes Marktoberdorf als gesamtunternehmerisches Ziel genauso wichtig wie die Erwirtschaftung von Erträgen. In Marktoberdorf wird immer noch knapp die Hälfte aller Rösle-Produkte gefertigt. Ein Stück deutsche Wertarbeit, das in den Blickpunkt vieler Menschen rückt, die Wert auf Langlebigkeit und Nachhaltigkeit legen und sich mit schönen und nützlichen Dingen umgeben wollen. Symphonisch präsentiert sich das Sortiment von rund 700 Rösle-Produk-

ten, ein jedes optimal auf seinen speziellen Einsatzzweck abgestimmt – ob für Vor- und Zubereiten, Braten, Kochen oder Aufbewahren. Nach wie vor ist Edelstahl 18/10 das Rösle-Material schlechthin; die Küchenkünstler sehen gut aus, brauchen extrem wenig Pflege, sind sehr belastbar und geschmacklich absolut neutral. Die außerordentliche Haltbarkeit macht sie außerdem umweltfreundlich. Alle Produkte werden während ihrer etwa zweijährigen Entwicklungszeit in enger Zusammenarbeit mit Kochschulen und Küchenchefs umfangreich getestet und müssen hohe Beanspruchungen aushalten, um den professionellen Anforderungen zu genügen, so auch die jüngste Erfindung eines Original Weißwursthebers. Alle Werkzeuge werden regelmäßig überarbeitet, auch Gutes kann man immer noch etwas besser machen. Ständig wird deshalb an den komplexen Fertigungsmethoden gefeilt.
So benötigt ein Rösle-Schöpflöffel etwa zwölf Arbeitsschritte, um sich vom Rohstoff zu einem

echten Handschmeichler zu verwandeln. Unterschiedlichste Werkzeuge für das Rühren, Schlagen und Unterheben passen sich in Form und Elastizität feinem Kartoffelbrei, zartem Eischnee oder festem Teig an. Rösle-Hobel gelten als die besten der Welt und sind Alleskönner für Spätzle, Salate oder Käse. Bissfeste Pasta, edler Spargel und knackiges Gemüse tauchen aus Töpfen aus Edelstahl oder Mehrschichtmaterial aromatisch, nährstoffreich und mit allen Vitaminen wieder auf. Wertvolle Fleischstücke schmiegen sich in Eisenpfannen und schmoren dank der Feinfühligkeit des Materials für Temperaturveränderungen perfekt ihrer geschmacklichen Vollendung entgegen. Und designprämierte Schüsseln bewahren formschön alles auf. Die Knoblauchpresse ist ein Wunderwerk an Technik; konisch geformte Löcher verarbeiten selbst ungeschälte Knoblauchzehen. Am Ende ist mit erstaunlich geringem Kraftaufwand der gepresste Knoblauch am vorbestimmten Platz – und die Schale kann mit einem Handgriff entfernt werden. Die anschließende Reinigung ist ein Kinderspiel. Die Offene Küche, eine Erfindung des ehemaligen Rösle-Geschäftsführers Erhard Schäfer, ist aus der heutigen, modernen Küchenplanung nicht mehr wegzudenken. Das funktionale Ordnungssystem holt schöne Küchenwerkzeuge aus der Finsternis der Küchenschubladen und stellt sie ins rechte Licht. Fast frei schwebend im Raum dürfen sich Messer, Löffel, Reiben, Papierrollen, Gewürze und Dosen präsentieren, immer griffbereit für einen schnellen und lustvollen Einsatz und für mehr Freude am Kochen. Auf den fließenden Übergang zwischen Küche und Wohnen in modernen Raumkonzepten hat Rösle ebenfalls eine Antwort gefunden. Eine feine Selektion von Barwerkzeugen bringt Champagner, Wein und Cocktails formvollendet auf den Tisch und gesellt sich damit harmonisch zum kostbaren Serviersystem „dialogue“, in dem Brot, Butter, Käse, Gewürze und Beilagen sichtbar luxuriös dargeboten werden.

Design und Funktion der Rösle-Produkte sind ideal aufeinander abgestimmt. Diese Ansicht teilten auch die Jurys vieler renommierter Design-Awards, wie die Auszeichnungen von Industrie Forum Design Hannover, Design Plus, reddot, Design Center Stuttgart, Sonderschau Form, Stahl-Innovationspreis und dem Gourmet-Fachblatt Feinschmecker beweisen.

Im Kontrast hierzu weht durch die Fertigungshallen der Charme vergangener Zeiten. Im historisch gewachsenen Werksgelände bewegen sich die Mitarbeiter um Ecken und Kanten herum und wandeln auf Böden, die mit ihren unterschiedlichen Niveaus den Köpfen mal mehr und mal weniger Höhenluft zugänglich machen. Design wächst eben nicht in sterilen Raumkonzepten, sondern prozesshaft mitten aus dem Arbeitsleben heraus.

Eine architektonisch reizvolle Verbindung zwischen dem alten Wohnhaus der Familie Rösle und der Produktion schafft seit 1995 der neue Verwaltungsbau mit modernen Akzenten. Hier wirkt der Geschäftsführer Michael Fridrich, dem das innerste Wesen der Werkstoffe nahezu

seine zweite Natur ist. Der Industriekaufmann und studierte Betriebswirt arbeitete knapp 20 Jahre in führenden Positionen der metall- und kunststoffverarbeitenden Industrie wie dem Türbeschlagshersteller FSB. Eine ausgeprägte Design-Orientiertheit und die Affinität zum Material Edelstahl bedingen die Faszination, welche die Rösle-Produkte auf ihn ausüben – eine Faszination, die er seinen Kunden in 50 Ländern näher bringen möchte. Längst haben Funktion, Qualität und Design der Rösle-Küchenwerkzeuge die deutschen Grenzen im Flug genommen. Die renommierten Kaufhäuser dieser Welt wie Harrods, Rinacente, BHV und Bloomingdales führen Edelstahl-Produkte aus Marktoberdorf. Eigene Rösle-Shops findet man in Dubai und der Ukraine; in den USA firmiert die Tochtergesellschaft Rösle USA Corporation. Auf dem Werksgelände in Marktoberdorf öffnete vor einigen Jahren ein eigener Fabrikverkauf seine Tore, mit dem gesamten Sortiment und einer Teststrecke zum Ausprobieren aller Küchenwerkzeuge. Ebenfalls im Angebot sind hochwertiges Porzellan und Gläser von ausgewählten Partnerfirmen.

Den großzügigen Rahmen sprengt allein der weltweit erste Kochlöffel aus Edelstahl mit Europa-Patent. Weithin sichtbar wurde ihm auf dem Werksgelände ein Denkmal gesetzt, eine maßstabsgetreue Nachbildung mit sagenhaften 10,01 Meter Länge. Am 27. Januar 2006 wurde der größte Kochlöffel der Welt eingeweiht, der Öffentlichkeit vorgestellt und verdiente sich dafür einen offiziellen Eintrag ins Guinness Buch der Rekorde. Mit 400 Arbeitsstunden und zwei Tonnen Edelstahl hält er sicher auch den inoffiziellen Rekord als schwerster und teuerster Kochlöffel der Welt. Die einzigartige Belastbarkeit und Elastizität seines Materials sowie die exakte Verarbeitung werden ihm letztlich das gleiche schöne Schicksal bescheren wie den meisten Rösle-Produkten: von einer Generation zur nächsten weitervererbt zu werden und dabei richtig Freude zu bereiten.

SCHLOSSANGER ALP

Schlossanger Alp
Inhaberin: Barbara Schlachter-Ebert

Am Schlossanger 1
D-87459 Pfronten

Telefon 00 49 (0) 83 63 / 9 14 55-0
Telefax 00 49 (0) 83 63 / 9 14 55-5 55
www.schlossanger.de

Hoch über der Welt, in der Stille unterhalb des Falkensteingipfels, blickt das Berghotel Schlossanger Alp über Almwiesen und Baumwipfel Richtung Fels und Eis. Die gastfreundliche Geschichte des Hauses begann 1913, als sich der Senn Alfred Gött hier oben auf seinem Erbstück niederließ und mit selbstgemachtem Emmentaler Käse Wandersleute bewirtete. Auch Tochter Muck und Ehemann Toni Schlachter blieben auf der Alp, verwandelten mit Hingabe die einfache Almhütte in ein Hotel und gaben ihre gastronomische Lebensfreude an alle vier Kinder weiter.
Die jüngste von ihnen, Barbara Schlachter-Ebert, zog aus, um das Sternekochen zu erlernen. Bareiss, Brückenkeller, Schweizer Stuben, Tantris – die Namen der Ausbildungsbetriebe lassen Feinschmeckern das Wasser im Munde zusammenlaufen. Nur wenige Jahre nach ihrer Rückkehr auf die Schlossanger Alp hat sie sich in die Gourmetführer und ins Fernsehen hineingekocht, unterstützt von Ehemann Bernhard Ebert. Der gelernte Hotelbetriebswirt, der gemeinsam mit ihr die heutige Schlossanger Alp geschaffen hat, kümmert sich in herzlicher Weise um das Wohlergehen seiner Gäste und hält seiner Frau den Rücken frei.
Die Landhausküche der Küchenmeisterin verbindet kongenial das Feine mit dem Traditionellen. Da gibt es Petersilien-Graupenrisotto mit gebratener Brust und Keule von der Wachtel neben knusprig glasiertem Schweinebauch auf feinem Kraut- und Feldsalat mit Kümmeljus oder Rehnüsschen von der Rehkeule auf Wacholdersoße mit Brokkoli, Rahmpilzen und Mandelbällchen neben Kalbsfilettürmchen auf Champignonragout mit gebratenen Zucchinischeiben und Bandnudeln. Klassiker sind längst die Kalbsleber auf Apfelmousseline, der zarte Tafelspitz mit Meerrettichsoße und – ihre Kartoffelsuppe! Das regionale Menü bringt auch die Geschmacksnerven von Nicht-Allgäuern zum Vibrieren: Maultaschen in der Tafelspitzbrühe, Schweinerücken mit Thymianbutter auf Steinpilz-Trauben-Speckragout, gekrönt von pfannengebackenen Schmalzohren mit Zwetschgen-Röster und Vanilleeis. Ihre Handschrift ist jedoch nicht nur in der Küche, sondern auch in den geräumigen Ho-

telzimmern spürbar, die sie mit einer reizvoll gegensätzlichen Ausstattung versehen hat. Bei Wasser, Dampf und Hitze im Wellness-Bereich Berg Quell dürfen die Gäste die allerletzten Reste städtischer Unrast vergessen und sich alle Anspannung bei wohligen Massagen wegkneten lassen, am besten vor dem Speisen.
Für Barbara Schlachter-Ebert ist die Bezeichnung als beste Köchin im Allgäu der schönste Lohn ihrer täglichen Hochleistungsarbeit auf der Schlossanger Alp. Sie liebt die Einsamkeit und Abgeschiedenheit, und sie liebt ihren Beruf genau so wie er ist. Um mit Freude und Elan jeden Tag zu bewältigen, braucht sie neben gesunder Ernährung und Sport vor allem ihre Familie. Selbst beschenkt durch ihre drei Kinder Beatrice, Bettina und Bastian, ist sie ihnen als Frau, Mutter und Köchin lebendiges Beispiel selbsterlebter Lebensweisheit: „Bedenke wohl, worum du bittest, es könnte dir gewährt werden!“

Kalbsleber auf Apfelmousseline mit Pinienkernsoße und Kartoffelpüree

Zutaten
600 g Kalbsleber
Salz, Pfeffer
300 g Äpfel
2 cl Wasser
60 g Zucker
1 Nelke
1/2 Zimtstange
800 g Kartoffeln
100 g Milch
50 g Butter
Salz, Muskat

Zubereitung
Kartoffeln schälen, kochen, ausdampfen lassen und durch die Kartoffelpresse drücken. Milch mit Butter, Salz und Muskat aufkochen und über die Kartoffeln gießen, verrühren und abschmecken.
Für das Apfelmousseline die Äpfel schälen und entkernen, mit Wasser, Zucker, Nelke und Zimtstange aufkochen. Extra fein pürieren und durch ein Sieb passieren.
Für die Garnitur Apfelspalten mit Honig und Apfelsaft weich kochen. Eine Zwiebel in 3 Millimeter starke Stücke schneiden und leicht mehlieren. Anschließend bei 180 °C frittieren.
Die Kalbsleber in 4 Scheiben schneiden, kurz von beiden Seiten anbraten, salzen, pfeffern und 3 bis 4 Minuten bei 80 °C im Ofen ruhen lassen.
Lauwarmes Apfelmousseline auf dem Teller anrichten. Kalbsleber daneben legen, mit dem Bratensaft und gerösteten Pinienkernen leicht nappieren. Einen Löffel Kartoffelpüree ansetzen, mit glatter Petersilie und frittierten Zwiebelringen garnieren.

HOTEL BAVARIA

Hotel Bavaria
Pächter: Familie Stephan Fleischmann

Kienbergstraße 62
D-87459 Pfronten

Telefon 00 49 (0) 83 63 / 90 20
Telefax 00 49 (0) 83 63 / 90 22-22
www.bavaria-pfronten.de

Am Fuße des Breitenbergs mit märchenhaftem Panoramablick bis zur Zugspitze hütet das Hotel Bavaria den Eingang zum Tannheimer Tal. Wie ein Adlerhorst im Fels wacht hoch oben die Burgruine Falkenstein über das herrschaftliche Vier-Sterne-Haus.
Ein Zuhause auf Zeit sollen die Gäste hier finden – von dieser Maxime lassen sich Pächter Stephan Fleischmann und seine Familie leiten. Die große Freude am Umgang mit Menschen zeichnete Fleischmanns Weg in die Hotellerie früh vor; im renommierten Schweizer Grand Hotel Viktoria-Jungfrau legte er gleich nach Absolvierung der Hotelfachschule einen beeindruckenden Karrierestart hin. Erfolgreiche Jahre in anderen Gefilden fanden ihren Abschluss, als der Wunsch nach einem eigenen Hotel übermächtig wurde. Ein gutes Konzept, eine glückliche Fügung – und sein Traum ging in Erfüllung.
Großzügig und sehr persönlich empfängt das Hotel Bavaria mit 48 Zimmern seine Gäste. Das bayerische Flair, die elegante Ausstattung – auch König Ludwig hätte sich hier wohlgefühlt. Die Materialien sind edel und in warmen Farben gehalten, ihre Verarbeitung zeugt von höchstem handwerklichem Niveau. Eines Schlosses würdig ist die stattliche Anzahl an offenen Kaminen: 21 an der Zahl sind sie in allen Studios und Suiten zu finden. Alles ist auf das Wohlgefühl des Gastes ausgerichtet, auch das Wellness-Angebot und ein ganzjährig beheizter Außenpool.
Küchenchef Roland Neher ist der Souverän am Herd und bietet erlesene Genüsse für den Gaumen. Sein kulinarischer Kalender bietet üppige Auswahl: ein Mondschein-Menü im Park, einen Französischen Abend, bayerische Schmankerl, spanische Spezialitäten und – als Krönung – das König-Ludwig-Gala Diner mit sechs Gängen bei Kerzenlicht. Ein Reichtum regionaler Produkte füllt die Speisekammern, einzig der Fisch reist mit Edellieferant Rungis auf einem Bett aus Eis an. Im Weinkeller warten edle Reben auf den Kenner.
Mit ausgezeichnetem Service sorgen der Restaurantleiter und sein Team für höchstens 140 Gäste in den Restaurants, im Außenbereich auf der Terrasse bringt das malerische Alpenpanorama 80 Augenpaare zum Glänzen. Ein Streifzug durch die Cocktail-Welt der König Ludwig-Bar lohnt sich vor oder nach dem Speisen, geschüttelt oder gerührt.
Mit noblem Schlosscharakter beeindrucken die Tagungsräume Elisabeth und Sophie. Die herrschaftliche Atmosphäre vermählt sich mit dem Landschaftsbild vor den Fenstern zum inspirierenden Kraftfluss für bis zu 80 Tagungsteilnehmer.

Bei so viel Schönheit nimmt es nicht Wunder, dass Vater Heinrich sich freiwillig zum Hausmeister erkoren hat, pflegt und tüftelt, und dazu liebevoll seine beiden Enkel Korbinian und Franziska umsorgt. Und Doris und Stephan Fleischmann haben kein schöneres Ziel als das: ihr Hotel jeden Tag neu zum Traumhaus ihrer Gäste zu machen.

Pfrontener Milchlamm unter Kräuterkruste auf Madeirajus

Zutaten
16 Lammkoteletts à 60 g
Salz, Pfeffer
Thymianzweig, Rosmarinzweig

Kräutermasse
6–8 Scheiben Toastbrot ohne Rinde
1 EL mittelscharfer Senf
2 EL gehackte Petersilie und Bärlauch
1 Knoblauchzehe
2 EL Olivenöl
100 g Butter
Bohnenbündel
160 g grüne Bohnen
4 Scheiben Speck

Kartoffelgratin
500 g mehlige Kartoffeln, geschält und in Scheiben geschnitten
200 ml Milch
100 ml Sahne
1 Knoblauchzehe
Salz, Pfeffer, Muskat

Soße
je 100 g Karotten, Sellerie
4 Schalotten
50 g Lauch
200 ml Lammfond
100 ml Madeira

Zubereitung
Toastbrot klein schneiden, mit Senf, Kräutern, Knoblauch, Olivenöl und weicher Butter zu einer geschmeidigen Masse verarbeiten.
Lammkoteletts mit Salz und Pfeffer würzen, mit Thymian- und Rosmarinzweig kurz beidseitig anbraten. Danach auf ein Blech legen, mit der Kräutermasse bestreichen. Im vorgeheizten Backofen bei 220 °C Oberhitze 3 bis 4 Minuten überbacken.
Die grünen Bohnen blanchieren, abschrecken, in Speckscheiben einwickeln und in wenig Butter leicht anbraten.
Milch, Sahne, Knoblauch und Gewürze mischen, mit den Kartoffelscheiben vermengen, in einer Auflaufform im Backofen bei 170 °C etwa 45 Minuten garen.
Für die Soße Karotten, Sellerie, Schalotten und Lauch anrösten, mit Lammfond und Madeira ablöschen, einreduzieren, mit Salz und Pfeffer abschmecken.

SENNEREI LEHERN

Sennerei Lehern
Geschäftsführer: Alfred Becker

Lehern 158
D-87659 Hopferau

Telefon 00 49 (0) 83 62 / 75 12
Telefax 00 49 (0) 83 62 / 29 07
www.sennerei-lehern.de

Ruhetage: Sonn- und Feiertage Nachmittag

Restaurant Käsealp
Lehern 158
D-87659 Hopferau
Telefon 00 49 (0) 83 62 / 5 07 47 68
www.käsealp.com

Ruhetag: Dienstag

Saftige Wiesen breiten sich aus, so weit das Auge reicht, ein helles Funkeln vom Hopfensee her lädt zum Erkunden ein, überragt vom Allgäuer Granit. Eine sanfte Brise stürzt sich die steilen Bergwände hinab und trägt das Geläut von Kuhglocken ans Ohr.

Kuhglocken? Obwohl heute kaum mehr vorstellbar, ist das Allgäu kein traditionelles Milcherzeugungsland. Ursprünglich wurde Flachs angebaut, doch als die Baumwolle das Leinen zunehmend verdrängte, orientierten sich die Bauern neu und kamen erst auf die Kuh und dann auf die Milch. Sennereihandwerk gab es keines, bis zwei Schweizer Sennen auf Wanderschaft ins Allgäu kamen und das Wissen um die Herstellung des Emmentaler Käses mitbrachten.

Dieser Tatsache hat auch die Sennerei Lehern ihre Existenz zu verdanken, deren Geburtsstunde im Jahr 1890 lag. Inzwischen zur Sennereigenossenschaft umgewandelt, ist das Hauptaugenmerk des traditionellen Betriebes die Verwertung der Milch ihrer elf Genossenschaftsmitglieder. Diese exklusive Mitgliederzahl ist Luxus in Anbetracht des seit über 50 Jahren anhaltenden Trends, immer mehr Mitglieder in immer größere Verbände einzubinden. Nur wenige kleine Sennereien, darunter auch Lehern, waren eigensinnig genug, allen Versuchungen des Geldes zu widerstehen und ihrer eigenen Linie treu zu bleiben.

Vordergründig um Geld ging es auch, als ein gewisser Herr Zuse 1945 mit Sack und Pack und seinem Computer in die Kellerräume der Sennerei zog, um eine Wette zu gewinnen. Der Computer sollte das so genannte Milchgeld für die Bauern schneller und genauer berechnen können als der Buchhalter der

Sennerei. Die Wette hat er gewonnen und noch dazu für eine Weltpremiere gesorgt, denn nie zuvor war das Milchgeld je mit einem Computer errechnet worden. Der Computer vom Typ Z4 ist deshalb heute noch im Deutschen Museum in München zu bewundern. Die heutige Sennerei Lehern mit ihren Bauern rund um Hopferau unterliegt strengen Auflagen; ausschließlich Gras oder Heu dürfen verfüttert werden. Alle Kühe weiden auf Höhenlagen zwischen 800 und 850 Meter. Die rauen klimatischen Bedingungen, die die Wachstumsperiode hier auf wenige Wochen im Jahr zusammendrängen, lassen ein aromatischeres Gras entstehen. Die Kuh nimmt diese Stoffe auf und gibt sie an die Milch weiter, der Senn konzentriert sie dann im Käse. Je nach Jahreszeit, ja sogar von einem Tag auf den anderen, schwankt der Geschmack, schließlich ist die Kuh ein Individuum und auch die Milch mit ihren Mikroorganismen ist etwas Lebendiges; so entsteht täglich in feinen Abstufungen ein anderes, neues Produkt. Frisch kommt die Milch frühmorgens in der Sennerei an und wird dann innerhalb von gut zwei Stunden zu Rohkäse verarbeitet. Nur in diesem kurzen Zeitfenster kann der Senn aktiv

Einfluss nehmen auf die individuelle Milchzusammensetzung. Ist der Käselaib entstanden, kann man erst nach drei bis vier Monaten Reifungszeit das Ergebnis der Arbeit sehen. Zum endgültigen Geschmack eines Käses trägt der Mensch höchstens fünf Prozent bei. Die Milch, das Handwerk in der Sennerei, die Lagerausgestaltung sind weitaus wichtiger und in ihren Charakteristika nicht kopierbar. Kein Senn kann genau den gleichen Käse in einer anderen Sennerei mit anderer Milch und anderen Lagerräumen reproduzieren.

Immer mehr Menschen schätzen die Einmaligkeit dieses Endproduktes und so kommt es, dass die alte Handwerkskunst so modern ist wie nie. Um dem umfassenden Informationsbedürfnis zu genügen, bietet die Sennerei Lehern regelmäßig Führungen an. Häufigkeit und Zeitpunkte werden individuell geplant und können telefonisch abgefragt werden. Der gläserne Betrieb eröffnet den Besuchern tief gehende Einblicke in die Produktionsabläufe, und danach schmeckt der Käse gleich noch mal so gut.

Die Produktionsmenge des Käses wird unmittelbar vom Markt gesteuert. Es wird nur so viel Käse gemacht, wie die Sennerei selbst vermarkten kann. Das ist durchaus wörtlich zu nehmen. Den Käse gibt es, abgesehen von der örtlichen Hotellerie und einem Metzger, exklusiv nur in der Sennerei Lehern oder über den hauseigenen Internetversandhandel, mitsamt selbstverkosteter deutscher Weine als Begleitung.

Der Direktverkauf hat seit 2006 einen neuen, angemessenen Rahmen. Naturrein und geschmackvoll präsentiert sich das Leistungsspektrum der Sennerei Lehern im geräumigen Verkaufsraum. Klassiker ist der Bergkäse, ob jung und mild oder reif und würzig, dicht gefolgt vom Allgäuer Emmentaler. Insgesamt stehen acht Käsesorten zur Auswahl, dazu

Trinkmilch, Schlagrahm und – heutzutage eine Rarität – eine echte Fassbutter aus Sauerrahm. Auch moderne Lebensmittel wie Molkedrinks und Trinkjoghurt in verschiedenen Geschmacksrichtungen werden aus eigener Herstellung angeboten. Diese breite Produktpalette ist keine Selbstverständlichkeit für einen Betrieb dieser Größenordnung! Die Menschen aus dem Umland honorieren Qualität und Ideenreichtum und nehmen dafür auch lange Wege in Kauf.
Einzigartig ist die Sennerei durch ihr hauseigenes Restaurant, die Käsealp. Dem Namen entsprechend sind alle Spezialitäten aus der Sennerei auch auf der Speisekarte wiederzufinden – und noch viel mehr.
Wild frisch vom Jäger, zartes Kalbfleisch von den eigenen Milchlieferanten und allerlei andere Spezereien sind auf der täglich wechselnden Speisekarte zu finden. Das Alp-Menü lockt mit einem Kürbisschaumsüppchen, gefolgt von Bauernentenkeule in Rosmarinjus mit Maronen, Rosenkohl und Kartoffelkäsknödeln; als Dessert gibt es einen Joghurteisbecher und Zwetschgengrütze. Wahlweise schmeckt ein Jungebullengeschnetzeltes in Trollinger mit Marktgemüse und Pfefferrahmkäse oder, für Fischliebhaber, das Zander- und Felchenfilet in Emmentalerkruste mit Pimentosoße, Gemüsemaultäschle und geschwenkten Pfifferlingen. Angesichts der großzügigen Öffnungszeiten bis Mitternacht darf sich der Gast auf langes Genießen einstellen. Das Konzept kommt an, freut sich Alfred Becker, der die Geschicke der Sennerei seit einem guten Jahrzehnt lenken darf und auch das Restaurant aus der Taufe hob. Der geborene Franke hat im Allgäu seinen Meister als Molkereifachmann gemacht und blieb gleich ganz. Mit seinem ausgeprägten Sinn für die echten Werte im Leben inspiriert er sein ambitioniertes Team jeden Tag aufs Neue.
Meisterkoch Balu, mit bürgerlichem Namen Wolfgang Berndt, steckt seit 2005 sein ganzes Können in die Leitung des ehrgeizigen Sennereiprojektes. So ausgeklügelt ist seine Küchenplanung, dass er auch große Gruppen ohne Vorbestellung in 20 Minuten à la carte frisch bekochen kann. Wenn dann noch das Wetter mitspielt und im Biergarten mit Aussicht auf die gesamte Alpenkette gespeist werden kann, bleibt nichts zu wünschen übrig, außer recht bald wieder vorbeizukommen.

Leherner Käsefondue

Zutaten

200 ml Weißwein (Riesling)
200 ml Gemüsebrühe
300 g würziger Bergkäse, gerieben
300 g Allgäuer Emmentaler, gerieben
2 cl Kirschwasser
2 cl weißer Balsamicoessig
2 TL Speisestärke
Pellkartoffeln
Weißbrot

Zubereitung

Weißwein und Gemüsebrühe zusammen köcheln lassen, dann Bergkäse und Emmentaler hinzufügen. Kirschwasser und Balsamico mit der Speisestärke anrühren und unter ständigem Rühren beigeben, bis eine kompakte Käsemasse entsteht. Fertig ist das Fondue, wenn es Fäden zieht. Abschließend mit etwas Pfeffer aus der Mühle abschmecken, Pellkartoffeln und Weißbrot dazu reichen.
Je nach Hunger empfehlen sich zusätzliche Beilagen wie gebratene Truthahnbrustfilets oder Kasseler, Gemüse, Salatteller, Kräuter- und Chiliquark.
Ein Stamperl Schnaps fördert die Verdauung.

SEEGASTHOF WEISSENSEE

Seegasthof Weissensee
Inhaberin: Angela Garcia-Preikschat

D-87629 Füssen-Weissensee

Telefon 00 49 (0) 83 62 / 91 78-0
Telefax 00 49 (0) 83 62 / 91 78-88
www.seegasthof-weissensee.de

Ruhetag: Montag

Hoch halten die Berge das Himmelszelt, Weiss-Blau spiegelt sich im Wasser, milde schwappen die Wellen ans schilfgrüne Ufer; in dieser Idylle liegt seit über 100 Jahren das Seegasthaus Weissensee. Seit 5 Generationen kümmert sich Familie Preikschat um das Leib und Wohl ihrer Gäste und pflegt die Gastlichkeit.
Dabei gehen manche Leidenschaften erst Umwege. Angela Garcia-Preikschat entschied sich erst mal für ein Berufsleben als Bankkauffrau, bis sie durch ihre beständige Mitarbeit im traditionsreichen Familienbetrieb doch noch auf den Geschmack kam und ihre gastronomische Ausbildung nachholte. Ein Praktikum auf Teneriffa brachte nicht nur ein Mehr an Erfahrung, sondern einen spanischen Ehemann, Senor Josè Garcia-Mesa. Schreiner wollte er werden, wie sein Großvater, ein Leben am Meer und in der Sonne sollte es sein. Nun ist

er Wahl-Allgäuer geworden und Koch, steht glücklich am Herd des Seegasthofes und drückt engagiert der Küche seinen Stempel auf. Die Speisekarte bietet neben typisch regionalen Gerichten ein schönes Angebot an Fisch wie Weissenseesuppe, blaue Felchen und Renkenfilet, ob gebraten oder gekocht, am liebsten in Dillsauce. Fisch, Schwein oder Rind stammen weitgehend aus der bayerischen Region. Bei einem Spanier als Koch wird der unternehmungslustige Gaumen natürlich mit Paella (bitte vorbestellen!) und anderen südlichen Spezialitäten in Versuchung geführt. Die Spanische Ecke des Restaurants ist der stilechte Rahmen dafür.

Auch die Weinkarte wird der binationalen Herkunft der Gastgeber gerecht, mit überwiegend weißen Weinen ist Deutschland vertreten, die Spanier mit allen Farben, die die Traube hergibt. Im Seegasthof Weissensee dürfen sich bis zu 120 Menschen wohlfühlen, die Terrasse bietet weiteren 70 großzügig Raum. Dabei kommen die Gäste nicht nur zum Essen, sondern zum Wohlfühlen in der familiären Atmosphäre des Hauses. Zimmer oder Ferienwohnungen im ländlichen Stil bieten Urlaubern einen angenehmen Aufenthalt, alle mit Postkartenblick auf die Weissensee-Idylle. Vierbeiner, kostbare Sportgeräte, ja selbst Wohnmobile sind willkommen und für alles findet sich der rechte Platz.

Die 6. Generation der Preikschats ist mit dem deutsch-spanischen Nachwuchs Anna-Maria und Philipp schon im Hause, doch noch ist es viel zu früh, über einen Beruf nachzudenken. Vielleicht wird die Leidenschaft ja wieder einen Umweg gehen.

Renkenfilets in Dillsauce

Zutaten

800 g Renkenfilets
Zitronensaft
Buntsalz (Salz, süßer Paprika, Pfeffer)
Mehl zum Bestäuben
0,5 l Fischfond
1 Spritzer Zitronensaft
0,2 l Weißwein
0,2 l Sahne
1 Prise Salz
2 EL frisch gehackter Dill

Zubereitung

Die Renkenfilets mit Zitronensaft beträufeln und mit Buntsalz würzen, anschließend in Mehl wenden. In einer Pfanne jede Seite 2 bis 3 Minuten in Öl braten.

Dillsauce

Den Fischfond erhitzen, Sahne zugeben und langsam einkochen lassen. Dann Dill, Weißwein und Zitronensaft zugeben und nochmals einreduzieren. Leicht salzen. Dazu Salzkartoffeln reichen.

KULINARISCHE EMPFEHLUNGEN

Adlerbrauerei Rettenberg 112
Grüntenstraße 2
D-87549 Rettenberg/Allgäu
Telefon 00 49 (0) 83 27 / 92 10
Telefax 00 49 (0) 83 27 / 74 87
zoetler@zoetler.de
www.zoetler.de

Landgasthaus Adler 22
Obere Dorfstraße 4
D-88239 Wangen-Deuchelried
Telefon 00 49 (0) 75 22 / 70 74-77
Telefax 00 49 (0) 75 22 / 70 74-78

Restaurant-Café Alpenblick 86
Dorf 12
A-6934 Sulzberg
Telefon 00 43 (0) 55 16 / 22 17
Telefax 00 43 (0) 55 16 / 22 17-5
gasthof@alpenblick.co.at
www.alpenblick.co.at

Hotel Alte Post 144
Maximilianstraße 39
D-87719 Mindelheim
Telefon 00 49 (0) 82 61 / 7 60 76-0
Telefax 00 49 (0) 82 61 / 7 60 76-76
info@hotel-alte-post.de
www. hotel-alte-post.de

Amann Kaffee GesmbH 78
Bergmannstraße 18
A-6850 Dornbirn
Telefon 00 43 (0) 55 72 / 21 93-8
Telefax 00 43 (0) 55 72 / 21 93-84
info@amann-kaffee.at
www.amann-kaffee.at

Amann Kaffee
Robert Bosch-Straße 29 a
D-88131 Lindau
Telefon 00 49 (0) 83 82 / 70 97 40
Telefax 00 49 (0) 83 82 / 70 97 41

Restaurant Ambiente 104
Kalzhoferstraße 22
D-87534 Oberstaufen
Telefon 00 49 (0) 83 86 / 74 78
Telefax 00 49 (0) 83 86 / 93 92 39
ambiente-zwick@t-online.de
www.ambiente-oberstaufen.de

Gebrüder Baldauf GmbH & Co. KG 48
Goßholz 5
D-88161 Lindenberg
Telefon 00 49 (0) 83 81 / 89 02-0
Telefax 00 49 (0) 83 81 / 89 02-55
info@baldauf-kaese.de
www.baldauf-kaese.de

Sennerei Gestratz
Sennereiweg 3
D-88167 Gestratz
Telefon 00 49 (0) 83 83 / 5 59
Telefax 00 49 (0) 83 83 / 12 19

Sennerei Grünenbach
Sennereiweg 2
D-88167 Grünenbach
Telefon 00 49 (0) 83 83 / 6 12
Telefax 00 49 (0) 83 83 / 15 65

Sennerei Hopfen
D-88167 Stiefenhofen
Telefon 00 49 (0) 83 83 / 28 33
Telefax 00 49 (0) 83 83 / 15 65

Hotel Bavaria 184
Kienbergstraße 62
D-87459 Pfronten
Telefon 00 49 (0) 83 63 / 90 20
Telefax 00 49 (0) 83 63 / 90 22-22
info@bavaria-pfronten.de
www.bavaria-pfronten.de

Café Blaues Haus 106
Freibadweg 2
D-87534 Oberstaufen
Telefon 00 49 (0) 83 86 / 44 76
marc.hertlein@t-online.de
www.blaueshaus-oberstaufen.de

Hofkäserei Boschenhof 36
Boschen 4
D-88299 Leutkirch-Friesenhofen
Telefon 00 49 (0) 75 67 / 5 84
Telefax 00 49 (0) 75 67 / 2 73
boschenhof@web.de
www.kaeserei-boschenhof.de

Burkard Bovensiepen GmbH & Co. KG 170
Alpenstraße 35-37
D-86807 Buchloe
Telefon 00 49 (0) 82 41 / 50 05-0
Telefax 00 49 (0) 82 41 / 50 05-1 55
info@alpina.de
wein@alpina.de
www.alpina.de

Bregenzerwald Tourismus GmbH / KäseStrasse Bregenzerwald 66
Impulszentrum 1135
A-6863 Egg
Telefon 00 43 (0) 55 12 / 23 65-0
Telefax 00 43 (0) 55 12 / 30 10
info@bregenzerwald.at
www.bregenzerwald.at
info@kaesestrasse.at
www.kaesestrasse.at

Naturhotel Chesa Valisa 130
Gewerbeweg 18
A-6992 Hirschegg
Telefon 00 43 (0) 55 17 / 54 14
Telefax 00 43 (0) 55 17 / 51 08
info@naturhotel.at
www.naturhotel.at

Fischzucht Eberle 150
Fischerweg 1 c
D-86825 Dorschhausen
Telefon 00 49 (0) 82 47 / 3 20 08
Telefax 00 49 (0) 82 47 / 3 34 98 97
ernst.eberle1@gmx.de
www.marktplatz-allgaeu.de

Erkheimer Landhaus 142
Färberstraße 34
D-87746 Erkheim
Telefon 00 49 (0) 83 36 / 8 13 97-0
Telefax 00 49 (0) 83 36 / 8 13 97-20
info@erkheimer-landhaus.de
www.erkheimer-landhaus.de

Schlosshotel Erolzheim 136
Schlossstraße 6
D-88453 Erolzheim
Telefon 00 49 (0) 73 54 / 93 31-10
Telefax 00 49 (0) 73 54 / 93 31-29
info@hotel-schloss-erolzheim.de
www.hotel-schloss-erolzheim.de

Festspielhaus Neuschwanstein 158
Musiktheater Füssen Verwaltung GmbH
Im See 1
D-87629 Füssen
Telefon 00 49 (0) 83 62 / 50 77-0
Telefax 00 49 (0) 83 62 / 50 77-2 98
info@festspielhaus-neuschwanstein.de
www.festspielhaus-neuschwanstein.de

Feurstein Wälder-Stube 74
Hof 137
A-6866 Andelsbuch
Telefon 00 43 (0) 55 12 / 25 66
Telefax 00 43 (0) 55 12 / 26 06-5
www.naturprodukt.at
www.birglar.at

Feurstein Culinarium
Hauptstraße 9
A-6973 Höchst
Telefon 00 43 (0) 55 78 / 7 77 47

Feurstein Tannheimertal
Unterhöfen 28
A-6675 Tannheim
Telefon 00 43 (0) 56 75 / 2 02 91

Feurstein Kleinwalsertal
Walserstraße 63
A-6971 Riezlern
Telefon 00 43 (0) 55 17 / 2 03 54

Bäckerei und Gastwirtschaft Fidelisbäck 20
Paradiesstraße 3
D-88239 Wangen
Telefon 00 49 (0) 75 22 / 79 59-31
Telefax 00 49 (0) 75 22 / 79 59-32

Hotel Restaurant Frühlingsgarten 164
Alatseestraße 8
D-87629 Füssen-Bad Faulenbach
Telefon 00 49 (0) 83 62 / 91 73-0
Telefax 00 49 (0) 83 62 / 91 73-40
info@hotelfruehlingsgarten.de
www.hotel-fruehlingsgarten.de

Gasthof Goldener Adler 52
Goßholz 11
D-88161 Lindenberg
Telefon 00 49 (0) 83 81 / 92 86 78
Telefax 00 49 (0) 1 21 20 / 21 90 14
bauer@goldener-adler-gossholz.de
www.goldener-adler-gossholz.de

Haase's Gasthof Adler 96
Lindauerstraße 15
D-87474 Buchenberg
Telefon 00 49 (0) 83 78 / 9 20 10
Telefax 00 49 (0) 83 78 / 75 91
info@haases-adler.de
www.haases-adler.de

Landhaus Henze 94
Wohlmutser Weg 2
D-87463 Probstried
Telefon 00 49 (0) 83 74 / 58 32-0
Telefax 00 49 (0) 83 74 / 58 32-22
pia@landhaus-henze.de
www.landhaus-henze.de

Gasthof zum Hirsch 32
Argenstraße 29
D-88099 Neukirch
Telefon 00 49 (0) 75 28 / 17 65
Telefax 00 49 (0) 75 28 / 17 06
hirschrenz@web.de
www.gasthof-zum-hirsch.com

Gasthaus zum Hirschen 56
Kirchstraße 1
D-88175 Scheidegg
Telefon 00 49 (0) 83 81 / 21 19
Telefax 00 49 (0) 83 81 / 21 16
hirschen-0001@t-online.de
www.gasthaus-zumhirschen.de

Landhotel Hirschen 82
Platz 187
A-6952 Hittisau
Telefon 00 43 (0) 55 13 / 23 20
Telefax 00 43 (0) 55 13 / 23 20-77
info@landhotel-hirschen.at
www.landhotel-hirschen.at

Hotel Hohe Linde 40
Restaurant Allgäuer Stuben
Lindauer Straße 75
D-88316 Isny
Telefon 00 49 (0) 75 62 / 9 75 97
Telefax 00 49 (0) 75 62 / 97 59 69
info@hohe-linde.de
www.hohe-linde.de

Restaurant Lunch Bar Horvath's 92
Bodmanstraße 14
D-87435 Kempten
Telefon 00 49 (0) 8 31 / 52 37 68-0
Telefax 00 49 (0) 8 31 / 52 37 68-1
info@horvaths-restaurant.de
www.horvaths-restaurant.de

Landgasthof Hubertus 174
Wenglinger Straße 2
D-87674 Apfeltrang
Telefon 00 49 (0) 83 41 / 8 19 76
Telefax 00 49 (0) 83 41 / 1 27 47
info@landgasthausschanz.de
www.landgasthausschanz.de

Isnyland Terrassen Hotel 42
Alpenblickweg 3
D-88316 Isny-Neutrauchburg
Telefon 00 49 (0) 75 62 / 97 10-0
Telefax 00 49 (0) 75 62 / 97 10-40
info@terrassenhotel.de
www.terrassenhotel.de

Königliches Jagdhaus 120

Ludwigstrasse 13
D-87561 Oberstdorf
Telefon 00 49 (0) 83 22 / 98 73 80
info@koenigliches-jagdhaus.de
www.koenigliches-jagdhaus.de

Kneipp-Werke 148

Leonhard-Oberhäußer-Straße 3
D-86825 Bad Wörishofen
Telefon 00 49 (0) 82 47 / 96 59-0
Telefax 00 49 (0) 82 47 / 96 59-521
info@kneipp.de
www.kneipp.de

Kurdirektion Bad Wörishofen 146

Luitpold-Leusser-Platz 2
D-86825 Bad Wörishofen
Telefon 00 49 (0) 82 47 / 99 33 55
Telefax 00 49 (0) 82 47 / 99 33 59
info@bad-woerishofen.de
www.bad-woerishofen.de

Küferei Lässer 85

Rain 376 a
A-06952 Hittisau
Telefon 00 43 (0) 55 13 / 29 66-2
Telefax 00 43 (0) 55 13 / 29 66-4
fassbinderei.laesser@gmx.at
www.zunft.at

Hotel Lanig Resort & Spa 116

Ornachstraße 11
D-87541 Oberjoch
Telefon 00 49 (0) 83 24 / 7 08-0
Telefax 00 49 (0) 83 24 / 7 08-2 00
hotel@lanig.de
www.hotel-lanig.de

Speiserestaurant Lanz 58

Stockenweiler 32
D-88138 Hergensweiler
Telefon 00 49 (0) 83 88 / 2 43
Telefax 00 49 (0) 83 88 / 98 25 81
info@restaurant-lanz.de
www.restaurant-lanz.de

Sennerei Lehern 186

Lehern 158
D-87659 Hopferau
Telefon 00 49 (0) 83 62 / 75 12
Telefax 00 49 (0) 83 62 / 29 07
info@sennerei-lehern.de
www.sennerei-lehern.de
www.käsealp.com

Restaurant Käsealp
Lehern 158
87659 Hopferau
Telefon 00 49 (0) 83 62 / 5 07 47 68
Ruhetag: Dienstag

Treff Hotel Luitpoldpark 162

Bahnhofstraße 1–3
D-87629 Füssen
Telefon 00 49 (0) 83 62 / 9 04-0
Telefax 00 49 (0) 83 62 / 9 04-6 78
fuessen@treff-hotels.de
www.luitpoldpark-hotel.de

Restaurant Marend 114

Richard-Wagner-Strasse 18
D-87527 Sonthofen
Telefon 00 49 (0) 83 21 / 78 89 99
Telefax 00 49 (0) 83 21 / 78 04 60
info@restaurant-marend.de
www.restaurant-marend.de

Meckatzer Löwenbräu Benedikt Weiß KG 44

Meckatz 10
D-88178 Heimenkirch
Telefon 00 49 (0) 83 81 / 5 04-0
Telefax 00 49 (0) 83 81 / 5 04-43
info@meckatzer.de
www.meckatzer.de

Martin Meier 30

Allgäuer Edelbrände
Grub 4
D-88239 Neuravensburg
Telefon 00 49 (0) 75 28 / 73 55
Telefax 00 49 (0) 75 28 / 92 71 54
allgaeuer-edelbraende@t-online.de
www.allgaeuer-edelbraende.de

Hotel Müller 168

Alpseestraße 16
D-87645 Hohenschwangau
Telefon 00 49 (0) 83 62 / 81 99-0
Telefax 00 49 (0) 83 62 / 81 99-13
info@hotel-mueller.de
www.hotel-mueller.de

Naze's Hus – Bregenzerwälderhaus 72
Tempel 73
A-6881 Mellau
Telefon 00 43 (0) 6 50 / 27 82 69-0
info@kaeswelt.net
www.nazes-hus.at

Oberstaufen Tourismus Marketing GmbH 102
Hugo-von-Königsegg-Straße 8
D-87534 Oberstaufen
Telefon 00 49 (0) 83 86 / 93 00-0
Telefax 00 49 (0) 83 86 / 93 00-20
info@oberstaufen.de
www.oberstaufen.de

Landgasthaus Ochsen 38
Am Dorfbach 5
D-88316 Isny-Beuren
Telefon 00 49 (0) 75 67 / 1 82 33-0
Telefax 00 49 (0) 75 67 / 15 01 40
ochsen-goegler@gmx.de
www.ochsen-goegler.de

Paradies 34
Der verzauberte Gasthof in Oberschwaben
Ravensburger Straße 8
D-88267 Vogt
Telefon 00 49 (0) 75 29 / 77 08
Telefax 00 49 (0) 75 29 / 18 23
mail@gasthof-paradies.de
www.gasthof-paradies.de

Pilz-Lenz 80
Kreuzgasse 12
A-6923 Lauterach
Telefon 00 43 (0) 55 74 / 7 37 89
Telefax 00 43 (0) 55 74 / 8 43 26
bettina@trueffel.at
www.trueffel.at

Rösle GmbH & Co. KG 178
Johann-Georg-Fendt-Straße 38
D-87616 Marktoberdorf
Telefon 00 49 (0) 83 42 / 9 12-0
Telefax 00 49 (0) 83 42 / 9 12-1 90
info@roesle.de
www.roesle.de

Landgasthof Rössle 100
Hauptstraße 14
D-88167 Stiefenhofen
Telefon 00 49 (0) 83 83 / 92 09-0
Telefax 00 49 (0) 83 83 / 92 09-49
info@roessle.net
www.roessle.net

Schachener Hof 64
Schachener Straße 76
D-88131 Lindau
Telefon 00 49 (0) 83 82 / 31 16
Telefax 00 49 (0) 83 82 / 54 95
info@schachenerhof-lindau.de
www.schachenerhof-lindau.de

Brauereigasthof Schäffler 98
Hauptstraße 15
D-87547 Missen im Allgäu
Telefon 00 49 (0) 83 20 / 9 20-15
Telefax 00 49 (0) 83 20 / 9 20-16
info@schaeffler-braeu.de
www.schaeffler-braeu.de

Landgasthaus Schanz 62
Rothkreuz 75
D-88138 Weißensberg
Telefon 00 49 (0) 83 89 / 69 3
Telefax 00 49 (0) 83 89 / 82 30
info@landgasthausschanz.de
www.landgasthausschanz.de

Schlossanger Alp 182
Am Schlossanger 1
D-87459 Pfronten
Telefon 00 49 (0) 83 63 / 9 14 55-0
Telefax 00 49 (0) 83 63 / 9 14 55-5 55
info@schlossanger.de
www.schlossanger.de

Bergkäserei Schoppernau GmbH 70
Unterdorf 248
A-6886 Schoppernau
Telefon 00 43 (0) 55 15 / 3 01 51
Telefax 00 43 (0) 55 15 / 3 01 51 14
info@bergkaeserei.at
www.bergkaeserei.at

Hotel Sommer 166
Weidachstraße 74
D-87629 Füssen
Telefon 00 49 (0) 83 62 / 91 47-0
Telefax 00 49 (0) 83 62 / 91 47-14
info@hotel-sommer.de
www.hotel-sommer.de

Metzgerei Vogler GmbH 54
Hauptstraße 3 a
D-88161 Lindenberg
Telefon 00 49 (0) 83 81 / 13 71
Telefax 00 49 (0) 83 81 / 89 03 66
metzgereivogler@aol.com

Alpahotel Walser Stuba 126
Eggstraße 2
A-6991 Riezlern
Telefon 00 43 (0) 55 17 / 5 34-60
Telefax 00 43 (0) 55 17 / 5 34-613
info@walserstuba.at
www.walserstuba.at

Landgasthof Weiherhaus 138
Am Weiherhaus 13
D-87740 Buxheim
Telefon 00 49 (0) 83 31 / 7 21 23
Telefax 00 49 (0) 83 31 / 7 39 35
kontakt@weiherhaus-buxheim.de
www.weiherhaus-buxheim.de

Seegasthof Weissensee 190
D-87629 Füssen-Weissensee
Telefon 00 49 (0) 83 62 / 91 78-0
Telefax 00 49 (0) 83 62 / 91 78-88
seegasthof-weissensee@t-online.de
www.seegasthof-weissensee.de

Wirtshaus zum lustigen Hirsch 110
Akams 3
D-87590 Immenstadt
Telefon 00 49 (0) 83 23 / 49 15
Telefax 00 49 (0) 83 23 / 98 71 68
info@lustiger-hirsch.de
www.lustiger-hirsch.de

Gasthof Zur Post 140
Stadtgasse 1
D-87727 Babenhausen
Telefon 00 49 (0) 83 33 / 13 03
info@post-babenhausen.de
www.post-babenhausen.de

Landgasthaus Zur Sonne 28
Kißlegger Straße 25
D-88239 Wangen-Leupolz
Telefon 00 49 (0) 75 06 / 13 99
Telefax 00 49 (0) 75 06 / 95 10 50
info@sonne-leupolz.de
www.sonne-leupolz.de

Käserei Zurwies GmbH 24
Zurwies 11
D-88239 Wangen-Deuchelried
Telefon 00 49 (0) 75 22 / 55 81
Telefax 00 49 (0) 75 22 / 8 09 39
mail@zurwies.com
www.zurwies.com

VERZEICHNIS DER REZEPTE

VORSPEISEN

Brennnesselrahmsüppchen mit Lachsforellennockerln 101

Parfait von hellen Lebern mit Tamarillosoße und Savarin 65

Rote Paprikasuppe mit Zitronengras 109

HAUPTSPEISEN

Arme Seelen, für die schnelle Brotzeit 21

Fein gefüllter Bachsaibling mit Grünkern auf Peperonisoße 141

Bauernente 165

Bresse-Taube in Brickcrepinette mit eingelegten Nüssen und Topinambur-Mousseline 123

Filets von der Dorade im Kartoffelmantel an Rieslingschaum, dazu Gemüsebouquet 145

Bodensee-Felchenfilet aus dem Wok im Polentacrêpe mit Safranschaum 29

Bodensee-Felchenfilet in Riesling 57

Allgäuer Flusskrebse in Noilly Prat-Gelee 61

Fondue de Valleray 27

Forellenfilet mit Hummersößle auf grünen Tagliatelle 139

Gans im Glück mit Maroni-Apfelfüllung und Quitten-Rotweinsoße 35

Hirschmedaillons mit gefülltem Preiselbeer-Rotkraut-Apfel und Pilz-Gnocchi 131

Scharfer Hirsch 111

Hirschrückenmedaillons in süßer Nusskruste überbacken, mit in Honig glasierten Karotten, Maiswaffeln und Rahmwirsing 177

Hirschsteak mit Kürbiskernkruste und Pfeffermarillen 129

Kalbsleber auf Apfelmousseline mit Pinienkernsoße und Kartoffelpüree 183

Kartoffel-Käserouladen 83

Leherner Käsefondue 189

Pfrontener Milchlamm unter Kräuterkruste auf Madeirajus 185

Lammkarree an Rotweinglace 161

Lammrücken in der Kräuterkruste 41

Lammrücken mit Kräutern im Heubett 119

Lobster auf Quitten-Mangosugo mit Zitronengrasshot 43

Dreierlei Matjes mit Buttermilchsoße und Pellkartoffeln 153

Bregenzerwälder Raclette 73

Kleines Ragout von Reh und Waldpilzen auf Rotkraut-Jelly 167

Rehrückenfilet im Pilzmantel mit Gewürzrotkohl und Madeirasoße 97

Rehrücken im Polentamantel mit Pfifferlingen und Melone 23

Renkenfilets in Dillsauce 191

Gefülltes Rinderfilet mit Rotweinschalotten 93

Erolzheimer Saiblingsröllchen mit Basilikum-Ricottafüllung und Zucchini-Tomatenragout 137

Schlachtplatte nach Hardy's Art 39

Schulter vom Allgäuer Jungrind auf Rahmkohlrabi und Zucchini 55

Henzes Mediterraner Glücks-Schweinebraten 95

Jungschweinkarree im Ganzen mit der Schwarte gebraten 63

Schweinemedaillon auf Morchelrahmsoße an tourniertem Gemüse 163

Roulade von der Seezunge mit Jakobsmuscheln und Gemüsenüdelchen an Hummerschaum 105

Wildlachsfilet mit Blattspinatfüllung und Steinpilzen 99

Zander-Lachsröllchen mit Weizenbiersoße 33

DESSERT

Bayerische Creme 169

Beerensülze mit Vanillesoufflee und Zitronenjoghurteis 143

Milchrahmstrudel 87

Sorbet aus Rosenblättern auf marinierten Beeren 53

Walnusskrokantparfait mit Dörrzwetschgenschaum 114

IMPRESSUM

Gestaltung, Satz und Reproduktion
Pixabilities, Peter Alscher und Markus Reif, Wien
www.pixabilities.com

Texte
Carmen und Thomas Nehm

Fotografie
Yves Hebinger und Christian Schneider
www.foodline.de

Lektorat
Monika Stumpf

Karte
Thorsten Trantow, Kenzingen

Herausgeberin
Katharina Többen, Neckargemünd

Druck und Verarbeitung
Nino Druck GmbH, Neustadt/Weinstraße

Printed in Germany
ISBN-13: 978-3-86528-361-0

Die Ratschläge in diesem Buch sind vom Autor und dem Verlag sorgfältig erwogen und geprüft, dennoch kann eine Garantie nicht übernommen werden. Eine Haftung der Autoren und des Verlages für Personen-, Sach- und Vermögensschäden ist ausgeschlossen.
Die Rezepte sind üblicherweise für 4 Personen ausgerichtet.

Besuchen Sie uns im Internet
www.umschau-buchverlag.de

Titelfotografie: Christian Schneider
Landschaft bei Oberstdorf; die Foodaufnahme zeigt ein Lammkarree an Rotweinglace, zubereitet im Festspielhaus Neuschwanstein (S.161).

Wir bedanken uns für die freundlicherweise zur Verfügung gestellten Fotos bei:
Oberstaufen-Tourismus Marketing GmbH (S. 4 unten, S. 102/S. 103), Füssen Tourismus und Marketing, www.tanner-werbung.com (S. 7 unten rechts, S. 156/S. 157), BTV (S. 154 unten), Bregenzerwald Tourismus GmbH, Christoph Lingg/Archiv Brenzerwald Tourismus (S. 7 unten links, S. 10, S. 12, S. 66 oben, S. 67 oben, S. 68, S. 69 oben rechts und unten), Peter Mathis/ Archiv Bregenzerwald Tourismus (S. 66 unten rechts), Klaus Ender/Archiv Vorarlberg Tourismus (S. 66 Mitte links), Dietmar Walder/Archiv Skilifte Warth (S. 67 unten) Adolf Bereuter/Archiv KäseStrasse Bregenzerwald (S. 69 oben links), Fidelisbäck (S. 20, S. 21 oben links, S. 195 oben), Baldauf GmbH (S. 48/S. 49, S. 51), Gasthaus zum Hirschen (S. 56/S. 57), Landgasthaus Schanz (S. 62 Gruppenporträt unten links), Helmut Scham, Konstanz
(S. 62/S. 63 bis auf Gruppenporträt/Personenfotografie, S. 193 unten), Amann Kaffee (S. 79 oben rechts), pro-genuss.de/Günter Standl (S. 94/95), Café Blaues Haus (S. 106, S. 108 unten), Adlerbrauerei Rettenberg (S. 112/ S. 113), Restaurant Marend (S. 114 Mitte links), Hotel Lanig Resort & Spa (S. 116–S. 119), Alphahotel Walser Stuba (S. 128 unten links), Naturhotel Chesa Valisa (S. 130, S. 131 unten), Hotel Alte Post (S. 144 Mitte links), Kurverwaltung Bad Wörishofen (S. 146/S. 147), Kneipp-Werke (S. 148 Mitte links, S. 149 oben rechts), Festspielhaus Neuschwanstein (S. 158, S. 159 oben), Treffhotel Luitpoldpark (S. 162, S. 163 oben links), Frühlingsgarten (S. 164 oben links), Hotel Sommer (S. 166, S. 167 oben), Burkard Bovensiepen GmbH & Co. KG (S. 170 oben, unten rechts, S. 171–S. 173), Landgasthof Hubertus (S. 174–S. 176), Rösle GmbH & Co. KG (S. 178–181), Schlossanger Alp (S. 182, S. 183 oben), Hotel Bavaria (S. 184), Seegasthof Weissensee (S. 190 oben links, Mitte, S. 191 oben).

Yves Hebinger, Carmen und Thomas Nehm, Christian Schneider